Die Originalausgabe
erschien 2003 bei Uitgeverij Ten Have, Baarn/NL unter dem Titel:
Leven met hooggevoeligheid. Van opgave naar gave.

Susan Marletta Hart: | Lektorat: Adele K. Gerdes
Leben mit Hochsensiblität | Coverfoto: © Martina Taylor – fotolia.com
Übersetzung: Frank Ziesing | Umschlaggestaltung,
© Aurum in Kamphausen Media GmbH, | Typografie/Satz: Wilfried Klei
Bielefeld 2009 | Druck & Verarbeitung:
info@kamphausen.media | CPI - Clausen & Bosse GmbH, Leck
www.kamphausen.media

Bibliografische Information der Deutschen Nationalbibliothek
Die Deutsche Nationalbibliothek verzeichnet diese
Publikation in der Deutschen Nationalbibliografie;
detaillierte bibliografische Daten sind im Internet
über **http://dnb.de** abrufbar.

12. Auflage 2025

ISBN Printausgabe: 978-3-89901-203-3
ISBN E-Book: 978-3-89901-535-5

Mehr Bäume.
Weniger CO_2.
www.cpibooks.de/klimaneutral

Susan Marletta Hart

Leben mit Hochsensibilität

Herausforderung und Gabe

aus dem Niederländischen

übersetzt von Frank Ziesing

AURUM

Für Mara und Francesco

Einleitung

Am selben Tag, an dem mir eine Kollegin ein Buch von Elaine Aron gab, erhielt ich von einem Psychotherapeuten einen Artikel über Hochsensibilität. „Auch so sensibel?" stand dort in fetten Lettern, und weiter ging es mit: „Sind Ihnen Stress, Lärm und grelles Licht schnell zu viel? Haben Sie ein intensives Gefühlsleben, eine reiche Phantasie und lebhafte Träume? Spüren Sie regelmäßig das Bedürfnis, allein zu sein? Finden Sie ein ‚gewöhnliches' Arbeitsverhältnis und die Fahrt von und zur Arbeit ermüdend? Werden Sie leicht von der Stimmung, die jemand ausstrahlt, beeinflusst? Sind Sie manchmal grüblerisch oder depressiv? Wurden Sie schon einmal ‚schüchtern' oder ‚empfindlich' genannt?" Ich war verblüfft – und auf der Stelle interessiert.

Zu diesem Zeitpunkt war ich schon eine Weile dabei, mich bewusst weiterzuentwickeln – im Streben nach mehr Selbstsicherheit und Glück. Was ich an diesem Tag an Informationen zur Hochsensibilität bekam, schien mir vieles auf den Punkt zu bringen – und es berührte mich zutiefst. Es waren Erkenntnisse der amerikanischen Wissenschaftlerin, klinischen Psychologin und jungianischen Psychotherapeutin Elaine Aron. Nach ihren Untersuchungen ist Hochsensibilität eine Eigenschaft von 15 bis 20 Prozent aller Menschen und Tiere. Diese werden „zarter besaitet" geboren, ihr Nervenapparat nimmt mehr Details wahr und Reize werden intensiver und umfassender verarbeitet.

Ein hochsensibler Mensch kann so stark in eine Erfahrung oder eine Beziehung zu einem anderen Menschen eintauchen, dass er sich darin verliert. So stark, dass es unerträglich wird. Jede Emotion wird intensiv gespürt; die kleinste Unstimmigkeit wird wahrgenommen. Hochsensibel zu sein ist sowohl aufreibend als auch bereichernd, beängstigend als auch spannend, verbindend als auch trennend. Weil ein Hochsensibler so viel sieht, hört, riecht, schmeckt und vor allem fühlt, wird er schneller von etwas gefesselt und ermüdet auch schneller.

Seit meiner ersten Bekanntschaft mit dem Begriff bedeutet „Hochsensibilität" für mich so etwas wie „zusätzliche Möglichkeiten". Nicht nur, dass sich mir dadurch auf dem beruflichen Gebiet neue Wege eröffneten, ich sah vor allem ganz persönlich die Chance, ausgeglichener und glücklicher zu werden. Hochsensibilität bietet meiner Meinung nach vor allem die Möglichkeit eines besseren Zugangs zu verborgenen Schätzen der Weisheit. Für mich bedeutet dies die tiefe Erfahrung von Gesundheit und Glück. Wer hochsensibel ist, will oft anhalten, wenn der Rest der Welt beschleunigt, will Besinnung, wenn andere blind auf Gewinnmaximierung aus sind, will der Stille lauschen, wenn andere nicht schweigen können. Diese Haltung birgt die Chance, die tiefen Wahrheiten und Geheimnisse des Lebens, zumindest einige, zu ergründen. Denn dazu muss ein Mensch fähig sein – sich einzufühlen und einzuleben in das, was er noch nicht kennt. Hochsensible Menschen haben diese Anlage – und darin liegt ihre Chance auf Gesundheit und Glück.

Heute ist Hochsensibilität für mich kein Problem mehr. Seitdem ich dieses Phänomen das erste Mal verstanden habe, ist es zu einer Kraft geworden, die ich in verschiedenen Lebensbereichen bewusst einsetze. Diese Kraft möchte ich mit meinen Lesern teilen. Hochsensibilität mag anfangs als große Herausforderung erscheinen – doch sie kann für jeden zur Gabe werden.

Mir ist bewusst, welches Risiko ich eingehe, ein Buch für hochsensible Menschen zu schreiben. Die größte Gefahr ist die Stigmatisierung dieser Menschen: Man beschreibt bestimmte Kennzeichen und ermöglicht so die Eingruppierung von Menschen nach gewissen Kriterien. Natürlich wird es Menschen geben, die einer solchen Eingruppierung mehr als skeptisch gegenüberstehen und sich heftig gegen Verallgemeinerungen wehren. Diese Gefahr ist ja auch gegeben: Während die Unterschiede zwischen Menschen, wenn es sich um Haut- und Haarfarbe, Körperform und -größe usw. handelt, offensichtlich sind, taucht doch stets die Erwartung auf, dass

Gefühle und Empfindungen im Grunde gleich seien. Solch eine Erwartung ist fatal, besonders wenn man sich ihrer nicht bewusst ist. Hochsensible Menschen haben nicht nur Gemeinsamkeiten – sondern mindestens ebenso viel, worin sie sich unterscheiden.

Dennoch hoffe ich, ein Buch zu diesem Thema ist willkommen. Ich habe bemerkt, dass die meisten Hochsensiblen es nicht so wichtig finden, einer Gruppe anzugehören, sondern vor allem Wert auf das legen, was damit zusammen hängt: akzeptiert zu werden, wie sie im Wesen sind. Das Erkennen der eigenen Hochsensibilität ist für viele, die es mir beschrieben, eine Form von Nach-Hause-Kommen. Zum ersten Mal spüren sie ein – nie zuvor gekanntes – Gefühl von Sinnhaftigkeit und Bedeutung. Lose Puzzleteile finden nun einen sinnvollen Zusammenhang; darin kann eine elementare Daseinsberechtigung liegen. Viele hochsensible Menschen haben sich lange danach gesehnt. Sie erleben dieses Nach-Hause-Kommen wie eine Katharsis.

Zum Nach-Hause-Kommen gehört auch das Gefühl des Zusammenströmens – mit jenem großen Strom, der das Leben selbst ist. Dazu gehört, sich nicht mehr als das Hindernis zu erleben, das sich selbst und anderen im Wege steht, sondern fortan die kostbare, ja nahezu heilige Kontinuität seiner selbst und der Welt zu erfahren – mit seiner Eigenart Anschluss an das größere Ganze finden. Die eigene Erfahrung wird wertvoll. Man kann beginnen, an jenem Haus zu bauen, welches man sein Zuhause nennen wird. Für viele ist die Erkenntnis der eigenen Hochsensibilität ein Ausgangspunkt für Heilung, für das Heilen alter Brüche, das Beheben jener Schäden, die man sich selbst durch Unkenntnis und Unverstand zufügte.

Das Werk der Pionierin Elaine Aron wird von vielen wertgeschätzt. Ich denke, hochsensible Menschen in aller Welt sind ihr zutiefst dankbar für das, was sie in Gang brachte, für die Erkenntnisse, die sie sammelte, und die Untersuchungen, die sie durchführte, und dass sie dies bereitwillig mit dem Rest der Welt teilte. Ich schulde ihr Dank, denn ich baue auf ihren Einsichten auf.

Im Unterschied zu Elaine Aron betone ich in meinem Buch indes die eigene *Körpererfahrung*, und zwar aus taoistischer und zen-buddhistischer Sicht. Darin wurde ich geschult. Ich habe am eigenen Leib erfahren, wie heilend es ist, über den Körper zu emotionaler und geistiger Gesundheit zu gelangen. Erdung, Gleichgewicht und Ruhe sind dabei Schlüsselworte. Durch Erdung und das Finden von Gleichgewicht und Ruhe lernte ich einen *Seinszustand* kennen, der meine Hochsensibilität kanalisierte und zur Gabe machte. Ich lernte, dass in der Einheit von Körper, Geist und Seele das Potential zur Gesundheit liegt.

Im Rahmen meiner Tätigkeit als Masseurin und Shiatsu-Therapeutin fiel mir auf, dass viele Menschen, auch Hochsensible, verhältnismäßig unbewusst und unwissend mit ihrem Körper umgehen. Die Probleme, die sich ihnen stellen – wie beispielsweise Wohlstandskrankheiten – entstehen durch das Unvermögen, den Signalen des Körpers zu lauschen, kombiniert mit der Weigerung, Verantwortung zu übernehmen. Ich staune darüber immer wieder: Die meisten Menschen betrachten ihren Körper wie einen Gebrauchsgegenstand, wie einen Wagen, der schlicht zu funktionieren hat. Wenn der Körper nicht mehr funktioniert, wird er einem Arzt ausgeliefert, der an ihm herumschneiden und herumdoktern darf, in der Hoffnung, der Motor möge bald wieder laufen... Die meisten Menschen gehen distanziert, unachtsam und geringschätzig mit ihrem Körper um.

Hochsensible Menschen wissen zwar häufig, dass eine andere Haltung besser wäre – doch sie beherrschen diese ungenügend, da sie ihnen nicht beigebracht wurde. Hochsensible sind vielfach sehr gut im Erspüren dessen, was andere benötigen; doch gleichzeitig tendieren sie dazu, ihre eigenen Bedürfnisse zu vernachlässigen. Das ist ein typisches Problem: Bei vielen Hochsensiblen fand ich eine schlechte Verbindung zum eigenen Körper und zur Erde, zusammen mit einem ungenügenden Gefühl für Abgrenzung.

Das Wissen um Gesundheit und Glück, um Ausgeglichenheit und das Einfach-Da-Sein kann man nicht lernen, sondern muss man zutiefst erfahren. Ich hatte in meinem Leben das Glück, eine Lehrmeisterin zu treffen, Joyce Vlaarkamp, die mit ihrer ganzen Existenz Zen ausstrahlte. Sie lehrte vor allem durch ihr lebendes Beispiel, dass das Wissen um das Wohlbefinden nicht durch unser Denken zustande kommt, sondern durch Erfahrung. Um ein Beispiel zu geben: Bei der Shiatsu-Ausbildung sind die Meridiane die Basis der technischen Kenntnisse; das ist unumgänglicher Lernstoff. In vielen Ausbildungskursen, die ich in den Niederlanden und der Schweiz besuchte, lernten die Teilnehmer von der ersten Stunde an eifrig den Verlauf dieser Bahnen auswendig. Meine Ausbilderin hingegen ging anders vor. Sie präsentierte den Verlauf der Meridiane nicht als theoretischen Lehrstoff, sondern als etwas, dessen Wesen tief gefühlt werden sollte. Sie arbeitete mit Methoden, die unseren Lerneifer kanalisierten, unsere Rastlosigkeit beruhigten, unseren Kontakt zur Erde und zum eigenen Körper verbesserten und uns so energetische Erfahrungen ermöglichten. Sie lehrte uns durch Körpererfahrung. Und sie zeigte mir, wie weit ich doch bis dahin auf Denken und Wollen gegründet gelebt hatte, statt auf körperlichem Sein. Das ist nicht weiter erstaunlich, denn in unserer Gesellschaft werden Verstandesfähigkeiten von der Wiege an stimuliert und gefördert.

Masunaga, der Begründer des Zen-Shiatsu, sagt dazu: „Das Bewusstsein, das die Dinge trennt, befindet sich in der entwicklungsgeschichtlich jungen Großhirnrinde. Je intensiver das System der Großhirnrinde funktioniert, desto stärker fällt das lymphatische System und damit unser Urinstinkt zurück. Je kultivierter, gebildeter und selbstbewusster ein Volk wird, desto abgestumpfter wird das Lebensgefühl dieses Volkes. Und so entfremden wir uns, je kultivierter wir werden, umso mehr vom gesunden Leben."

Meine Begegnung mit der östlichen Spiritualität ist eine Begegnung mit dem, was den Dingen innewohnt – und mit Integration. Ich glaube nicht so sehr an die Wichtigkeit von Erleuchtung. Ich denke, die Aufgabe des Menschen liegt in der Welt: im Finden des Göttlichen in sich selbst und in der Integration von Körper und Geist, Licht und Schatten, männlich und weiblich. Das unterstreicht auch

C.G. Jung in seiner Individualtheorie. Ich versuche, dafür zu sorgen, dass das Urgefühl nicht ganz verloren geht. Das ist sozusagen meine Lebensregel. Ich glaube, dass uns die Erkenntnisse des Taoismus und des Buddhismus viel nützen können, wenn es darum geht, gesunde Ausgeglichenheit im Leben zu finden: die Ausgeglichenheit zwischen Denken, Handeln, Fühlen und Sein, zwischen männlichen und weiblichen Kräften in uns, zwischen innen und außen, unten und oben, zwischen Eigeninteresse und Gruppeninteresse.

Eine der wichtigsten Einsichten, die ich in den letzten Jahren hatte, ist: Erkenntnis benötigt Zeit. Und Glück und Gesundheit sind nichts, was man erzwingen könnte. Es ist vielmehr eine Lebensweise, die durch Weisheit wächst, und diese nimmt offenkundig zu, wenn man sich ihr respektvoll öffnet. Letztendlich geht es darum, Vertrauen in die natürlichen Prozesse zu haben. Veränderungen kann man weder durch Zwang hervorrufen noch durch das Wegsperren eines Teils der eigenen Persönlichkeit – sondern nur über Integrationsprozesse, die stets damit beginnen, dass man zunächst akzeptiert, was ist.

Ich danke allen Hochsensiblen, die bereit waren, sich von mir interviewen zu lassen, oder auf andere Art ihre Hochsensibilität mit mir geteilt haben. Dank ihrer Erfahrungen konnte ich meine Ideen testen und ausbauen. Besonderen Dank schulde ich Etty für das Lesen der Kapitel, ihre Kritik und ihre Empfehlungen, basierend auf ihrer Kenntnis klassischer Psychologie und ihrer eigenen Erfahrung als Hochsensible.

SUSAN MARLETTA-HART
Februar 2003

1 Hochsensibilität, eine Charaktereigenschaft

„Nach 40 Jahren Kampf habe ich endlich einen Modus gefunden, mit mir selbst zu leben. Ich verstehe heute, wer ich bin. Merkwürdig, zurückzublicken und zu erkennen, dass ich so wenig von mir selbst begriff. Jetzt lerne ich, mich so zu akzeptieren, wie ich bin. Ich falle zwar immer mal wieder auf die Nase, aber dann stehe ich auch wieder auf. Ich weiß, dass ich auf dem rechten Weg bin. Eine neue Gelassenheit ist über mich gekommen, die den Platz meiner früheren Streitsucht eingenommen hat. Ich brauche mich nicht mehr so zu beweisen."

„Es fühlt sich gut an, zu wissen, dass mehr Menschen so sind wie ich. Die Bekanntschaft mit dem Begriff ‚Hochsensibilität' war für mich wie eine Offenbarung. Als ich zum ersten Mal darüber las, war ich stark beeindruckt, da ich mich zu hundert Prozent wiedererkannte. Ein Freund hatte mich darauf aufmerksam gemacht. Schon beim Hören des Begriffs fühlte ich eine Wärme in mir aufsteigen. Das bin ich, darum geht es. Nun betrachte ich mich selbst mit den Augen eines Bewunderers. Angst hat Erstaunen Platz gemacht. In mir findet eine wunderbare Metamorphose statt."

„Jahrelang fragte ich mich verzweifelt, was mit mir los sei: Von außen betrachtet lief alles wie am Schnürchen, aber im Inneren erlebte ich das Gegenteil. Ich fühlte mich oft depressiv und ratlos. Ich fand mich egozentrisch, obwohl das doch nichts anderes als äußerste Notwendigkeit war, um mich nicht ganz zu verlieren. Jetzt verstehe ich es im Licht meiner Hochsensibilität. Ich bin so oft über meine Grenzen gegangen. So häufig wurde ich meinen eigenen Empfindungen entfremdet, dass es eine immense Aufgabe war, mich selbst wieder ins Gleichgewicht zu bringen."

„In meinem Leben ist ein Wirbelsturm losgebrochen – wohl sanft und liebenswürdig, doch trotzdem mächtig – der mein bisheriges Leben völlig über den Haufen wirft. Und zwar ausnahmslos zum Guten. Aus einer stets vorherrschenden Unsicherheit, Unruhe und dem ständig kritischen Blick auf mich selbst hat sich meine Lebenshaltung um 180 Grad geändert. Meine Angst vor Kritik an meiner zu sanften, zu gefühlsbetonten, zu verträumten Art hat einer neuen Selbstbetrachtung Platz gemacht. Es fühlt sich zwar alles noch etwas unsicher an, etwa wie: ,Träume ich oder bin ich schon wach?' Doch tief in meinem Inneren fühle ich meine Basis, nämlich das sichere Wissen: Ja, das passt zu mir, so bin ich."

Wiedererkennen und Einsicht. Die Zusammenhänge werden sichtbar und Veränderung wird angestoßen. Das ist der Anfang eines neuen Selbstbilds und einer neuen Wertschätzung der eigenen Person. Derartige Erfahrungen machen vielleicht auch Sie beim Lesen dieses Buchs. Vielleicht verspüren auch Sie Gefühle des Zu-Hause-Ankommens, des Wiedererkennens und der Selbstakzeptanz. Unter Umständen denken Sie dann zum ersten Mal: „Ich dachte immer, ich sei anders – und nun scheinen viele Menschen so zu sein wie ich!" Während der Recherchen für dieses Buch war ich immer wieder gerührt von Menschen, die aufrichtig froh reagierten. Durch diese Gefühle habe ich mich leiten lassen. Darum habe ich nie an der Notwendigkeit gezweifelt, das Thema Hochsensibilität vielen bekannt zu machen, und ich bin dankbar, dieses Buch geschrieben zu haben.

1.1 Kennzeichen der Hochsensibilität

Was ist Hochsensibilität eigentlich genau? Bei dieser Frage kommt man nicht um das Werk von Dr. phil. Elaine N. Aron herum. Sie prägte den Begriff Hochsensibilität und machte ihn bekannt; sie machte Hochsensibilität zum Thema ihres Lebenswerks. Auf ihren grundlegenden Untersuchungen bauen sowohl meine als auch viele andere Arbeiten auf. Nach Arons Erkenntnissen tritt das Phänomen der Hochsensibilität bei 15 bis 20 Prozent der Menschen auf, sowohl bei Männern als auch bei Frauen. Durch Untersuchungen mit Säuglingen, Kindern und Erwachsenen und durch Gespräche mit Menschen, die sich selbst als überdurchschnittlich empfindlich beschrieben, sammelte sie umfassend Informationen. Weiter sichtete sie die bereits vorhandene psychologische Literatur zu diesem Bereich. Schließlich entwickelte sie – aus der Verbindung ihrer wissenschaftlichen Perspektive mit der Jung'schen Analytischen Psychologie – ein Rahmenmodell, in dem Hochsensibilität sehr genau definiert werden kann. In den folgenden Kapiteln werden wir einzelne Aspekte dieses Modells der Reihe nach kennenlernen.

Hochsensibilität beginnt bei den meisten Menschen mit dem Gefühl, anders als andere zu sein – ohne dieses Gefühl konkreter benennen zu können. Doch auch wenn sie zumeist nur schwer Genaues über diese Empfindung sagen können: Es ist eine Erfahrung, ein Gewahrsein, das ihnen reichlich ‚quer sitzen' kann und das oft (nicht immer) zu Schwierigkeiten und Problemen führt. So sehr, dass manche sich manchmal verzweifelt fragen: Bin ich vielleicht verrückt?

Doch Sensibilität hat wenig mit Verrücktheit zu tun. Sensibilität ist eine Eigenschaft des Nervensystems, der Informationsverarbeitung im Körper und im Gehirn: Irgendwo im Verarbeitungsprozess, zwischen dem Eintreffen eines Sinnesreizes und seiner Verarbeitung im Gehirn, läuft es bei hochsensiblen Personen anders als bei den meisten Menschen. Die Informationsverarbeitung eines Hochsensiblen arbeitet auf die eine oder andere Art ausführlicher und genauer als beim Durchschnittsmenschen. Hochsensible haben nicht etwa bessere Sinnesorgane, sondern sie verarbeiten Sinneseindrücke komplexer. Aron gibt den Vergleich mit einer Sortiermaschine: „Eine hochsensible Person sortiert Eindrücke in zehn Kategorien, während jemand anderes nur zwei oder drei Varianten wahrnimmt."[1] Hochsensibilität ist wahrscheinlich erblich; man wird also vermutlich damit geboren.

Hochsensible Menschen nehmen viele subtile Nuancen wahr, die andere übersehen. Worüber andere nicht weiter nachdenken, oder was andere vielleicht gar genießen – laute Musik, große Menschenmengen, Sirengeheul, grelle Lichter, fremde Gerüche, chaotische Verkaufsräume – das kann bei Hochsensiblen heftige Reaktionen verursachen. Sie werden überreizt. Wenn solch eine Reizüberflutung oder Überstimulation lange anhält, wird sie zu Dauerstress. Ab wann und bei wem Überstimulation zu Stress führt, ist wiederum individuell verschieden und von weiteren Faktoren abhängig. Faktoren, die hier eine Rolle spielen, sind beispielsweise Erziehung, Anpassungsstrategien oder individuelle Eigenarten. Auch das Alter spielt eine Rolle dabei, wie viel man verkraften kann. Kinder können gewöhnlich mehr Eindrücke verarbeiten als Ältere. Sensibilität nimmt meistens mit dem Lebensalter zu. Das gilt übrigens für alle Menschen, ob hochsensibel oder nicht.

Der Begriff „hochsensibel" wurde von Aron geprägt und ist freundlicher und neutraler als die Bezeichnung „überempfindlich". „Überempfindlich" bedeutet: „zu viel". Die Bezeichnung „hochsensibel" vermeidet die Assoziation mit „zu viel" oder „falsch". Genau wie jede andere Eigenschaft ist Hochsensibilität ein Charakterzug, der sowohl positiv als auch negativ interpretiert werden kann – je nachdem, worauf man den Nachdruck legt. Wer hochsensibel ist, hat das Potenzial, diese Sensibilität auf eindrucksvolle Art in vielen Bereichen seines Lebens einzusetzen. Er kann aus dieser Eigenschaft eine Gabe machen. Er muss allerdings dafür sorgen, dass seine Umgebung zu den eigenen Bedürfnissen passt. Das ist die Herausforderung, vor der Menschen mit hochsensiblem Charakter stehen. In diesem Kapitel werde ich mich der Hochsensibilität von möglichst vielen Seiten nähern, auf viele Aspekte eingehen, die die Hochsensibilität sowohl zu einer Schwierigkeit als auch zu einer Gabe machen; ab Kapitel 2 bespreche ich diese Teilaspekte dann im Detail.

Ein hochsensibler Mensch benötigt zuallererst mehr Zeit als der Durchschnitt der Menschen. Das liegt einzig an der Tatsache, dass die Menge der Reize, die auf ihn einströmen, ausreichend verarbeitet werden muss. Es geht dabei um Sinnesinformationen, die über Augen, Ohren, Nase und Tastsinn nach innen strömen, sowie um Informationen, die aus dem eigenen Organismus kommen: Gedanken, Gefühle, Empfindungen aus inneren Organen. Kurz, um sämtliche körperlichen, geistigen, emotionalen und seelischen Eindrücke. Zu deren Verarbeitung braucht man Zeit – und die ist nicht immer ausreichend vorhanden. Die Zeit und Ruhe, die man sich nimmt, um Eindrücke zu verarbeiten, bestimmen einen wesentlichen Teil der Persönlichkeit. Ist man jemand, der sich häufig zurückzieht zum Überlegen, zur Besinnung, um über ein Thema zu brüten und zu träumen? Oder nimmt man sich wenig Zeit, hastet vielleicht von einer Erfahrung zur nächsten? Die Eigenschaft der Hochsensibilität, kombiniert mit dem Maß an Aktivität, das man in seinem Leben entfaltet, kann großen Einfluss darauf haben, inwieweit man mit dem Leben, das man führt, zufrieden ist, und inwieweit man sich ausgeglichen fühlt. Es gibt hochsensible Menschen, die sehr unternehmungslustig und aktiv sind, und es gibt Hochsensible, die alles lieber ruhiger angehen.

Ein kleines Zwischenresümee ist an dieser Stelle möglicherweise sinnvoll: Ich liste einige Charakteristika auf, die zur Hochsensibilität gehören können. Wohlgemerkt: Es sind *mögliche* Auswirkungen der Hochsensibilität; es muss nicht so sein, dass jeder Hochsensible sich in all diesen Eigenschaften wieder findet.

Hochsensible:

- bemerken viele Details und feine Unterschiede
- spüren die Stimmungen anderer recht deutlich
- besitzen eine reiche innere Erlebniswelt
- träumen, phantasieren und überlegen viel
- sind sorgfältig und bewusst
- erledigen Sachen gerne in ihrem eigenen Tempo
- werden durch Schönheit und Kunst tief berührt
- lieben Stille und Ruhe.

Jeder Mensch ist einzigartig; Hochsensible sind nicht einzigartiger als andere. Dennoch haben sie oft ein existentielles Gefühl, anders zu sein und nicht gut verstanden zu werden. Erkennst du dich bis hierher ein wenig in diesem Muster? Oder erkennst du jemand anderen in dieser Beschreibung? Einige Beispiele, wie das Leben durch Hochsensibilität kompliziert werden kann, mögen es klarer machen:

- Es kann vorkommen, dass du unter Störungen aus deiner Umgebung leidest, die andere kaum bemerken.
- Bei lauten Geräuschen fühlst du dich wie von dir selbst abgetrennt.
- (Un)ausgesprochene negative Gefühle eines Bekannten, eines Freundes oder einer Freundin können dich komplett aus dem Gleichgewicht bringen.
- Durch den Kontakt mit jemand anderem fühlst du dich manchmal wie ausgesaugt.
- Ein paar Stunden Shopping bringen dich an deine Belastungsgrenze. Du willst dann zurück nach Hause, dich alleine zurückziehen und keine weiteren Reize und Themen mehr verarbeiten müssen.
- Hungergefühle machen dir schnell zu schaffen, du wirst gereizt und fühlst dich flau im Kopf.
- Es kostet dich deutlich mehr Kraft als deine Kollegen, in einer hektischen Büroatmosphäre zu arbeiten.
- Unfreundliche Bemerkungen können dich leicht aus der Bahn werfen. Von freundlicher Aufmerksamkeit hingegen fühlst du dich tief berührt.
- Du leidest schnell unter Stress-Symptomen wie Magendruck, unruhigem Darm, Kopfschmerz, nervlichem Kribbeln oder anderen Missempfindungen.
- Gefühle von Wut, Kummer und Verzweiflung nehmen dich ziemlich mit.

Betrachte es so: Die meisten Menschen bewegen sich durchs Leben wie große Tanker übers Meer – während Hochsensible wie Segelboote sind. Nur wenig muss passieren, wie Gegenwind oder hohe Wellen, um sie vom Kurs abzubringen. Andererseits sind sie Lebensgenießer, die die Fahrt als spannende Reise erleben – die Lebensreise zur Kunst erheben. Bei Manövern wie „Kreuzen am Wind" und „Wende am Wind" sind Hochsensible in ihrem Element: Backbord und steuerbord warten Abwechslung und neue Erkenntnisse.

Ein Hochsensibler tanzt auf dem Seil eines Gleichgewichtskünstlers; jeder Schritt ist wichtig. Eine hochsensible Frau beschrieb sich folgendermaßen:

„In meinem Leben gab es immer ‚Kleinigkeiten', die mich besonders aufregten, während andere sich dadurch überhaupt nicht gestört fühlten. Ich kann absolut keine Kleidung ertragen, in der elastische Bänder um meine Handgelenke, meine Taille oder Etiketten in meinem Nacken sitzen. Meine Armbanduhr hängt ziemlich lose an meinem Handgelenk.

Viele Nahrungsmittel vermeide ich wegen ihrer Struktur, nicht etwa wegen ihres Geschmacks. Ich mag zwar gerne Tomatensauce auf meinen Spagetti, trotzdem kann ich absolut kein Stückchen rohe Tomate essen. Dasselbe gilt für einige Früchte. Ich kann mich aufgrund ihrer spezifischen Struktur nicht überwinden, sie zu essen. Einen rohen Apfel finde ich lecker, aber von einem gebratenen Apfelring wird mir übel. Ins Restaurant zu gehen ist eine Katastrophe für mich und meine Tischgenossen, ich muss nämlich genau wissen, was alles im Essen ist, bevor ich essen kann. Mein Magen und mein Darm sind äußerst empfindlich und geraten durch ungewöhnlich gewürztes Essen genauso durcheinander wie durch Stress."[2]

Als hochsensibler Mensch wird man nicht nur durch spür- oder sichtbare Reize beeinflusst, man bemerkt auch weniger leicht erklärbare Dinge. Stimmungen anderer können einen beispielsweise ziemlich beschäftigen. Während die meisten Menschen, die einen Raum betreten, gerade mal das Mobiliar und die anwesenden Personen bemerken, spürst du als Hochsensibler unmittelbar etwas von der Persönlichkeit, die in diesem Raum lebt. Oder du nimmst beispielsweise wahr, wenn jemand nicht ehrlich ist. Das kann dich ziemlich fassungslos machen. Du bemerkst auch deutlich die Unsicherheiten anderer, ebenso wie unausgesprochene Feindseligkeiten im zwischenmenschlichen Kontakt. Andererseits fühlst du rasch, wenn jemandem etwas fehlt, und bist dann unmittelbar bereit, diesem Menschen behilflich zu sein. Vielleicht macht dich das zu einem besonders altruistischen Menschen. Vielleicht finden andere dich deshalb so nett und teilen gerne ihre Probleme mit dir? Wenn deine Gabe ans Paranormale grenzt, kannst du viel Zeit und Energie in das Wahrnehmen der Bedürfnisse und Gefühle anderer stecken. Das kann bis zur Erschöpfung gehen.

Gefühle anderer können so stark auf dich wirken, dass du manchmal nicht mehr unterscheiden kannst, ob diese von dir oder von jemand anderem stammen. Du weißt nicht mehr genau, was zu dir gehört und was zu dem anderen. Ein Zusammenfluss zwischen dir und dem anderen findet statt. Das verwirrt dich vielleicht. Oder du bemerkst es zunächst nicht und erkennst erst später, was dein Denken, Fühlen oder Handeln bestimmt hat. Vielleicht hast du auf dieser Basis Entscheidungen gefällt, die du später bereust. Möglicherweise lebst du dadurch in Konflikt mit deinem Verantwortungsgefühl, wodurch bei dir ein Schuldgefühl entstehen kann. Bisweilen sind andere sehr gut darin, an dieses Gefühl zu appellieren, um dir etwas aufzubürden, was vielleicht gar nicht deine Aufgabe ist. All das sind natürlich nur Möglichkeiten, keine Notwendigkeiten. Manchmal kommen sie vor, manchmal nicht.

Vereinfacht gesagt: Das Bemerken von Details ist wesentliches Charakteristikum eines hochsensiblen Menschen. Es sind diese Details, die überwältigen oder enthusiastisch machen können. Es sind die Details, die jemanden zu einem zuvorkommenden und aufmerksamen Menschen machen, die ihn zum Rätseln und Nachdenken bringen können, bis er erschöpft vom Grübeln ist, und die ihn zu einem hart arbeitenden, verantwortungsvollen Arbeitnehmer machen, was gelegentlich ins Perfektionistische geht. Details machen das Leben wertvoll, sie richten den Geist nach innen, machen still und konzentriert. Jemand, der sich aller Details bewusst ist, überlegt, bevor er handelt, wählt bewusst aus und weiß, dass Dinge komplexer sind als sie erscheinen. Eine andere Konsequenz dieser Aufmerksamkeit für Details ist, dass man möglicherweise vieles von dem bemerkt, was im eigenen Körper vorgeht. Hochsensible haben häufig eine niedrigere Toleranz- und Schmerzgrenze. Möglicherweise haben sie diffuse Beschwerden, deren genaue Diagnose einem Arzt schwer fällt – und der deshalb vielleicht denkt, sie würden sich einfach nur zu sehr anstellen oder seien eben überempfindlich.

Hochsensibilität hat so unglaublich viele Aspekte! Was einen Hochsensiblen beispielsweise auch kennzeichnen kann, ist ein hoher Bedarf an Einkehr, Schönheit und Tiefe. Ein hochsensibler Mensch meditiert oder macht Yoga, ist an Kunst oder Musik interessiert, fühlt sich für die Umwelt oder für Hilfsbedürftige in seiner Umgebung verantwortlich. Ein Hochsensibler beschäftigt sich wahrscheinlich mehr als üblich mit Dingen, die wirklich wichtig sind, und unternimmt sinngebende Aktivitäten, weil er sich dadurch verbunden fühlt – mit anderen Menschen, mit der Natur ... oder mit dem Atem, der durch das Leben strömt. Hochsensible können, wenn sie mit sich im Reinen und ausgeglichen sind, sich selbst und anderen Ruhe und Weisheit geben, und andere veranlassen, rechtzeitig zum Wesentlichen zurückzukehren, was auch immer das im Einzelnen sein mag. Sie können Vorbild sein, wenn es um Sorgfalt und Zuwendung geht. Dank ihres Blicks fürs Detail achten sie auf den *Weg* – und nicht nur auf das *Ziel*. Sie können anderen zeigen, dass es im Leben um das Hier und Jetzt geht, und nicht ausschließlich um Vergangenheit oder Zukunft. Und dass es auch um Glauben, Spiritualität und Einkehr geht – und nicht nur um materielle Werte.

Die von alters her vertraut sind mit der Liebe, sind zart besaitet, gefühlvoll, tief, unergründlich. Durch ihre Unergründlichkeit sind sie nur wie folgt zu beschreiben:

Vorsichtig, als müssten sie im Winter einen Bach überqueren,
zaghaft, als fürchteten sie den Klatsch aller Nachbarn,
höflich, als wären sie nur zu Besuch,
nachgiebig wie schmelzendes Eis,
ursprünglich wie rohes Holz,
tief und weit wie ein Tal,
undurchschaubar wie ein trübes Gewässer.
Die Trübung wird durch Versenkung geklärt,
was ruht wird aufgewirbelt durch Erregung.

LAOTSE, TAO TE KING, 15

Erkennst du dich in diesem Bild eines Hochsensiblen wieder? Dann
hast du wahrscheinlich schon als Kind ruhige Plätzchen im Wald
aufgesucht, um dich selbst zu trösten oder um die Verbindung mit
der Natur zu erfahren. Hat dich schöne Musik vielleicht schon immer
innerlich aufgewühlt? Hast du dich vielleicht schon immer von Gewalt, Unrecht und Schmutz abgekehrt? Vielleicht hast du dich als
Kind mit deinen Gefühlen innerer Rührung allein gelassen gefühlt,
hast mit deinen Vorlieben nicht in das übliche Schema gepasst und
wurdest gehänselt? Es ist inzwischen bekannt, dass viele Hochsensible in ihrer Kindheit erheblich mit Erwartungen anderer, wie
Lehrern und Mitschülern, zu kämpfen haben. Im frühen Lebensalter – als Säugling und Kindergartenkind – wurden sie teils nach
dem Bild geformt, das ihre Eltern von ihnen hatten. Zuweilen mit
guten, zuweilen mit schlechten Folgen. Wenn die Hochsensibilität
nicht ausreichend erkannt wurde, trugen manche ziemliche Schram-
men aus ihrer Kindheit und Jugend davon. Das hochsensible Kind
als solches kannte man bis vor kurzem nicht. Es wurde als schüchtern, überempfindlich oder „anders" eingestuft, was ihm nicht gerecht wurde. Glücklicherweise ändert sich die Situation gegenwärtig.
Aufgrund der Erfahrungen mit hochsensiblen Erwachsenen sind wir
auch besser in der Lage, eine kindgerechte Betreuung zu entwickeln,

wodurch sich das hochsensible Kind in seiner Eigenart entfalten kann. In Kapitel 5 besprechen wir dieses Thema ausführlich.

1.2 Suchst du Abenteuer oder Ruhe?

Aron unterscheidet in ihrer Theorie zwei Persönlichkeitstypen: Zum einen beschreibt sie den *Sensation Seeker*, also den Typus, der Spannung sucht, und zum anderen den Typus, der Ruhe sucht. Diese Unterscheidung wird in der Psychologie heute allgemein anerkannt. *Sensation Seekers* werden manchmal auch *Thrill Seekers* genannt. Das sind Menschen, die immer wieder auf der Suche nach neuen und intensiven Erfahrungen sind. Sie üben spannende und gefährliche Sportarten aus, lieben Abenteuerreisen, haben einen außergewöhnlichen Lebenslauf und sind immer auf neue Einsichten und Eindrücke aus. Sie sind bereit, dafür vielfältige Risiken – etwa physische, soziale, finanzielle oder rechtliche – in Kauf zu nehmen. Hochsensibilität und *Sensation Seeking* brauchen einander nicht auszuschließen; ein und dieselbe Person kann beide Eigenschaften haben.

Wenn du dich in der Mischung dieser Eigenschaften wiedererkennst, bist du wahrscheinlich ein hochsensibler und gleichzeitig sehr leidenschaftlicher Mensch. Du wirst wahrscheinlich sowohl schnell überreizt als auch schnell gelangweilt. Dadurch kannst du ab und an in Konflikt mit dir selbst geraten. Da du auf der Suche nach neuen Erfahrungen und Kicks bist, gehst du auf Gefahren und Herausforderungen zu. Doch andererseits solltest du dich eigentlich mehr zurückziehen, da du nicht immer wieder so gestresst werden willst. Du trittst meistens mit einem Fuß aufs Gas und mit dem anderen auf die Bremse. Vielleicht bist du in der Vergangenheit zu große Risiken eingegangen und erlebst jetzt die Folgen? Vielleicht haben dir das Leben und der eigene Lebensstil schon schmerzhaft zugesetzt? Das ist meistens der Fall, wenn du dir deiner Hochsensibilität nicht bewusst warst.

Die andere Variante ist: Du bist hochsensibel, ohne ein derartiger *Sensation* oder *Thrill Seeker* zu sein. Du bist dann eher von beschaulicher Natur, fühlst dich glücklicher bei einem ruhigen Lebensstil. Du bist wahrscheinlich nicht impulsiv, du machst Dinge meistens gleich richtig und magst es nicht, Risiken einzugehen, auf welchem Gebiet auch immer. Dein Lebensstil ist übersichtlich und regelmäßig. Bei dir besteht die Gefahr, dass du dich zu sehr zurückziehst und die Welt und Beziehungen, die dich weiterbringen, vernachlässigst.

Eine dritte Variante ist die Kombination von normaler Sensibilität (also nicht-hochsensibel) mit der *Sensation-Seeker*-Eigenschaft. Diese Menschen sind neugierig, getrieben, impulsiv, gehen leicht Risiken ein und langweilen sich schnell. Sie sind sich der Details einer Situation nicht so bewusst und daran auch nicht interessiert. Sie leiden auch weniger unter den Folgen, die die eingegangenen Risiken mit sich bringen. Wenn sie einen Schicksalsschlag erleiden, sich im Urwald verlaufen oder ihr Vermögen verlieren, geraten sie weniger aus dem Gleichgewicht als ein hochsensibler Mensch.

Schließlich gibt es noch die Normalsensiblen, die vor allem Ruhe und Gleichmäßigkeit suchen. Sie sind nicht wirklich neugierig und wundern sich auch nicht über die Dinge, die passieren. Sie sind eher unkompliziert, einfach und spontan. Sie leben das Leben, wie es kommt.

	Sensation Seeker	*Ruhesucher*
Hochsensibel	Schnell gelangweilt, schnell überreizt, ein Fuß auf der Bremse, einer auf dem Gaspedal.	Von ruhiger und beschaulicher Natur, mag keine Risiken und keinen Stress.
Normalsensibel	Neugierig und getrieben, schnell gelangweilt, doch stört sich nicht so leicht an Details.	Nicht besonders neugierig, nicht impulsiv oder getrieben, lebt das Leben, wie es kommt.

Wenn du hochsensibel bist und dich gleichzeitig in beiden Menschen-
typen wiedererkennst, dann hast du wahrscheinlich eine gesunde
Balance zwischen Aktivität und Ruhe gefunden. Wie in der Aufeinanderfolge der Jahreszeiten lebst du mehr oder minder in Übereinstimmung mit den natürlichen Zyklen. Du verfügst wahrscheinlich
über ausreichend Möglichkeiten, dich nach außen zu richten, zu
entfalten und in Aktion zu kommen, doch du fühlst rechtzeitig, wann
du wieder Zeit und Raum brauchst für Einkehr und Ruhe. Du fühlst
die Notwendigkeit regelmäßiger Veränderungen. Du schätzt den
Vorteil des Zusammenseins mit anderen wie auch den Vorteil des
Alleinseins. Dennoch musst du wohl immer aufmerksam bleiben,
um diese Pole im Gleichgewicht zu halten – und wirst dich dabei
vermutlich vielfach zwischen ihnen hin und her bewegen. Wahrscheinlich ist dieses Leben nicht selbstverständlich, aber du kannst
sehr gut damit umgehen.

Hochsensibilität ist jedenfalls nicht dasselbe wie Introversion,
ein von Carl Gustav Jung geprägter Begriff, der die Neigung bezeichnet, nach innen ausgerichtet zu sein, weg von der Außenwelt. Introvertierte Persönlichkeiten haben ein weitaus höheres Bedürfnis,
ruhige Orte aufzusuchen und sich tief zu versenken in sich selbst,
in gründliches Überlegen und Besinnen. Jung stellte fest, dass Introvertierte die innere Welt als realer und wertvoller erfahren als
die Außenwelt. Das kennen auch Hochsensible, allerdings nicht in
diesem Ausmaß. Auch Hochsensible lieben das tiefe Nachdenken
über Erfahrenes; das Nachdenken – d.h. Dinge mit Bedeutung ver-
sehen – wird beinahe höher geschätzt als das Erleben selbst. Doch
sind sie nicht per definitionem introvertiert. Aron entdeckte, dass
etwa 30 Prozent der Menschen, die sich als hochsensibel betrachten, extravertierte Persönlichkeiten sind. Da sieht man es wieder
einmal: Die Sachverhalte sind häufig komplizierter, als es die „Etiketten" vermuten lassen.

Hochsensibilität ist auch kein Synonym für Schüchternheit, selbst
wenn sich viele Hochsensible als schüchtern empfinden oder in ihrer
Jugend so bezeichnet wurden. Bis heute gibt es noch keinen einzigen

Beweis dafür, dass Menschen schüchtern geboren werden. Schüchternheit ist eher die Folge persönlicher Erfahrungen und Vorgehensweisen. Sie erwächst aus der Befürchtung, be- oder verurteilt zu werden – entsteht also aus negativen Erfahrungen. Introversion und Schüchternheit sind Anpassungsstrategien, die durch bestimmte Umstände hervorgerufen werden. Bei hochsensiblen Personen kommt Schüchternheit und/oder Ängstlichkeit allerdings häufiger vor als bei weniger sensiblen Menschen.

Deutlich wird: Menschen kann man nicht in Schubladen sortieren; jeder Mensch ist einzigartig durch das Zusammenspiel biologischer, psychologischer und sozialer Fakten. Doch es kann die eigene Einsicht fördern und hilfreich sein, wenn man sein Verhalten einigermaßen einordnen kann. Viele Hochsensible erleben es als erleichternd und befreiend, wenn sie erkennen, dass viele ihrer Eigenschaften – die sie bisher als störend ansahen – benennbar und dadurch handhabbar werden. Ich rate deshalb, dieses Buch als Leitfaden zu lesen: anzunehmen, was einen anspricht, und fortzulassen, was einen weniger berührt.

1.3 Eine sozialgeschichtliche Erklärung

Lass uns noch einmal diese Eigenschaft der Hochsensibilität betrachten. Wenn man davon ausgeht, dass jeder Mensch auf einer Skala von 1 bis 10 mehr oder weniger sensibel ist, dann stehen Hochsensible irgendwo oben in der Skala. Doch warum? Hat das eine Funktion? Verschiedene Forschungen ergaben, dass etwa ein Fünftel aller Menschen zur Gruppe der Hochsensiblen gehört. Unter höher entwickelten Tieren wie Mäusen, Katzen, Hunden, Pferden und Affen zeigt sich derselbe Prozentsatz. Es gibt gar Hinweise darauf, dass in jeder Tierpopulation, auch bei weniger entwickelten Tieren wie Insekten, Hochsensibilität vorkommt. Doch um dazu definitive Aussagen zu machen, ist es noch zu früh, weitere Forschung ist nötig. Entscheidend ist: Man muss sich klar machen, dass sich eine hochsensible Person wesentlich von der Mehrheit der

Menschen unterscheidet. Im Allgemeinen kann man drei Gruppen unterscheiden. Bei Befragungen von zufällig ausgewählten Telefonteilnehmern stuften sich 15 bis 20 Prozent der Menschen als sehr sensibel ein, etwa 40 Prozent gab an, insgesamt eher nicht sensibel zu sein, und der Rest lag irgendwo dazwischen und sah sich als mittelmäßig sensibel an.[3] Gegenwärtig schlussfolgern Untersucher, dass Hochsensibilität eine ererbte Eigenschaft ist. Mit hoher Wahrscheinlichkeit kommen deshalb in deiner Familie weitere hochsensible Personen vor. Vielleicht denkst du da an deinen Vater, Großvater oder deine Schwester?

Was ist der Nutzen von Hochsensibilität? Oder ist es einfach nur ein chemischer Defekt? Es gibt Stimmen, die der Meinung sind, dass Hochsensibilität rein biochemisch erklärbar sei. Bei hochsensiblen Menschen sollen bestimmte hormonelle Stoffe schlechter übertragen worden sein und andere Stoffe stattdessen in größerem Maß vorhanden sein. Dafür gibt es Hinweise. Sogar Aron geht recht weit darin, die Eigenschaft über biologisch nachweisbare Argumente zu erklären. Bislang gibt es jedoch zu wenig Forschungen, um diese Ansichten zu untermauern; man darf die Komplexität dieses Themenbereiches nicht unterschätzen. Und selbst, wenn physikalisch im Körper von Hochsensiblen etwas nachweisbar anders abläuft, bleibt noch die Frage nach der Funktion dieser „Abweichung": Hat sie vielleicht in der Schöpfungsgeschichte einen bestimmten Sinn und Zweck? Wir sollten uns der Gefahr bewusst sein, dass Hochsensibilität schnell in eine Reihe mit anderen „Syndromen" gestellt und als abträgliche Abweichung abgetan wird. In diesem Fall wird man den Hochsensiblen nicht gerecht und übersieht die Gaben, die sie besitzen.

Eine andere plausible Erklärung für Hochsensibilität kann man aus sozialgeschichtlicher Perspektive geben. Aron – die dieser Auffassung tendenziell folgt – nimmt an, dass Hochsensible in früheren Zeiten die Priester, Seher und Heiler in einer Gemeinschaft waren. Sie waren die Berater des Königs, sozusagen „der Rat der Weisen". Während sich der König und seine Soldaten um Verteidigung und

Expansion kümmerten, warnten die Hochsensiblen vor möglichen Gefahren. Sie hatten also eine klar umrissene Aufgabe, und eine wichtige dazu. Sie sahen Dinge, die anderen Menschen oder auch Tieren nicht auffielen. Durch ihre ausgesprochen feinen Sinne und ihr außerordentliches Bewusstsein für Details erkannten sie frühestmöglich, wenn Gefahr drohte, und welche Strategie für das Wohlergehen der Gemeinschaft gerade die beste war.

Schutz und Sicherheit waren im Leben unserer Vorfahren keine Selbstverständlichkeit. Gefahr drohte stets. Stämme waren ständig inneren und äußeren Bedrohungen ausgesetzt. Das Rascheln im Gebüsch oder ein unbekannter Geruch, der von ferne kam, konnte auf den Angriff eines feindlich gesonnenen Stammes hinweisen. Sich zusammenziehende Wolken konnten ein Unwetter mit gefährlichen Blitzen ankündigen. Die Gruppe oder der Volksstamm, der diese Signale am besten auffing und interpretierte, hatte die größten Überlebenschancen. Bei dieser Aufgabe spielten die Hochsensiblen eine wichtige Rolle. Anhand von kleinsten Veränderungen konnten sie Vorhersagen machen und Rat geben, wovon die Gruppe profitierte. Dieselben Gründe dürften auch in der Tierwelt gelten. Die scheuen, wachsamsten Tiere des Rudels sind die Hochsensiblen. Studien belegen, dass diese Temperamentsunterschiede tatsächlich eine Rolle spielen.

Auch heute noch ist ein Teil der Welt mit Gefahren wie Kriegen und kämpferischen Auseinandersetzungen konfrontiert. Oder mit Gefahren anderer Art, wie Umweltverschmutzung und Naturkatastrophen. Also nutzt eine gesunde soziale Gemeinschaft auch heute noch – sei es auch in komplexerer Form – die Weisheit von Spezialisten, Sehern und Pionieren. Basierend auf deren Forschungen und Ratschlägen werden neue Gesetze und Regeln erstellt. Das neuronale System von Hochsensiblen basiert auf dem Prinzip von „Innehalten und Prüfen". Es wird auch *Pause-to-check*-System genannt. Dieses System ist für Hochsensible entscheidend. Geringer Sensible laufen signifikant schneller und unbefangener in ihr Verderben. Sie nehmen weniger Gefahren wahr und sind deshalb weniger ängstlich. Das mag sinnvoll sein, wenn man Krieger, Ritter oder Soldat ist. Doch ein Hochsensibler fühlt erst die Wassertemperatur, bevor er ins Wasser springt; er studiert erst den Wetterbericht, bevor er sich aufmacht zur Wanderung.

Pause-to-check, Innehalten und Prüfen, bedeutet: alle Details und Möglichkeiten bewusst wahrzunehmen, sie als zusammenhängendes Ganzes zu erfassen, zu begreifen und dann die bestmögliche Schlussfolgerung zu ziehen. Wenn ein hochsensibler Mensch auf diese Art einer Gemeinschaft dient, berücksichtigt er üblicherweise das Interesse aller Mitglieder. Sein Ziel ist es, der ganzen Gruppe zu helfen; seine Grundeinstellung ist eher altruistisch als egoistisch. Er ist in seiner Aufgabe als Mahner und Seher auf das ausgerichtet, was die Gruppe verbindet. Dazu gehören beispielsweise das Verhindern von Aggressivität und Missmanagement, wie es Friedensaktivisten in Militärregimes mittels Flugblättern und Aktionen praktizieren. Oder die kreativen Aktivitäten von Forschern und Erfindern, die gesellschaftlichen und wissenschaftlichen Fortschritt bewirken. Oder man denke an Umweltaktivisten und Entwicklungshelfer, die sich immer wieder mit nicht nachlassendem Mut und Optimismus daran machen, diese Welt zu einer lebenswerten Welt für alle zu machen. Oder an die Darbietung von Kunst und Musik, bezahlt und unbezahlt, wie es Künstler und Artisten tun. Weil Hochsensible traditionellerweise für Besinnung und Vertiefung sorgen, findet man die meisten von ihnen auch heute noch unter Wissenschaftlern, Therapeuten, Lehrern, Künstlern und Geistlichen. In diesen Berufen fühlen sich Hochsensible wohl. Hier können sie ihre Sorgfalt, ihre intuitiven und kreativen Qualitäten, ihre Aufmerksamkeit und ihr Interesse an philosophischen, psychologischen und weltanschaulichen Themen einbringen.

1.4 Mehr Verständnis für diese Eigenschaft ist nötig

Alles schön und gut – doch warum gibt es so viele Hochsensible, die leiden? Und gab es dieses Leiden schon immer, oder ist es typisch für die heutige Zeit? Eine beachtenswerte Untersuchung unter Schulkindern in zwei Weltstädten, Schanghai und Toronto, warf etwas Licht auf diese Frage. Bei der Untersuchung wurde das Maß der Beliebtheit von schüchternen und empfindlichen Kindern verglichen mit der Beliebtheit von Kindern, die nicht schüchtern und empfindlich waren. Man wollte herausfinden, welche Charaktereigenschaften Kinder beliebt machen. In Kanada zeigte sich, dass schüchterne und empfindliche Kinder zu den am wenigsten Beliebten gehörten. In Schanghai hingegen wurden Schüchternheit und Empfindlichkeit unter den Kindern besonders geschätzt, und diese Kinder wurden am häufigsten als Spielkameraden gewählt.[4] Im Mandarin-Chinesisch bedeutet das Wort „schüchtern" etwa dasselbe wie „still", was wiederum mit „gute Manieren" assoziiert wird. Das Wort für „Empfindlichkeit" entspricht außerdem recht gut unserem Begriff „Empfänglichkeit".

In der Praxis zeigt sich, dass die Fähigkeiten von Hochsensiblen nicht so geschätzt werden, wie wir es gerne sähen. Namentlich für unsere westliche Kultur – die der kanadischen und nicht der chinesischen gleicht – lassen sich die Schlussfolgerungen der Untersuchung verallgemeinern; das zeigte sich auch in den Gesprächen, die ich geführt habe. Im Allgemeinen scheinen die Qualitäten von Hochsensiblen ungenügend gewürdigt zu werden. Dementsprechend hatten fast alle Interviewten in den Untersuchungen von Aron und in den Gesprächen, die ich führte, in mehr oder minder starkem Maß das Gefühl, von ihren Mitmenschen nicht für voll genommen, fortgeschoben oder „untergebuttert" zu werden. Es scheint, je moderner und leistungsbezogener eine Gesellschaft ist, desto schwieriger wird es für Hochsensible.

Diese Schwierigkeit wird vor allem durch die Tatsache verursacht, dass ein Hochsensibler nicht immer mit dem Tempo und der Tatkraft mithalten kann, die die anderen – Normalsensiblen – an den Tag legen. Er befindet sich dann schnell im Konflikt, sich entweder für die eigenen Bedürfnisse entscheiden zu müssen oder für die Erwartungen der Gemeinschaft. Doch muss ein Hochsensibler denn unbedingt mithalten bei einem Leben, das auf Tempo, Abwechslung und äußeren Erfolg ausgerichtet ist? Oder sollte er Werte wie Sorgfalt, Bescheidenheit und Tiefgang wählen? Hochsensible leiden insbesondere, sofern sie die eigene Sensibilität nicht erkennen: Sie begreifen sich dann weder selbst noch fühlen sie sich von ihrer Umgebung verstanden. Die Erkenntnis der eigenen Hochsensibilität ist die Antwort auf die meisten Beschwerden. Denn darin liegt die Chance, einen Lebensstil zu suchen und zu finden, der zu einem passt.

Marianne (55) zeigte mir ihren Garten, als ich für unser Interview aus dem Wagen stieg: „Dieser Garten gibt mir Ruhe und Raum, zwei Dinge die für mich ausschlaggebend sind. In den Augen anderer ist mein Leben wahrscheinlich langweilig. Aber das Gleichgewicht, das ich nach 55 Jahren inneren Kampfes gefunden habe, ist mir sehr wertvoll. Ich bin nun ein überwiegend glücklicher Mensch. Vor fünf Jahren habe ich meine letzte Anstellung gekündigt. Ich war damals Lehrkraft und Beraterin in einer Weiterbildungseinrichtung für arbeitslose Frauen. Das war eine Vollzeitstelle und eigentlich zu viel für mich. Ich musste abends und an Wochenenden immer ganz früh zu Bett. Kräftemäßig schaffte ich es stets nur knapp bis zu den Ferien und war dann völlig erschöpft. Am wenigsten konnte ich das ständige Hin und Her bei der Arbeit ertragen. Wenn ich konzentriert beschäftigt war, klingelte beispielsweise das Telefon. So etwas laugte mich aus. Es gab lange Zeitabschnitte, an denen ich krankheitsbedingt ausfiel. Ich war monatelang, selbst jahrelang weg vom Fenster. Ich fühlte mich völlig wertlos und fand, dass ich zu nichts taugte. Ich ging schließlich auch nicht mehr zu meinem Arzt, nachdem er mir durch die Blume zu verstehen gegeben hatte, wie stressig er es doch selbst habe und ob ich denn nicht zu viel jammern würde. Danach dachte ich, das mache ich mit mir alleine aus. Und das ist mir gelungen. Ich bin jetzt ziemlich zufrieden und lebe die Hochsensibilität aus, so weit es geht. Ich bin überzeugt, dass wir irgendwann gemeinsam stark werden und man die Wichtigkeit unserer Eigenschaft anerkennen wird."[5]

Es gibt natürlich Unterschiede zwischen Menschen. Der eine Hochsensible leidet mehr unter Erwartungsdruck als der andere. Die Auswirkungen der Hochsensibilität sind für den einen größer, für den anderen geringer. Das ist individuell verschieden, weil *biologische, psychologische und soziale* Faktoren mitspielen. Mit diesen drei Begriffen meine ich Folgendes:

Zu den biologischen Faktoren zählen in der Regel Anlage, Vererbung und körperliche Eigenschaften. Ein Beispiel: Wenn jemand mit körperlichem Handicap – zum Beispiel Blindheit oder Spina bifida – geboren wurde, ist es verständlich, dass er durch seine Hochsensibilität andere Konsequenzen erfährt als jemand ohne dieses Handicap.

Psychologische Faktoren beziehen sich auf Erziehung und tiefgreifende Ereignisse und Erfahrungen im Leben. Es ist auch hier selbstverständlich, dass ein Kind, das von den Eltern vernachlässigt oder verlassen wurde, später im Leben andere Probleme hat als ein Kind, das liebevoll empfangen und versorgt wurde.

Soziale Faktoren, die beeinflussen, wie sich ein Charakter in Bezug auf die eigene Hochsensibilität entwickelt, beziehen sich auf die Gesellschaft im engeren Sinn, also die Gruppe, in der man aufwächst. Kommt man aus einer großen Familie mit eher unsensiblen Mitgliedern, dann wird man sich wahrscheinlich anders entwickeln und mit anderen Problemen konfrontiert sein, als wenn man sehr sensible Eltern hat, die alle Reize, durch die man überfordert werden könnte, von einem fern halten.

Zwei Beispiele veranschaulichen diese Aspekte:
Bernadette (30) berichtete mir erleichtert: „Die größte Entdeckung, die ich machte, war, dass ich als Hochsensible eine fantastische

Jugend gehabt hatte, in der meine ‚Besonderheiten' optimal positiv stimuliert wurden. Was ich so besonders finde, ist, dass meine Mutter, die auch hochsensibel ist, aus ihren negativen Erfahrungen die Basis für positive Erfahrungen für mich und die anderen Kinder machen konnte. Natürlich bin ich später, als ich mit achtzehn aus dem Hause ging, ziemlich mit meiner Sensibilität konfrontiert worden."

Maike (55) erfuhr hingegen ihre Kindheit völlig anders. Sie berichtete: „Seit meiner Geburt wurde ich bis jetzt mit ausgesprochen unsensiblen Menschen konfrontiert. Ich komme aus einer großen Familie und bin im Arbeitsleben immer wieder in großen Gruppen gelandet. Vor ein paar Jahren dachte ich, dass ich es mir leichter machen könnte, indem ich nicht mehr zu Geburtstags- und Mitarbeiterfesten und dergleichen ging, aber das hat zu so viel Unverständnis geführt, dass mein Leben dadurch gewiss nicht einfacher geworden ist, eher schwieriger."

Bei Maike entwickelte sich ein Erschöpfungssyndrom, welches unter den Bezeichnungen ME (Myalgische Enzephalomyelitis) oder CFS (Chronic Fatigue Syndrome) bekannt ist. Obwohl sie selbst nachdrücklich betont, nicht krank, sondern hochsensibel zu sein, waren die Konsequenzen für sie erheblich: „Ich bin äußerst müde und habe erst letzte Woche beschlossen, das einfach zu akzeptieren, statt mich dagegen zu sträuben. Ich begreife jetzt, auch durch dieses bahnbrechende Buch, dass Erschöpfung und Hochsensibilität für mich untrennbar verbunden sind. Wenn man sich entscheidet, in der Gesellschaft, in der wir nun einmal alle zusammen leben, weiterhin normal mitzuspielen, dann läuft man als Hochsensibler Gefahr, dabei unterzugehen."

Erschöpfung und das Gefühl, einen aufreibenden Kampf mit dem Leben zu führen, kennen viele sensible Menschen. Martin erlebte das Schicksal manch anderer hochsensibler Menschen: Krisen und Depressionen. „Während meiner Studienzeit in Leiden/NL geschah es das erste Mal. Ich fiel in eine heftige Depression. Wahrscheinlich war das eine Reaktion auf alles, was ich als Kind und junger Erwachsener erleben musste und nicht verarbeiten konnte. Seitdem habe ich fünf weitere schwere Depressionen gehabt. Dabei fiel ich eine ganze Zeit aus dem Arbeitsprozess. Ich sah alles fürchterlich negativ und fand mich selbst nutzlos. Das letzte Mal war vor drei Jahren. Ich blieb drei Monate zu Hause und habe mich zum ersten Mal wirklich gefragt, was mir um Himmels Willen fehlen könnte. Dann begann ich zu suchen. Zunächst sah ich meine Probleme durch Kindheit und Erziehung erklärt. Doch nach meinem Gefühl war noch mehr im Spiel. Ich dachte an Schüchternheit und nahm über das Internet an der *Shyness group* teil. Dort hörte ich zum ersten Mal von Hochsensibilität. Ich wusste sofort, das hängt mit mir zusammen. Ich habe die Gruppen gewechselt und mache jetzt in einer *HSP (Highly Sensitive Person)* Mailgruppe mit. Ich beschäftige mich auch mehr mit emotionaler und spiritueller Entwicklung und mit Massage."

Körperliche und psychische Beschwerden und Erkrankungen, die von Hochsensiblen selbst in Verbindung mit dieser Eigenschaft gebracht werden, sind unter anderem: chronisches Erschöpfungssyndrom (ME oder CFS), Fibromyalgie, Burnout und Überanstrengung, Depressionen, manisch-depressive Erkrankung, Borderline-Syndrom, Sucht (Alkohol, Drogen), Multiple Chemikalienunverträglichkeit und alle Formen von Stress. In den meisten Fällen spielt dabei neben anderen Faktoren eine fehlgerichtete Lebenshaltung eine entscheidende Rolle. Die Darstellung entsprechender Studien würde den Rahmen dieses Buchs sprengen; doch es dürfte äußerst interessant sein, die Beziehung zwischen Hochsensibilität und den genannten Beschwerden und Krankheitsbildern weiter zu untersuchen. In Kapitel 6 wird mehr über Strategien und Therapien in Zusammenhang mit Hochsensibilität gesagt.

Tatsache ist jedenfalls: Die gegenwärtige Gesellschaft ist mehr auf Geschwindigkeit und Anspannung ausgerichtet, als die meisten Menschen aushalten können oder möchten, und darunter leiden die Sensibelsten zuerst. Man denke an den zunehmenden Arbeitsdruck in Betrieben, an das Tempo, mit dem wechselnde Fernsehprogramme über unsere Bildschirme jagen, an die Zunahme des Verkehrs und damit des Lärms auf den Straßen und in den Städten.

1.5 Stress und Anpassungsstrategien

Stress ist ein viel gebrauchtes Wort. Wir alle haben eine Vorstellung davon. Fast jeder erlebt irgendwann Stress. Ein hochsensibler Mensch läuft allerdings eher Gefahr, Stress-Symptome zu entwickeln, als ein nicht-sensibler. Häufig passiert das unbemerkt, manchmal schon in der Kindheit. Hochsensible Kinder können auffallend viel Stress erleben, ohne dass es von anderen bemerkt wird. Vor allem geht es dabei um die Reaktion auf emotionalen Druck. In einer Harvard-Untersuchung unter 22 hochsensiblen schüchternen Kindern zeigte sich, dass diese Kinder im Vergleich zu ihren weniger sensiblen Altersgenossen mehr Noradrenalin (eine Form von Adrenalin) und Cortisol (nicht zu verwechseln mit Cortison) in ihren Körpern hatten.[6] Beides sind Stresshormone. Diese Untersuchung bestätigt die Vermutung, dass Hochsensible schneller in einen Zustand von Aufregung geraten und deshalb mehr Stresshormone produzieren.

Man stelle sich ein sehr sensibles Kind vor, das in einer unsensiblen und/oder unsicheren Umgebung aufwächst. Das Verhalten, das dieses Kind entwickelt, um, sagen wir mal, „zu überleben", ist nicht immer das natürliche Verhalten, das ihm gut tut. Es entwickelt Anpassungsstrategien, „reaktives Verhalten". Ein Kind, das unter dem Druck aggressiver oder Zwang ausübender Eltern oder Lehrer aufwächst, versucht so gut wie möglich sein Bestes zu geben, um kein Störfaktor zu sein. Vielleicht zieht es sich immer mehr in sich selbst zurück, um der Gewalt zuvorzukommen. Vielleicht passiert auch das Gegenteil: Das Kind kopiert das harte Verhalten seiner Erzieher, übertreibt aus Unsicherheit noch ein bisschen und entwickelt sich zu einem anstrengenden, unruhigen, schreienden Kind. Ein anderes Beispiel: Ein hochsensibles Kind merkt in der Regel sehr gut, ob Vater oder Mutter unglücklich sind. Doch Vater oder Mutter tun so, als gäbe es kein Problem, und spielen das glückliche Ehepaar, während im Innern alles brodelt. Wenn die Botschaft, die dem Kind übermittelt wird, nicht mit dem übereinstimmt, was das Kind instinktiv wahrnimmt, wird es verwirrt. Was soll es nun glauben? Gilt die unbewusste oder die bewusste Botschaft? Die Gefahr ist groß, dass das Kind an sich zu zweifeln beginnt und sich selbst als Ursache der Störung ansieht.

Auch Sophie (27) fühlte sich überhaupt nicht zu Hause in der Familie, in der sie geboren wurde. Das war eine typische Arbeiterfamilie mit bodenständiger Moral. Geld war wichtig, Arbeiten mussten immer schnell erledigt sein, und eine studierende Tochter stellte nach Meinung der Eltern reine Geldverschwendung dar, denn sie würde ja eh Mutter und Hausfrau werden. „Meine Eltern waren mir gegenüber wenig einfühlsam. Mein Vater, obwohl wahrscheinlich selbst hochsensibel, fand, dass ich abgehärtet werden müsse. Ich sollte schnell Verantwortung tragen und ein starkes Mädchen werden, meinte er. Deshalb bekam ich mit zwölf Jahren die Aufgabe, mit einer kleinen monatlichen Summe völlig selbständig für meinen Lebensunterhalt zu sorgen. Doch ich kam damit nicht aus und musste irgendwie etwas dazuverdienen. Da ich gesetzlich zu jung zum Arbeiten war, blieb mir nur Schwarzarbeit. So hatte ich schon als Kind große Geldsorgen, was meine Eltern jedoch als normal empfanden. Außerdem wurde ich noch auf andere Art ‚abgehärtet‘. Mein Vater und mein älterer Bruder hänselten mich regelmäßig so lange, bis ich in Tränen ausbrach. Dann konnten sie wieder sagen: ‚Schau mal einer an, das ist jetzt wieder typisch Sophie, die heult immer.‘ Kurz, ich fühlte mich zu Hause schrecklich fehl am Platz. Ich wurde nicht so akzeptiert, wie ich war. Ich erhielt fast keine Unterstützung. Es gab ununterbrochenen Druck und ich fühlte mich ungeschützt. Ich drückte mich so anders aus, so viel gefühlvoller, dass die anderen mich als geziert und zimperlich empfanden."

Es ist wichtig zu erkennen, dass Anpassungsstrategien nicht nur in der Kindheit, durch die Situation in der Familie, hervorgerufen werden. Sie können auch später im Leben durch unschöne oder traumatische Erfahrungen entstehen. Wie dem auch sei, ihr Kennzeichen ist jedenfalls, dass sie ein „eigenes Leben" führen. Sie können einem im späteren Leben mehr und mehr im Weg stehen und für Schwierigkeiten sorgen. Man kann davon buchstäblich krank werden.

Je weiter man sich von sich selbst – seinem wahren Kern – entfernt hat, desto schwieriger wird es, authentisch und ausgeglichen zu leben. Probleme treten auf, wenn man das unechte Verhalten internalisiert hat. Statt ein froher, sorgenfreier, intensiv lebender Mensch zu sein, ist man beispielsweise ängstlich, ärgerlich oder grüblerisch. Statt im Jetzt zu leben, in Erwartung einer schönen Zukunft, lebt man mit Schreckensbildern aus der Vergangenheit.

Der Britische Kinderpsychiater und Psychoanalytiker D.W. Winnicott hat viel zum Wissen über den Prozess der Selbstbildformung beigetragen. Er untersuchte psychische Prozesse bei Kindern und Erwachsenen, die zu Abhängigkeit und Unfreiheit in Gefühlen, Gedanken und Wünschen führen. Winnicott benutzt dabei die Bezeichnungen: „the true self" und „the false self" – das *wahre Selbst* und das *falsche Selbst*. Das *wahre Selbst* entsteht idealiter aus dem Kind selbst – es ist der authentische Charakter oder das instinktive „Herz" seiner Persönlichkeit. Es ist das Selbst, das sich gesund entfalten konnte – mit ausreichend Möglichkeiten, seine Impulse ununterbrochen „fließen" zu lassen. Das Kind hat ein normales Gefühl des eigenen Werts ausgebildet und entwickelt so einen starken authentischen Charakter und damit ein gesundes Maß von Selbstachtung. Wenn sich allerdings das wahre Selbst bedrängt fühlt, weil es beispielsweise der Mutter nicht gelingt, auf die spontanen Reaktionen des Kindes zu antworten, entsteht möglicherweise ein *falsches Selbst* – ein unechtes Selbstbild in Verbindung mit mangelhafter Selbstachtung. Schließlich kommt es zur Verwirrung: nicht nur das Kind oder später der Erwachsene selbst, sondern auch andere sehen das falsche Selbst als das wahre an. Solch ein Mensch zeigt nach außen vielleicht eine erfolgreiche Persönlichkeit, fühlt sich jedoch innen – unter dieser Außendarstellung – unecht und unfrei.

Nochmals: Für einen hochsensiblen Menschen ist es unumgänglich, im Gleichgewicht mit der eigenen Persönlichkeit zu leben, um zu größerer Authentizität und damit mehr Zufriedenheit zu finden.

Rose wartet auf die Prüfung ihres Antrags auf Erwerbsunfähigkeitsrente. Ihre Arbeit als Sekretärin hatte zur völligen Erschöpfung geführt. Vor einigen Monaten hat sie dann den Begriff Hochsensibilität entdeckt. Als sie das erste Mal davon las, machte ihr Herz Freudensprünge. Noch immer strahlt ihr Gesicht, wenn sie darüber erzählt: „Eine Welt ging für mich auf. Auf einmal war ich nicht mehr die Weltfremde, sondern schien irgendwo dazu zu gehören. Meine Schüchternheit, meine Sensibilität und all die Probleme, die ich mit anderen hatte, zeigten sich für mich auf einmal in einem sinnvollen Zusammenhang." Sie erkannte mehr denn je, dass die Probleme, die sie schon seit ihrer Kindheit hatte, in der Hochsensibilität begründet lagen. Vor eineinhalb Jahren brach sie jeden Kontakt mit ihrer Familie ab. Sie hielt die negativen Strukturen, in denen die Familienmitglieder verharrten, nicht mehr aus. Sie erlebte deren Denkweise und Meinungen buchstäblich als lähmend, wollte eigene Entscheidungen treffen und sich vom Familiendruck lösen. „Wegen meiner großen Sensibilität und dem starken Einfluss der Familie gab es für mich keine andere Wahl", sagt sie. „Deren negative Gedanken fühle ich an der linken Seite meines Körpers als Spannung und in meinen Armen als Schmerz. Ein Heilpraktiker ließ mich einmal fühlen, wie ich die Beziehung zu meiner Mutter um mein sechstes Lebensjahr erfuhr: Ich sah mich gefangen in einem Kettenhemd aus Gefühlsfäden, die von meiner Mutter ausgingen."

Viele Hochsensible haben sich gerade deshalb angepasst, weil sie so aufmerksam sind. Stärker als ihre weniger sensiblen Geschwister und Freunde bemerkten sie Spannungen in der Familie und in der Schule. Obwohl sie tief in ihrem Herzen vielleicht recht glücklich und zufrieden mit sich selbst sind (und eigentlich wissen, was sie brauchen), leben sie den größten Teil ihres Lebens – ihres nach außen sichtbaren Lebens – entsprechend den Erwartungen und dem Bild, das andere von ihnen haben. Das macht sie zu wahren Chamäleons. Oder, wie es Marian van den Beuken in ihrem Buch *Hochsensibilität als Herausforderung* sagt: „Ich kann mich selbst mit inneren und mit äußeren Augen sehen, mit dem Blick eines Kritikers und mit dem Blick, der aus dem wahren Selbst kommt."

Vielleicht bist du durch ähnliche Lebenserfahrungen traumatisiert. Vielleicht hattest du etwas mehr Glück als andere und wurdest von sensiblen Eltern mit Aufmerksamkeit und Einfühlungsvermögen aufgezogen. Diese Zusammenhänge werden wir noch einige Male betrachten; in den einzelnen Kapiteln kommen unterschiedliche Aspekte verschiedener Lebensphasen an die Reihe. Auf der Basis von Erfahrungen, die Erwachsene heute mit ihrer Hochsensibilität machen, und auf der Basis meiner eigenen Erkenntnisse stelle ich in jedem Kapitel Richtlinien und Tipps vor, die dir helfen können, die Eigenschaft der Hochsensibilität schätzen zu lernen. Glücklicherweise kann man sich jederzeit entscheiden, die Vergangenheit loszulassen und von Neuem zu leben. Zu leben entsprechend dem wirklichen, eigenen Selbst. Vielleicht ist das auch deine Aufgabe?

Denn Gestern ist nur ein Traum
Und Morgen einzig eine Vision
Doch durch ein gut gelebtes Heute
Wird Gestern ein Traum des Glücks
Und Morgen eine Vision der Hoffnung
Achte darum gut auf den heutigen Tag.[7]

Hochsensibilität ist eine wundervolle Eigenschaft. Ich möchte dir mit diesem Buch zeigen, wie du dich selbst positiver wahrnehmen kannst – statt dich als schwierig zu betrachten, als schwach oder sonderbar. Es ist eine traurige Tatsache, dass viele Hochsensible ein negatives Selbstbild haben und das Leben aufgrund der Hochsensibilität als schwere Aufgabe erfahren. Manche leiden so sehr, dass sie keinen Ausweg mehr sehen. Natürlich hat Hochsensibilität Vor- und Nachteile. Wir werden in den folgenden Kapiteln auch etliche problematische Aspekte kennenlernen. Ich hoffe, dass das Erkenntnisprozesse anregt. Ich zeige, wie man mit auftretenden Problemen anders umgehen kann, so dass die Selbstachtung steigt. Dieser Prozess hängt vor allem davon ab, für welche Art des Daseins man sich entscheidet. Hochsensibilität ist eine Eigenschaft, mit der man sehr gut leben kann. Und wenn man damit gut leben kann, kann man auch lernen, ihre Früchte zu ernten.

Die östliche Philosophie gibt uns eine Reihe nützlicher, praktischer Konzepte, die, wenn man sie anwendet, Hochsensiblen besonders gut tun. Ich meine damit: inneres Gleichgewicht, Erdung, nährende Energie, Loslassen und die Kraft der Stille. Meiner Erfahrung nach bieten entsprechende Kenntnisse hochsensiblen Menschen viele Vorteile.

Auf diese Konzepte werde ich im Folgenden näher eingehen und Übungen zu ihrer praktischen Umsetzung vorstellen.

2 Körpererfahrung

2.1 Dein Körper als dein Haus

Wenn wir in einem Haus wohnen, möchten wir uns darin auch zu Hause fühlen. Deshalb richten wir es nach persönlichem Geschmack ein. Wir kaufen Möbel, die uns gefallen; wir streichen die Wände in Farbtönen, die uns ansprechen, und hängen vielleicht Objekte an die Wand, die uns charakterisieren. Dann laden wir Familie und Freunde ein und sind stolz auf unser Heim – auf das, was wir ihnen präsentieren können.

Ein Haus ist ein Zuhause, wie klein es auch sei, wie luxuriös oder einfach. Es ist unser Nest, unser Unterschlupf, unsere Burg. Wir ziehen uns dorthin zurück, wenn wir Zeit zum Alleinsein brauchen, und wir organisieren dort Feste, wenn wir mit anderen unsere Lebensfreude teilen wollen. So ist auch das Verhältnis zu unserem Körper. Jedenfalls sollte es so sein.

Hochsensible haben gelegentlich eine Hass-Liebe-Beziehung zu ihrem Körper. Natürlich gilt das nicht für jeden Hochsensiblen. Vielleicht bist du ja in dieser Hinsicht sehr fähig, fühlst dich prima in deinem Körper und achtest gut auf seine Bedürfnisse. Häufig kommt es allerdings vor, dass Hochsensible nicht oder nur unzureichend gelernt haben (oder vielmehr: sich abgewöhnt haben), für ihren Körper zu sorgen. Wie ein Haus, das nicht mehr instand gehalten wird. Oder wie ein Haus, das langsam „zugemüllt", mit Gerümpel angefüllt wird. Oder wie ein Haus, das kalt und leer erscheint, in dem grundlegende Dinge wie Heizung oder ein gedeckter Esstisch fehlen. Es kann sein, dass du deinen Körper nicht gut versorgt hast, weil du (unbewusst) böse auf ihn bist. Oder vielleicht erschien dir die Versorgung sinnlos oder beängstigend. Oder vielleicht hast du einfach nur nicht bemerkt, dass da etwas nicht stimmte.

Dein Körper hat dir in der Vergangenheit vielleicht so viel Mühe bereitet, dass du dich immer weniger um ihn gekümmert hast. Du hast ihn verleugnet und vernachlässigt. Du hast vielleicht gedacht, du musst genauso stark und energisch sein wie alle anderen in deiner Umgebung, du musst genauso viel verkraften können wie sie – und das bewirkte, dass du dich verausgabt hast, zu viel von dir verlangt hast. Es ist vielleicht wie bei einem Feld, das intensivst genutzt wird, um optimalen Ertrag zu liefern, ohne Chance auf Ruhe und Regeneration, und irgendwann ist der Boden dann ausgelaugt. Das kann so sein, muss es aber nicht. In diesem Kapitel geht es im weitesten Sinn um die Beziehung der hochsensiblen Persönlichkeit zu ihrem Körper.

Ich halte den Körper für einen wichtigen Ansatzpunkt, weil man darüber sich selbst ausgezeichnet ins Gleichgewicht bringen kann. Der Körper ist der greifbarste und praktikabelste Zugang zu sich selbst – und gleichzeitig der Bereich, in dem viele Hochsensible (teilweise) geschädigt sind. Besonders für Hochsensible ist es lebenswichtig, gut für den eigenen Körper zu sorgen. Das bedeutet vor allem, gut auf seine Signale zu achten. Erst wenn die Signale aufgefangen werden, kann man beginnen, diese zu verstehen und Konsequenzen daraus zu ziehen. Das erfordert viel Einsatz, Verständnis und Respekt. Manchmal erfordert es auch Mut und die Bereitschaft, alten Schmerz zu fühlen. Unser Körper macht uns ständig klar, was gut für uns ist, doch wenn wir uns nicht die Zeit nehmen, ihm richtig zuzuhören, entfremden wir uns von ihm. Deshalb ist es für Hochsensible erforderlich, zuerst einmal nachzuvollziehen, wie Informationen (Sinnesreize) in uns hineinströmen, und zu verstehen, was sie im Körper bewirken. Im Folgenden versuche ich, Anhaltspunkte zu geben, mit deren Hilfe du besser verstehen lernst, was dein Körper verlangt, und dich in dieser Wahrnehmung üben kannst.

2.2 Nerven und Sinnesorgane

Hochsensibilität beginnt bei den Sinnesorganen. Sinnesorgane sind ständig auf Reize ausgerichtet, die sowohl von außerhalb als auch von innerhalb des eigenen Systems kommen. Die Sinnesorgane reagieren, indem sie sich jeder Änderung von Geruch, Farbe, Bewegung, Klängen, Gefühlen, Energien öffnen. Sie geben Impulse an das Gehirn zur Verarbeitung weiter. Wahrnehmung beginnt erst, nachdem diese Impulse im Gehirn über einen komplizierten Prozess von niederen zu höheren Nervenarealen weitergeleitet, verarbeitet und interpretiert wurden. Erst dann wird uns bewusst, was wir sehen, hören, denken und fühlen.

Hochsensible besitzen nicht etwa mehr oder bessere Sinnesorgane als weniger sensible Menschen. Viele Hochsensible sind beispielsweise stark kurz- oder weitsichtig. Manche hören vielleicht etwas schlechter, und ebenso wie bei weniger sensiblen Menschen nehmen im Alter die Fähigkeiten der Sinnesorgane ab. Was bei Hochsensiblen anders läuft, spielt sich irgendwo zwischen Sinnesorgan und bewusster Wahrnehmung, also „unterwegs", in der dazwischenliegenden Verarbeitung ab. Hochsensible verarbeiten anders, und auf eine tiefe, subtile Art nehmen sie dabei mehr wahr als der Durchschnittsmensch.

Hochsensible verarbeiten Reize anders, intensiver. Und sie scheinen mehr zu reflektieren über das, was bei ihnen hereinkommt. Diese Neigung des Reflektierens macht sie zu gewissenhaften Menschen. Was vom Gehirn wahrgenommen wird, wird in viele kleine Facetten aufgeteilt. Einfach gesagt: Wenn eine weniger sensible Person drei Farben wahrnimmt, sieht eine hochsensible Person vielleicht zehn unterscheidbare Farbnuancen. Dieses Sortieren eröffnet Hochsensiblen die Möglichkeit, Dinge tiefer zu erfahren. Doch das benötigt Zeit und Energie. Je mehr Reize, desto mehr Zeit und Energie sind erforderlich, um diese zu verarbeiten.

Es gibt noch einen weiteren Aspekt. Wie wir auf Reize von außen reagieren, so reagieren wir auch auf alles, was sich aus unserem Inneren meldet. Wenn man von Reizen spricht, denken die meisten an Impulse, die von außerhalb des Körpers kommen – doch Impulse wie Hunger, Durst, Schmerz und Gefühle sind ebenfalls Reize, die über unsere Nervenbahnen zum Gehirn geleitet, verarbeitet und uns bewusst werden und einen erhöhten Erregungszustand bewirken können.

Beides, interne wie externe Reize, nehmen Hochsensible intensiv wahr.

2.2.1 Hunger

Hunger wird von vielen Hochsensiblen als etwas wahrgenommen, was sie besonders unruhig und gestresst machen kann. Viele Hochsensible entwickeln deshalb einen für andere manchmal etwas irritierend wirkenden Fanatismus bezüglich des Essens. Wenn sie nicht zum richtigen Zeitpunkt essen, sinkt ihr Blutzuckerspiegel, sie fühlen sich zittrig, schlapp, bekommen Kopfschmerzen und schlechte Laune. Das kann manchmal zu argem Unmut bei denen führen, die in der Umgebung eines Hochsensiblen leben und dieses Verhaltensmuster nicht nachvollziehen können. Dennoch ist allen besser gedient, wenn der hungrige Hochsensible auf die eigenen Signale hört und seinem Hungerimpuls nachgibt. Schon ein wenig Essen bewirkt hier Wunder.

Marianne berichtete mir, dass sie nun endlich begreife, warum sie im Urlaub durchweg gegen fünf Uhr nachmittags mit ihrem Partner Streit bekomme. Das war der Zeitpunkt, zu dem sie einen Campingplatz suchen mussten, und es war gleichzeitig der Zeitpunkt, an dem sich bei ihr stets der Hunger meldete. Letzteres wirkte sich so negativ auf ihr Wohlbefinden und ihre Stimmung aus, dass die Suche nach einem Campingplatz – eine sowieso schon stressige Angelegenheit – mit ihrer miesen Stimmung zusammenkam und regelmäßig in Streit mündete. Erst als sie sich angewöhnte, um diese Zeit zunächst einen Happen zu essen, bevor die Suche nach Übernachtungsmöglichkeiten begann, kehrte Frieden ein – es gab tatsächlich kein einziges Mal mehr Streit zu diesem Zeitpunkt.

2.2.2 Berühren

Susanne, eine hochsensible Frau, berichtet: „Mein Tastsinn ist stark entwickelt. Menschen, die ich mag, berühre ich gerne an den Händen, am Gesicht, an der Haut. Ich finde es auch beeindruckend, Steine zu berühren, beispielsweise Statuen oder ein Stückchen Mauer eines verfallenen Hauses, mit dem viel Geschichte verbunden ist. Ich modelliere gerne mit grobkörnigem Ton; ich forme Keramikfiguren (expressive Köpfe). Es ist, als würde in meinen Fingerspitzen eine schöpferische Energie leben, die in die Tonmasse übergeht und eine Figur entstehen lässt."

Berührungen können hochsensible Menschen besonders intensiv erleben. Berührung in der Form von Sexualität kann deshalb sehr stark wirken – mit der Folge, dadurch positiv oder negativ überwältigt zu werden. Manche Hochsensiblen geben an, dass sie Intimität und Sexualität als wunderbar erfahren, weil sie darin völlig aufgehen. Andere sind aus Erfahrung vielleicht behutsam und eher vorsichtig geworden und haben gelernt, sich vorsorglich vor Reizüberflutung abzuschließen. Wie sieht es bei dir aus? Wie erfährst du Intimität?

Berührung ist auch eine Möglichkeit, die eigenen Grenzen besser kennen zu lernen. Durch meine Erfahrung beim Geben und Empfangen von Shiatsu-Massagen habe ich gelernt, dass Berührung sowohl für den Berührenden als auch für den Berührten eine Wohltat sein kann, wenn man sie als ein Mittel ansieht, sich selbst, seinem eigenen Kern, näher zu kommen. Die Haut mit ihren zahllosen Sinneszellen wird durch Berührung gesünder und elastischer. Diese Umhüllung, die einen von der Außenwelt trennt, lernt man durch Massage besser kennen. Durch Massage verbindet man sich mehr mit der Haut.

2.2.3 Riechen

Diana Koornstra, Bachblütentherapeutin und selbst hochsensibel, hat aus ihrem guten Geruchssinn ihren Beruf gemacht. Sie arbeitet mit den natürlichen Blütenheilmitteln nach Edward Bach. Über ihre

Geruchssensibilität sagt sie: „Ich bin überempfindlich gegen chemische Gerüche, aber nicht gegenüber reinen Gerüchen wie denen von ätherischen Ölen. Sogar reine Räucherstäbchen kann ich gut vertragen, doch überhaupt nicht, wenn sie Chemie enthalten. Das rieche ich meistens sofort. Einzelne chemische Duftstoffe finde ich manchmal noch irgendwie annehmbar und ich kann sie ertragen, doch bei den meisten chemischen Düften geht es nicht. Sie schnüren mir nicht nur den Atem ab, sondern oft kann ich nicht mehr klar denken und bekomme nach kurzer Zeit Hals- und Kopfschmerzen. Auch Waschmittel mit Duftstoffen vertrage ich nicht. Eine frisch gewaschene Jacke am Kleiderhaken kneift mir in der Nase. Wenn jemand zu Besuch kommt, kann ich mich nicht nett mit ihm unterhalten, wenn sein Geruch zu stark ist. Körpergerüche (wie Schweißfüße) ertrage ich manchmal noch besser als Parfüm oder Aftershave. Und ich rieche die Düfte oft noch stundenlang weiter, weil Düfte so lange hängen bleiben. Eine gute Nase ist manchmal sehr praktisch, jedoch auch schwierig. Die Riechfähigkeit vieler Menschen ist nicht so entwickelt wie meine und deshalb denken diese Menschen dann, ich würde mich anstellen. Sie sollten Gerüche einmal so erfahren, wie ich sie erfahre.“[8]

Bekannt sind Berichte über Geruchsempfindlichkeit schwangerer Frauen. Plötzlich ist ihr Geruchsempfinden anders. Sie können sogar richtige Allergien entwickeln. Mir ist das gegenüber Seifen- und Aftershaveprodukten so gegangen. Viele Hochsensible sind, wenn man so will, permanent schwanger, wenn es auf den Geruchssinn ankommt. Manchmal nehmen die Unverträglichkeiten und Allergien so weit zu, dass man von einem Syndrom spricht. Die Multiple Chemikalienunverträglichkeit bezeichnet eine Überempfindlichkeit gegenüber bereits kleinen Mengen chemischer Stoffe. Wenn sie diesen Stoffen ausgesetzt werden, bekommen solche Patienten verschiedene Beschwerden wie Erschöpfung, Konzentrationsprobleme, Schwindel, Kopfschmerzen oder depressive Niedergeschlagenheit. Es gibt eine Reihe von Stoffen, die am ehesten überempfindliche Reaktionen hervorrufen. Dazu gehören Aftershaves,

Zigarettenrauch, Dieselabgase, verschiedene Deodorants, Waschmittel und Weichspüler, Farbmittel und Insektizid-Sprays. Vielleicht ist deine Nase auch sehr empfindlich? Oder vielleicht gilt das nicht für deinen Geruchssinn – aber für andere Sinnesorgane, wie beispielsweise das Sehen?

2.2.4 *Sehen*

Gleichgültig, ob man schlechte oder gute Augen hat – Eindrücke, die über die Augen zu uns kommen, haben oft eine besonders große Intensität und können sogar unsere Augen schmerzen, wie beispielsweise starkes Sonnenlicht oder grelle Autoscheinwerfer. Sehen hat viele Aspekte; man kann beispielsweise auch den Blick nach innen richten und so zu Einsichten gelangen. Oder man kann mehr sehen als nur die Oberfläche der Dinge. Da geht es ums Hellsehen, um die Fähigkeit, Dinge zu bemerken, die scheinbar unsichtbar sind. Subtile Nuancen, Farben und Bilder, die auf der Netzhaut unserer Erinnerung auftauchen. Unsere Art zu sehen ist die Basis, auf der wir viele der Signale, die aus unserer Umgebung kommen, interpretieren.

Ich erinnere mich an die Unterhaltung mit einem guten Bekannten, einem Therapeuten für Psychomotorik. Ich berichtete ihm, dass ich einmal während einer Therapiesitzung zurück zu meinem inneren Kind geführt wurde. Bei dieser Rückführung wurde mir deutlich, wie ich damals als Kind die Gesichter der Menschen um mich herum – und besonders das Gesicht meiner Mutter – regelrecht mit meinen Augen „abscannte". Meine Augen fühlten sich in der Erinnerung an wie versteckte Kameras; fast roboterhaft zoomte ich die kleinsten Details heran. Dieses intensive Betrachten hatte ich damals genutzt, um mein Gefühl, dass ich ungewünscht oder nicht akzeptiert sein könnte, zu widerlegen (oder gerade zu bestätigen). Mein Bekannter berichtete eine vergleichbare Geschichte. Während einer Rückführungssitzung hatte auch er an einer solchen Übung teilgenommen. Er bekam außerdem die Aufgabe, eine Zeichnung zu erstellen, nachdem er zu seinem inneren Kind geführt worden war. Er zeichnete zwei große schwarze Augen. Wie seltsam, dachte er danach, das sind gar nicht meine Augen, ich habe doch blaue Augen. Dann wurde ihm klar, dass es die Augen seiner Mutter waren, die er gezeichnet hatte. Wir schlossen daraus, dass wir bereits sehr früh, wahrscheinlich schon als Säuglinge, auf die Augen unserer Mütter geachtet und versuchten hatten, diese, so gut es ging, zu interpretieren.

2.2.5 Hören

Radau, Lärm, das ist es vielleicht, worüber sich Hochsensible noch am meisten aufregen können. Der unentrinnbare Lärm, der uns täglich umgibt. Das gilt nicht nur für Stadtbewohner, die inmitten von Verkehrslärm, Polizeisirenen und Nachbarskindern wohnen, auch Bewohner ländlicher Gegenden können sich gewaltig stören an Rasenmähern, Landbaumaschinen und überfliegenden Flugzeugen. Glaubt man endlich einen friedlichen Augenblick zur Entspannung für sich gefunden zu haben, fangen die Nachbarn an zu lärmen oder ein Hund bellt ohne Ende. Was soll man dann noch zu einer Party sagen, auf der unzählige Gespräche durcheinander schwirren und meistens auch noch lautstarke Musik läuft.

Ein Spaziergang – durch welche Stadt auch immer – wird mir jedes Mal vergällt durch die Straßengeräusche, vor denen ich mich nicht abschirmen kann. Jedes vorbeifahrende Auto empfinde ich als einen Anschlag auf mein Gehör. Im Laufe der Zeit habe ich mir einige Gehörschädigungen zugezogen mit der Folge, dass ich in stillen Momenten tatsächlich unnatürliche Geräusche im Ohr höre.

Es ist leicht, sich von Ärger mitreißen zu lassen. Besser ist es natürlich, aktiv nach Lösungen zu suchen. Ein Paar Ohrstöpsel sind für mich nicht unzumutbar. Wenn es sein muss, gehe ich auch mit gelben Stöpseln in den Ohren in den Supermarkt. So bin ich sogar einmal ohne Kontaktlinsen und mit Ohrstöpseln Einkaufen gegangen. Was für eine Wonne, weniger zu hören und zu sehen. Es fühlte sich zwar etwas ungewohnt an, aber ich konnte deutlich besser in meinem Zentrum bleiben und fühlte mich danach weniger erschöpft als sonst.

Sich selbst neu zu programmieren, ist ein Teil der Aufgabe, die einem die Hochsensibilität beschert. Julia schaffte es, ihre Irritation in eine positive Sichtweise zu transformieren, mit fast wunderlichen Folgen:

„Ich leide stark unter Lärm in Form von Musik, lauten Stimmen und monotonen Geräuschen wie von Staubsaugern und Schleifmaschinen. Ich wohne in einer netten Nachbarschaft, in der viele Menschen recht dicht beieinander wohnen, darunter auch Kinder und Studenten. An sommerlichen Nachmittagen ist dort alles voller Geräusche. Ich sitze gerne im Garten oder drinnen mit offenen Terrassentüren. So möchte ich nachts auch schlafen. Aus Erfahrung weiß ich, dass ich an der konkreten Tatsache des Lärmpegels nichts ändern kann. Ich musste das Problem also mit mir selbst klären.

Ich begann, meinen Ärger über die Nachbarkinder näher zu betrachten. Ihre lauten Stimmen und ihr Geschrei erschienen mir durchdringend und Ärger ausdrückend. Weil ich diese Zuschreibung von Ärger als eine Form von Projektion ansah, entdeckte ich, dass ich auch gerne mal schreien und jemanden ärgern würde. Das zu erkennen half schon etwas. Ein zweiter Schritt war, dass ich mir zugestand, dass mir diese Kinder einfach nicht liegen. Ich begann, das als eine Sachinformation zu sehen und verurteilte diese Einstellung nicht. Seit einiger Zeit achte ich vor allem auf die Stunden der Stille. Ich bemerke, dass es viele solcher Stunden gibt und dass sie mir gut tun. Indem ich meine Aufmerksamkeit bewusst auf die Stille richte, kann ich auch lärmige Zeiten besser ertragen. Ich habe nun nicht mehr das Gefühl, dass mir die Stille weggenommen wird. Es scheint fast Magie zu sein (vielleicht haben sich andere beschwert?), aber es schallt weniger Lärm durch unsere Gärten als in den vorangegangenen Jahren.“[9]

2.2.6 *Energien*

Energien sind Bestandteil von Menschen wie von Gegenständen, und sie bestimmen, bisweilen recht stark, einen Raum. Wenn du Energien wahrnehmen kannst – tatsächlich nimmt jeder sie war, doch wir sind uns dessen nicht alle bewusst –, besitzt du ein ausgezeichnetes Instrument, das dir im Leben weiterhelfen kann, beispielsweise beim Wählen zwischen Möglichkeiten oder Fällen von Entscheidungen – nicht nur bei großen Dingen, sondern auch bei Kleinigkeiten. Etwa bei der Frage, ob man sich in Gegenwart einer bestimmten Person wohl fühlt. Oder ob man sich in einem bestimmten Zimmer oder Raum wohl fühlt. Solche Fragen entscheidet man – öfter als es einem bewusst ist – aufgrund energetischer Empfindungen. Ist man sich dessen jeweils bewusst, kann das helfen, besser in seinem Energiestrom zu bleiben. Bemerkt man beispielsweise, dass man sich bei jemandem oder in einer Situation unwohl fühlt, kann man die Situation verlassen, sobald es möglich ist. Warum sollte man länger bleiben und sich selbst schaden? (Bestimmte Situationen erfordern zwar manchmal sozial erwünschtes Verhalten; und bisweilen muss man sich auch zum Wohl eines anderen entscheiden. Doch wenn du das bewusst tust, fühlst du dich wahrscheinlich sogar gut dabei.)

Ein klares energetisches Gespür oder, wie es oft genannt wird, eine gute Intuition kann nicht nur dir selbst helfen, sondern du kannst auch anderen damit helfen. Das hat sehr viele positive Seiten. Mit dieser Gabe kannst du beispielsweise gute Arbeit in therapeutischen und erzieherischen Bereichen leisten. Kinder sind gut aufgehoben bei sensiblen Menschen.

Energien können dich auch beachtlich aus deiner Mitte bringen. Wenn du sehr altruistisch eingestellt bist – was bei Hochsensiblen häufig vorkommt –, kann es passieren, dass du übernimmst, was ein anderer ausstrahlt. Manchmal beginnt man dann, dessen Probleme als eigene anzusehen und Lösungen an ihn heranzutragen. Man übernimmt Verantwortung, die nicht wirklich zu einem gehört. Man fühlt die Energie des anderen so deutlich und begreift dessen Situation so gut (und hat entsprechendes Mitleid), dass man gefühlsmäßig im anderen aufgeht. Ohne es zu merken, verliert man sich dann selbst. Schon in der Körperhaltung ist man dann nicht mehr zentriert, man neigt sich etwas nach vorn und nach oben. (Bei manchen Menschen, die energetisch stark außerhalb ihrer selbst stehen, sieht man die ganze Halsgegend buchstäblich schief nach vorne stehen.) Die Herausforderung für Hochsensible liegt darin, gleichzeitig für andere offen zu sein und trotzdem in sich selbst gefestigt zu bleiben. Das werden wir noch einige Male ansprechen.

2.3 Sylvias Bedürfnis, nicht zu fühlen

Man kann als hochsensibler Mensch so unter verschiedenen äußeren und inneren Reizen leiden, dass es zum Verzweifeln ist. Eindrücke und Reize können dermaßen belastend sein, dass man am liebsten nichts mehr fühlen möchte. Das passierte Sylvia. Sie ist in vieler Hinsicht äußerst sensibel – und zog es als junge Frau vor, gar nichts mehr zu fühlen.

Sylvia wohnt mit ihrem Hund in einer Wohnung zwischen Wald und Heide. Ich besuchte sie an einem Septembernachmittag. Als ich vor der Tür stand, war ich etwas aufgeregt und gleichzeitig gereizt durch die lange ermüdende Reise mit öffentlichen Verkehrsmitteln. Da ich selbst hochsensibel bin, bin ich manchmal schon von einer kleinen Reise erschöpft. Ein Nachteil von öffentlichen Verkehrsmitteln ist, dass man dort nicht allein ist und viele Eindrücke auf einen einstürmen. Im Zug – an diesem Tag überfüllt mit Ausflüglern – musste ich mit meinem im fünften Monat schwangeren Bauch leider stehen (ja, auch ich muss manchmal noch lernen, besser für mich zu sorgen), die Busverbindung schloss nicht an und zwang mich, noch einmal vierzig Minuten zu warten. Somit bescherte mir der kurze Weg von Amsterdam nach Zeist (58 km Autostrecke, Anm. d. Üb.) mehr Aufregung, als gut für mich war.

Ich war neugierig auf den Menschen, den ich antreffen würde. In unserer E-Mail-Korrespondenz hatte mir Sylvia von ihrer langjährigen Drogenvergangenheit berichtet, und dass sie gern etwas zur Beziehung von Drogenabhängigkeit und Hochsensibilität sagen wolle. Warum Drogen für sie eine Möglichkeit dargestellt hatten, weniger zu fühlen – ihre Sensibilität sozusagen „wegzuspritzen".

„Ich war ein schlimmer Junkie", schrieb sie. „ein paar Mal wäre ich fast gestorben." Zehn Mal unterzog sie sich einer Entziehungskur. Beim letzten Mal erfolgreich. Insgesamt war sie 22 Monate in Behandlung gewesen.

Als Sylvia mich in ihre bescheidene Wohnung ließ, fielen alle Irritationen unmittelbar von mir ab. Als sei ich in ein Bad von Freundlichkeit und Ruhe gestiegen. Mir wurde sofort klar: Das heutige Leben dieser Frau war weit entfernt von ihrer Drogenvergangenheit. Auf die eine oder andere Art war es ihr gelungen, ein neues Leben anzufangen. Ein Leben, das vermutlich viel mehr in Einklang mit ihrer Hochsensibilität war. Denn sie sei „äußerst hochsensibel", hatte sie mir geschrieben.

Nachdem sie mir ein Tässchen Kaffee eingeschenkt hatte, bat ich sie, etwas mehr über ihre Sensibilität zu berichten. Sylvia: „Meine Sinnesorgane waren schon immer äußerst sensibel gegenüber fast allem. Ich spüre wirklich alles. Nahrung, Gerüche, Musik, Bilder, Worte … was man sich nur denken kann, fühle ich. Licht bereitet mir Schmerzen. Auf Kinderbildern stehe ich immer mit zusammengekniffenen Augen. Gegenwärtig trage ich meistens eine Sonnenbrille. Durch Wärme werde ich leicht reizbar. Ich muss dann nach draußen, an die frische Luft. Wenn ich in einem Geschäft etwas kaufen muss, komme ich schnurstracks zur Sache. Ein langer Aufenthalt in Warenhäusern ist der reine Horror für mich."

Obwohl ihre Wohnung in einer ruhigen Umgebung ist, wird sie doch oft durch Geräusche aus Nachbarwohnungen gestört. „Wenn mein Nachbar seine Haustür zuschlägt, fühle ich das wie einen Schlag auf meine Brust. Der Ärger darüber und die Neigung, ihn deswegen anzusprechen, sind groß. Wenn ich mit meinem Freund fernsehe, bin ich diejenige, die den Fernseher immer wieder leiser stellt. Aber auch Emotionen fühle ich intensiv. Als Kind spürte ich genauestens die Emotionen meiner Mutter. Jede unausgesprochene Spannung in der Familie bemerkte ich, ohne richtig zu wissen, was es war, das ich fühlte. Ich wurde zu einer Art Blitzableiter der Familie. In der Pubertät wurde das Bedürfnis, nicht so sensibel zu sein, immer größer.

All die Dinge um mich herum wollte ich nicht mehr wahrnehmen müssen. Warum musste ich so leiden, indem ich so viele kleine Dinge um mich herum bemerkte? Das wurde mein Lebensthema: weniger fühlen."

2.4 Häufung

Manche Hochsensiblen sind vor allem gegenüber einer bestimmten Art von Reizen sensibel, während andere, wie Sylvia, gegenüber nahezu allen Reizen sensibel sind. Vor allem bei denjenigen, die alles fühlen, besteht die Gefahr der Reizansammlung: Durch die Häufung verschiedener Reize kommt es zur Reizüberflutung und damit zu Spannung und Stress.

Jeder, ob hochsensibel oder nicht, zeigt die besten Leistungen, wenn er sich in einer angenehmen Grundspannung befindet und weder zu sehr erregt ist noch zu sehr gelangweilt. Dieses basale Spannungsoptimum ist individuell unterschiedlich. Der eine benötigt einfach grundsätzlich mehr Erregung als der andere. Ohne Basisspannung würde das Leben für uns unmöglich werden; sie ist die Kraft, die uns am Laufen hält. Bei zu viel Grundspannung wird das Leben allerdings unerträglich. Man fühlt sich überwältigt, was auch der Gesundheit schadet. Deshalb sucht man dann nach Möglichkeiten, sich zu entspannen und der Stressursache zu entkommen – gleichgültig, ob diese nun im Arbeitsleben, im Familienleben oder aufgrund früherer Traumata wirkt.

In unserem Gehirn kann man zwei prinzipielle Vorgehensweisen oder Systeme unterscheiden: Das eine System sorgt dafür, dass wir untersuchend, aktiv, impulsiv und neugierig sind; wir bewegen uns nach außen. Das andere System sorgt dafür, dass wir Abstand halten, uns zurückziehen, abwarten und aufmerksam beobachten, was auf uns zukommt. Das erste System dient unserem Bedürfnis, Neues kennenzulernen, es sorgt dafür, dass wir die guten Dinge im Leben suchen, wie gesunde Nahrung und zwischenmenschliche Beziehungen. Das andere System hilft uns, uns vor möglichen

Gefahren zu schützen. Oder, wie es Laotse vor Tausenden von Jahren formulierte:

Die Trübung wird durch Versenkung geklärt,
was ruht wird aufgewirbelt durch Erregung.

Ein hochsensibler Mensch hat beide Systeme nötig. Das ist nicht anders als bei anderen Menschen. Doch bei Hochsensiblen sind die Systeme grundsätzlich empfindlicher eingestellt, können aktiver und intensiver sein – sowohl das untersuchende und aktive System wie auch das abwartende System. Im Allgemeinen wird ein Hochsensibler durch beide Systeme stärker beschäftigt. Für ihn passiert in derselben Zeit mehr als für andere, und er kann deshalb schneller übersättigt oder überreizt sein.

Jeder Mensch muss für sich selbst das Gleichgewicht zwischen „zu viel" und „zu wenig" finden. Es zeigt sich, dass Hochsensible dafür mehr Zeit benötigen. Meist werden sie durch zu viele Reize überflutet und müssen sich schon etwas einfallen lassen, um wieder zur Ruhe zu kommen. Häufig geschieht die Reizanhäufung unbemerkt.

Das Zusammentreffen verschiedener Faktoren kann eine Reizüberflutung verursachen. Ein junger Mann hatte beispielsweise ein schwieriges Telefongespräch mit seiner Mutter, während von draußen erheblicher Straßenbaulärm ins Zimmer dröhnte. Da der junge Mann stark auf das Gespräch konzentriert war, achtete er nicht bewusst auf den Lärm von draußen. Sein unbewusstes Reizverarbeitungssystem war gleichwohl damit beschäftigt. Weil er nach diesen Telefonat so sehr mit seinen Gedanken beschäftigt war, vergaß er, rechtzeitig zu essen, und bemerkte seinen knurrenden Magen nicht. Dann fiel ihm ein, dass er noch schnell zur Post musste, um ein Päckchen aufzugeben. Er sprang auf sein Fahrrad, schlängelte sich zwischen der Baustelle mit aufgerissenem Straßenbelag und dem dichten Verkehr hindurch zur Poststelle. Dort reihte er sich in die Schlange der ungeduldig Wartenden ein. Um ihn herum „summte" es nur so von unruhigen Gedanken. Einige der scheinbar ruhigen

Wartenden ärgerten sich im Innern darüber, dass sie warten mussten, denn sie waren in Eile. Unbewusst nahm der junge Mann all diese Energien wahr. Als er schließlich wieder zu Hause war, fühlte er sich äußerst gereizt und verärgert. Er verstand nicht, woher seine Gefühle von Sinnlosigkeit und Wut rührten.

Das ist nur ein Beispiel einer Situation, in der ein Hochsensibler von Reizen überflutet werden kann. Was passierte nun hier genau? Je aufgeregter der junge Mann wurde, desto mehr wurden seine Gedanken und Gefühle angeheizt. Sein ganzer Organismus geriet in erhöhte Einsatzbereitschaft, eine gesunde Reaktion auf eine Alarmsituation. Bestimmte Hormone wurden freigesetzt und bewirkten die bekannten Stressreaktionen des Körpers: erhöhter Puls, erhöhter Muskeltonus, erhöhte Schweißabsonderung …

Auf mentalem Niveau sind die Reaktionen häufig weniger angemessen; hier kommt es dann schnell zu einem Durcheinander. Möglicherweise werden Gefühle und Gedanken verwechselt. Emotionen wie Wut, Angst, Trauer können wachgerufen werden, wodurch die Verwirrung zunimmt.

In einem wachsenden Chaos, einem Wirbel von Gedanken, Gefühlen, körperlicher Spannung und antreibenden Hormonen verlor der junge Mann die Kontrolle über sich selbst. Da sein Geist frei assoziierend hin und her sprang, sah er nun einige Gegebenheiten anders, als sie eigentlich tatsächlich waren. Seine Erfahrungen und Empfindungen wurden getrübt und zusammenhanglos, er wurde ruhelos und verlor zusehends die Fähigkeit, besonnen zu reagieren. Er fühlte sich gejagt, gehetzt und von seinen Emotionen überwältigt. Seine Muskeln verspannten sich unbemerkt, Kopfschmerzen kündigten sich an.

Der junge Mann geriet zunehmend aus dem Häuschen und wurde plötzlich – völlig ungerechtfertigt – böse auf seine Mutter. Auf der Poststelle hatte er seine Wut bereits an den Bediensteten abreagiert und auf dem Heimweg hatte ihn der Verkehr gewaltig geärgert. Während er sein Fahrrad durch die Absperrungen manövrierte, fluchte er auf die Bauarbeiter. Zu Hause angekommen, sah er die ganze

Welt schwarz. Seine Toleranzschwelle war tatsächlich schon lange überschritten, doch er bemerkte es erst jetzt. Jede Menge unschöner Erinnerungen kamen spontan hoch, Erinnerungen an Situationen, die kaum etwas mit dem Telefongespräch mit seiner Mutter zu tun hatten. Doch für den jungen Mann schien es Zusammenhänge zu geben, und die Erinnerungen bestätigten seine emotionale Verfassung. Er griff zum Telefon, um seine Mutter noch einmal anzurufen und ihr für alles Mögliche die Schuld zu geben.

So kann es bei einem hochsensiblen Menschen ablaufen. Viele Hochsensible unterschätzen die Konsequenzen von Reizanhäufung. Wenn sie nicht darauf gefasst sind, können sich verschiedene Reize anhäufen und eine erhöhte Erregung hervorrufen. Selbst wenn man es schafft, ein „zu viel" an äußeren Reizen zu meiden, besteht noch die Gefahr, dass man durch innere Reize überwältigt wird. Das passiert leider. Das System, das Neugierde und Aktivität hervorruft, kann Denken und Fühlen aufwühlen. Du bist dann beispielsweise überwältigt von einem plötzlichen Einfall: einer Erfindung, einem Reiseplan, oder vielleicht einer Idee, um jemanden zu überraschen. Vielleicht bist du schon gut in der Lage, dein inneres Gleichgewicht zu halten. Vielleicht kennst du deinen Körper so weit, dass du die Alarmsignale verstehst, die dich rechtzeitig vor Reizüberflutung warnen. Wenn das nicht der Fall ist, hast du zumindest jetzt Gelegenheit zu lernen, auf die Körpersignale zu hören. Denn unser Körper zeigt uns ständig, was gut für uns ist. Manche sind jedoch ungeübt darin, auf ihn zu hören. Indem wir jeden Tag neu darauf achten, welche Situationen uns hetzen, unruhig, angespannt oder griesgrämig machen, können wir lernen, vorbereitet zu sein. Ich kann nicht im Detail schildern, was dann in dir abläuft. In dieser Hinsicht sind wir zu verschieden. Entscheidend ist, zu lernen, die Stresssignale im eigenen Körper zu entdecken. Bereits durch das Erleben der eigenen Einzigartigkeit und durch das aufmerksame Hören auf den eigenen Körper und die eigenen Gefühle kann es gelingen, ein gesundes Gleichgewicht zwischen einem „zu viel" und einem „zu wenig" an Reizen zu finden.

2.5 Erdung

Wir haben Rose bereits im letzten Kapitel kennengelernt. Vor einigen Monaten entdeckte sie den Begriff der Hochsensibilität. Davor hatte sie sich selbst als weltfremd und schüchtern angesehen. Schwierigkeiten machten ihr vor allem die Energien in der Kommunikation mit anderen. Seit ihrer Kindheit fühlte sie besonders stark, was andere ausstrahlten. Vor allem die negativen Strukturen innerhalb ihrer Familie lähmten sie. Sie arbeitete als Sekretärin und irgendwann konnte sie diese Arbeit nicht mehr ertragen. Die tiefe Depression, die anschließend folgte, zeigte ihr, dass sie mehr brauchte als das arbeitsreiche Leben, das sie bisher geführt hatte. In der Zeit, in der sie als arbeitsunfähig eingestuft war, entschloss sie sich, aktiv nach Lösungen für sich selbst zu suchen. Als ein anthroposophisch ausgerichtetes Zentrum für Kreative Therapie einen Tag der offenen Tür veranstaltete, besuchte sie diesen und erkannte: *So etwas brauche ich!* Glücklicherweise hörte sie auf ihr Gefühl. Sie gab ihrem Bedürfnis nach, obwohl sie es nicht wirklich verstand.

Sie meldete sich an und geht seit kurzem zu den wöchentlichen Zusammenkünften. Die Gruppe – es sind 36 Teilnehmer – kostet sie zwar viel Energie und sie muss dagegen ankämpfen, sich nicht völlig abzuschließen. Doch sie merkt: Die kreative Beschäftigung ist eine enorme Stimulation, um besser in Kontakt zum Körper und zu unterdrückten Gefühlen zu kommen. „Am liebsten beschäftige ich mich mit Modellieren und Bildhauerei. Je widerspenstiger das Material, desto besser komme ich in meine Kraft. Als bräuchte ich einen Gegenpart für meinen inneren verhärteten Panzer. Wenn ich mit Ton arbeite, gehe ich ganz in der Aktivität auf und gebe meine Spannung ins Material ab. Die Energien der anderen stören mich viel weniger. Es ist fast so, als würden diese im Ton verschwinden. Ganz im Gegensatz zum Malen. Beim Malen fühle ich mehr von meiner Umgebung, zum Beispiel, dass die Frau, die neben mir malt, eine negative Lebenseinstellung hat."

Ton, Stein, Holz – das sind Materialien, die die Energie der Erde in sich tragen. Sie geben Halt und bringen denjenigen, der mit ihnen arbeitet, zurück zur Basis, zum Grund unter seinen Füßen, zur Ruhe im eigenen Dasein. Ebenso wie bei Garten- oder Feldarbeit hat man buchstäblich mit der Kraft der Erde zu tun. Sensiblen Menschen bringt gute Erdung nach meiner Erfahrung große Vorteile.

Sich erden: Was für eine Kraft ist das und was macht sie mit uns? Die Erde kennen wir; wir leben auf ihr, sind mit ihr durch die Schwerkraft verbunden und haben diesen Namen unserem Planeten gegeben.

In den meisten Naturreligionen wird die Erde als *das* fruchtbare Element schlechthin angesehen. Dank ihrer Empfänglichkeit bringt die Erde Leben hervor. Totes nimmt sie auf und transformiert es in neues Leben. „Erden" ist das Tätigkeitswort zu Erde und wird gebraucht im Sinne von: „die eigene Wesensart oder die Wesensart einer Sache mit der Erde in Übereinstimmung bringen". Im Zusammenhang mit Elektrizität bedeutet es: „leitend mit der Erde verbunden sein". Geerdet zu sein bedeutet auch: „irgendwo angenehm und seinem Wunsch entsprechend zu wohnen". Von Erde kommt das Wort „irdisch". In der Bibel ist von „irdenen Gefäßen" die Rede, womit der menschliche Körper gemeint ist. Derartige Bezeichnungen deuten auf die Verbindung, die zwischen Mensch und Erde besteht. Das Wort „erden" wird vielfach im Zusammenhang mit dem menschlichen Körper gebraucht oder auch im Zusammenhang mit dem Ort, an dem man wohnt.

Das Erden kann man erfahren, indem man kräftig mit den Füßen auf den Grund stampft. Es ist eine Kraft, die einen zum eigenen Körper und ins Hier und Jetzt bringt. Das Erden wird assoziiert mit Überleben, Körperlichkeit, Sexualität und dem mütterlichen lebensspendenden Aspekt. Und vor allem hängt das Erden mit dem Recht, hier zu sein, mit Stabilität und Festigkeit zusammen. Es ist gesunde Nüchternheit, das Gegengewicht von Verträumtheit. Es steht in Beziehung zu Merkmalen wie Tatkraft, finanzielle Unabhängigkeit, Erfolg und körperliche Gesundheit. Manche Menschen tragen rote

Socken, um sich gut zu erden, andere glauben an die Göttin Mutter Erde.

Anodea Judith erörtert im ersten Kapitel ihres *Handbuch Chakrapsychologie* das Thema „Erden". Nach altindischer Lehre steht das Erden in Zusammenhang mit dem ersten Chakra. Dieses Chakra steuert grundlegende Lebensfunktionen. Es befindet sich dort, wo man sich den Ansatz eines Schwanzes denken könnte, und hat entscheidende Bedeutung für die Prägung des stofflichen Körpers. Die Grundlagen dazu werden gelegt in der Zeit von den letzten Monaten der Schwangerschaft bis zum vierten oder fünften Lebensmonat.

Menschen mit schlecht entwickeltem ersten Chakra haben in dieser Lebensphase nicht ausreichend gelernt, auf die Wünsche des eigenen Körpers zu reagieren, und können folglich im späteren Leben weniger gut mit ihrem Körper umgehen. Sie haben kein Vertrauen zu Handlungen wie Essen, Verdauen, Greifen, Sitzen, Krabbeln, sich Bewegen. „Das Bewusstsein richtet sich in dieser Lebensphase hauptsächlich aufs Überleben und auf körperlichen Komfort. Sofern diesen Bedürfnissen genüge getan wird, wird die Seele dadurch im stofflichen Körper verankert. Das Kind fühlt sich willkommen in der Welt. Wenn ein Kind gut durch diese Phase kommt, hat es ein Gefühl der Hoffnung: sein Empfinden, dazu zu gehören und rechtmäßig hier zu sein, wurde ausreichend bestätigt. Während dieser Phase wird das Fundament der Sicherheit gelegt, welches das Kind zur Selbsterhaltung befähigt und seine physische Identität formt."[10]

Obwohl wir davon sprechen, den Bedürfnissen genüge zu tun, wissen wir eigentlich nicht genau, warum sich manche Säuglinge in dieser Phase schlecht mit dem Körper verbinden. Es kann sich um ein nachweisliches Trauma handeln: beispielsweise Verwahrlosung oder Bedrohung. Manchmal gibt es allerdings keine klar aufzeigbaren Gründe. Auf jeden Fall müssen Menschen mit schlecht entwickeltem ersten Chakra nachträglich lernen, „den Tempel, der der Körper ist, voller Achtung instand zu setzen". Manchmal geht das nur durch Traumaverarbeitung, meist reicht indes das Erlernen einiger Techniken.

Anodea Judith sieht das Problem des ersten Chakras im Zusammenhang mit dem schizoiden Persönlichkeitstypus. Die schizoide Persönlichkeit wird manchmal auch als kreative Persönlichkeit bezeichnet, wegen ihrer hohen Intelligenz, ihrer Kreativität und ihrem großen Interesse an spirituellen Themen. Eines der Probleme, das Menschen mit schizoider Charakterstruktur vertraut ist, ist die Schwierigkeit, Erfahrungen zu konkretisieren. Gedanken bleiben Abstraktionen, Pläne bleiben Phantasien, Ideen bleiben Ideen. Es mangelt an Konzentration und an Manifestation. Häufig fühlen sich solche Menschen fragmentiert, nicht wohl in ihrer Haut – und haben das Gefühl, nicht wirklich am Leben teilzunehmen. Schizoide Personen sind vielfach intuitiv und intellektuell begabt und zuweilen paranormal begabt. Probleme kommen häufig auf dem Gebiet der Selbstabgrenzung vor. Schizoide Personen kennen das Gefühl, mit anderen oder deren Gefühlen zusammenzufließen.[11]

Ein bekanntes Muster? Diese Beschreibung erinnert an Hochsensibilität. Ich möchte nun nicht behaupten, dass jeder Hochsensible eine schizoide Persönlichkeitsstruktur aufweist. Gleichwohl gibt es wichtige Übereinstimmungen. Wenn wir diese genau unter die Lupe nehmen, können wir davon lernen. Übrigens findet man unter den Schizoiden auch die brillanten, neue Ideen hervorbringenden Denker, da es sich hier zumeist um hoch vergeistigte Menschen handelt.[12]

In allen Gesprächen, die ich mit Hochsensiblen führte, wurde das Bedürfnis nach besserer Erdung thematisiert. Das ist im Licht des oben Gesagten verständlich. Anscheinend laufen Hochsensible schneller Gefahr, den Kontakt zum eigenen Körper und zu den eigenen nährenden Wurzeln zu verlieren. Hochsensible sind sich ihrer Umgebung und der von dort ausgesandten subtilen Botschaften so stark bewusst, dass sie leicht sich selbst vergessen oder ignorieren. Eine hochsensible Frau beschrieb ihre Probleme folgendermaßen: „Durch meine Sensibilität habe ich Schwierigkeiten, mich gut mit dieser Erde zu verbinden. Einerseits liegt das daran, dass ich mich als Kind vor einer bestimmten Sache sehr erschrocken habe, andererseits daran, dass ich ständig Energien anderer Menschen mit mir herumtrage, wodurch ich mit meinem eigenen Selbst nicht gut in Kontakt komme. Trotz dieser Schwierigkeit, bei einer Sache Fuß zu fassen, habe ich durch meine Sensibilität eine gute Intuition. Diese Intuition bringt mich häufig auf mehrere Spuren gleichzeitig, die alle attraktiv erscheinen und denen ich folgen will. Das passiert mir auf allen möglichen Gebieten, besonders bei der Arbeit und im Studium. Ich habe das Gefühl, dass ich schon jahrelang auf der Suche nach meiner Bestimmung bin."

Als Schlussfolgerung können wir also formulieren: Hochsensible, wie auch schizoide Persönlichkeitstypen, haben offensichtlich besonderen Bedarf, sich gut zu verwurzeln oder zu erden, damit sie besser in ihrem Körper und in ihrer Mitte präsent sind. Erden birgt Ruhe und Stille in sich. Wer geerdet ist, ist verankert und doch offen, ist empfänglich wie die Erde, ist still und aufmerksam. Ein Baum ist ein schönes Beispiel eines gut geerdeten Lebewesens. Was fest im Boden steht, kann nicht entwurzelt werden. Ein gut verwurzelter Baum kann eine Windböe verkraften. Menschen mit hochsensiblem Charakter werden in ihrem Leben immer wieder mit kräftigen Sturmböen zu tun haben, ob sie wollen oder nicht. Sie können lernen, sich selbst zu stärken – denn die Umgebung lässt sich häufig nicht oder nur teilweise ändern. Erden beginnt mit einem guter Körperwahrnehmung und guter Körperversorgung. Am Ende dieses Kapitels findest du Tipps und Hinweise, um die Erdungs-Qualität zu verbessern. Schau schon einmal hin, wenn du neugierig bist. Komm dann aber hierhin zurück, lies hier auf jeden Fall weiter und probiere die Übungen aus, die ich vorstelle.

Was ist Erden genau? Ich nannte bereits einige Punkte. Erden ist:

- sich seines Körpers und dessen Grenzen bewusst zu sein
- sich bewusst zu sein, dass man hier und jetzt lebt
- sich bewusst zu sein, dass man eine selbstständige, unabhängige Person ist
- sich selbst als ein Ganzes zu erfahren

- sich bewusst zu sein, dass man genährt wird durch Energie, die aus der Erde kommt
- die Energie, die nach unten, zu den Füßen, zum Boden gerichtet ist (gleichgültig, bei welcher Aktivität).

Diese Energie fühlt man besonders im Kontakt mit dem Boden (durch die Füße) und im Kontakt mit Materialien, die „erdig" sind – wie Steine, Modellierton, Erde, natürlicher Erdboden -– und grundsätzlich im Kontakt mit der Natur.

In unserer westlichen Gesellschaft wird das Geerdetsein unterbewertet; wir haben gelernt, verkopft zu leben. Unsere Energie ist vor allem geistig und nach oben gerichtet: in Richtung Oberkörper, zum denkenden Gehirn und zu den tätigen Armen. Wir sind ausgerichtet auf Denken, Wollen und Handeln. Das sind Aspekte, die oft in Zusammenhang gebracht werden mit der männlichen oder der geistigen Kraft. Im Osten nennt man dies die Yang-Energie. Dort wird diese Energie angesehen als Kraft, die Richtung und Bewegung verleiht, während die Yin-Energie Raum und Beruhigung gibt. Zwischen Yin und Yang bestehen weitere qualitative Unterschiede: So wird Yang auf den Himmel und die Sonne bezogen, auf Licht und Wärme, während Yin auf die Erde bezogen wird, auf das Irdische, Dunkle und Kühle. Für jeden natürlichen Prozess sind beide Kräfte oder Energien nötig. Wenn Yin und Yang im Gleichgewicht sind, entsteht die Möglichkeit des Lebens. Im Westen, letztlich auch unter Einfluss des Christentums, herrscht grundsätzlich Yang vor. Die weibliche und körperliche Energie wird in gewissem Maß unterdrückt. Man denke an den Zölibat, an geistige Gelöbnisse und die (übermäßige) Wertschätzung des Nicht-Irdischen, des Himmlischen. Und dort, wo die Vorherrschaft der christlichen Kirchen schwindet, werden Weiblichkeit und Körperlichkeit verzerrt dargestellt. Die Medien beispielsweise zeigen uns lediglich Zerrbilder: Die Körper der Frauen werden schlank und fest dargestellt, nicht mehr rund und weich. Heute gilt: Frauen müssen und wollen die selben Leistungen erbringen wie Männer und wollen ihnen auf gesellschaftlichem Niveau nicht nachstehen. Es geht um unmittelbare Resultate, um schnellen Reichtum und Erfolg. Und dabei laufen wir Menschen Gefahr, zu vergessen, dass wir dafür entsprechend innerlich genährt und ausgestattet sein müssen. Für Stille und Ruhe haben wir immer weniger Zeit. Wir müssen Leistung erbringen, und das beginnt schon in jungem Alter. Wo ich lebe, in der Schweiz, werden gar schon Diplome für eine erfolgreiche Geburt vergeben. Das zeigt, wie sehr in Konzepten von Leistung gedacht wird, statt in Konzepten von Erfahrungen – in Konzepten des *Handelns* statt in Konzepten des *Seins*. So sind wir im Yang-Bereich (Energie von Denken, Wollen und Handeln) übers Ziel hinausgeschossen. Und damit ist ein wichtiges Gleichgewicht verlorengegangen.[13]

Leben wird geboren aus der *Verschmelzung des Weiblichen mit dem Männlichen*. Wir können das Prinzip weiterführen: Um gut zu leben, um gesund und glücklich zu sein, brauchen wir beide Qualitäten – Aktivität und Stille, Geist und Körper, Himmel und Erde. Aus dieser Verbindung entstehen alle positiven Kräfte wie Liebe, Selbstbejahung, Mitgefühl und Inspiration. Meiner Erfahrung nach spüren hochsensible Menschen das. Unbewusst oder auch schon bewusst merken sie, dass das Gleichgewicht in ihrem eigenen Innern und in der äußeren Welt gestört ist. Das ist natürlich keine Überraschung. Schließlich leiden sie selbst am meisten darunter.

Yin	Yang
Erde	Himmel
Körper	Geist
Nährend	Stark
Empfangend	Leitend
Ruhe	Bewegung
Entspannung	Anspannung
Weiblich	Männlich
Nach unten gerichtet	Nach oben gerichtet
Barmherzigkeit	Scharfsinn
Instinkt	Intellekt

Während des Interviews mit Ramon und seiner Freundin Anke bemerke ich, dass die Energie nach oben geht. Ramon beginnt, sich am Nacken zu reiben, dreht den Kopf hin und her und gibt irgendwann zu verstehen, dass er etwas Ruhe braucht. Anke bekommt zunehmend rötere Wangen, während sie über ihrer beider Hochsensibilität berichtet. Sie versucht, die Füße bewusst auf dem Boden zu halten, doch irgendwie gelingt es beiden nicht, gut geerdet zu bliebent. Wir sprechen darüber und suchen nach Ursachen. Spannung aufgrund des Interviews, die vielen schwierigen Fragen … zusätzlich zu einer weiteren bekannten Ursache. Da beide sich der Bedeutung des Geerdet-Seins bewusst sind, geben sie rechtzeitig ihr Unwohlsein zu erkennen und versuchen, etwas daran zu ändern. Das ist prima. Selbst wenn es nicht immer klappt, ist es doch besser zu wissen, dass man ungeerdet ist, als dass man wie ein Kopf ohne Körper losstürmt und seine Energievorräte einbüßt. Bewusstwerdung ist der erste Schritt.

Ich selbst war auch lange Zeit wenig geerdet. Meinem Körper war ich nicht sonderlich nah, schwebte sozusagen über dem Boden. Träumen, Phantasieren, Grübeln, das konnte ich ausgezeichnet. Ich hatte die schönsten kreativen Ideen und tolle Pläne. Doch aus dem einen oder anderen Grund setzte ich sie nie um. Ich glaubte, man werde mir nicht gerecht. Ich fühlte mich benachteiligt. Warum gelang mir nicht, was anderen gelang? Häufig ging es mir nicht gut, ich wurde von Gefühlen überwältigt, war depressiv und verzweifelt. Scheinbar unbedeutende Situationen warfen mich aus der Bahn, holten mich gewissermaßen von meinem Sockel. In dieser Zeit fiel mir auch etwas anderes auf: In den Tanzstunden, an denen ich teilnahm, kam ich gut mit, doch wenn wir eine Gleichgewichtsübung machten, fiel ich stets auf die Nase. Es war, als säßen meine Füße nicht fest an meinen Beinen. Mein Körper schwankte unkontrollierbar auf meinen Fußgelenken hin und her.

Ein Jahr lang saß ich buchstäblich am Boden. Ich lernte die Techniken der Shiatsu-Massage. Dabei befindet man sich meistens auf einem *Futon*, einer Matte auf dem Fußboden. Für einen Shiatsu-

Behandler ist es vielleicht am wichtigsten, gut in sein *Hara*, sein Energiezentrum, zu kommen. Dazu bringt man den Fokus der Aufmerksamkeit unter den Nabel, als würde man den Körperschwerpunkt dorthin legen. Eine hockende Sitzhaltung, beziehungsweise die *Seiza*-Haltung, hilft dabei. Die Seiza-Haltung ist die traditionelle japanische Art, auf den Fersen zu sitzen. Sie hängt besonders mit dem Element Erde zusammen. Aus dieser Haltung heraus kümmert sich ein traditioneller ostasiatischer Arzt um seinen Patienten. Die Seiza-Haltung, den Fokus aufs Hara gerichtet, hilft, sich besser auf seine Intuition einzustellen. Sie bringt Ruhe in den eigenen, meist unruhigen Stoffwechsel. Ein Shiatsu-Therapeut muss Energie fühlen können. Dafür ist wichtig, dass er zur Ruhe kommt und seine eigene Energie aus dem Kopf in einen tiefer gelegenen Punkt bringt, an dem – sozusagen – die Intuition wohnt. Das ist von grundlegender Bedeutung. Das Gefühl, geerdet zu sein, ist lokalisierbar. Man kann den entsprechenden Bereich im Körper fühlen. Das musste ich aber erst einmal „verdauen". Wir machten Bodenübungen, um dorthin zu gelangen. Über den Boden krabbeln, wie kleine Kinder, unsere eigenen Füße massieren und in der Seiza-Haltung sitzen. Alles dicht am Boden. Als ich dann die Erdung fand, öffnete sich mir eine neue Welt. Ich sackte buchstäblich in meinen Körper hinein. Ich bekam ein richtiges Buddhabäuchlein mit einem Reservevorrat an Energie. Meine Welt wurde auch ein Stück konkreter, irdischer. Mein Leben wurde passender, einfacher und mehr von Humor erfüllt. Meine Erlebnisse wurden stiller und ruhiger. Ich wurde milder, freundlicher und offener. Und das Verwunderliche war: Fast alles vollzog sich wie von selbst.

Abschließend: Wie kann man sich erden, um besser ins Gleichgewicht zu kommen? Wenn man nicht gut geerdet ist, entwickelt man das leider auch nicht von heute auf morgen. Erden ist ein Prozess. Erden ist eine Technik, an der man jeden Tag arbeiten kann. Man lernt es am ehesten, indem man am eigenen Körper ansetzt. Indem man seinen Körper (neben dem Geist) wichtig nimmt, indem man ihn versorgt, wie man ein Baby versorgt, entwickelt man eine bessere Beziehung zu sich selbst. Am Ende dieses Kapitels findest du Übungen, die dir helfen, dich besser zu erden und im Körper zu gründen. Lies sie und übe!

2.6 Marleens Fähigkeit, zu „wissen"

Da ein sensibler Mensch besonders offen ist für alle Eindrücke, ist es für ihn wichtig, sich stark in sich selbst zu verankern. Geerdet zu sein ist auch eine Art und Weise, intuitiver mit sich selbst umzugehen. Wenn man geerdet ist, bekommt man leichter Kontakt zu seiner Intuition. Man fühlt eher, was gut für einen und für den eigenen Körper ist. Sobald man seine Verankerung loslässt, verliert man auch diese Fähigkeit des präzisen Einfühlens. Man stellt sich unmittelbar um auf seine rationalen Fähigkeiten. Doch die Ratio hat oft andere Beweggründe – beispielsweise Beweggründe, die darauf aus sind, sich den Normen anderer anzupassen und sich selbst zu ignorieren oder herabzusetzen.

Ich traf Marleen an einem Freitagnachmittag. Es war ein warmer Spätsommertag und wir hatten uns in einem ruhigen Café verabredet. Zur verabredeten Zeit war sie noch nicht da. Ich fand es nicht schlimm, noch etwas Zeit für mich zu haben, bevor das Interview begann. Nachdem ich etwas gelesen hatte, schaute ich von meinen Aufzeichnungen auf und erkannte sie durch das Fenster an ihrem hastigen Schritt. Sie stellte sich vor und entschuldigte sich für die Verspätung. Sie habe das Gefühl gehabt, dass es ihr heute noch kalt werden würde, und deshalb sei sie wieder nach Hause zurückgelaufen, um sich noch einen Pullover zu holen.

Das Interview dauerte länger als eine Stunde. Abwechselnd lebhaft und besinnlich sprach sie offenherzig über ihr Ringen mit ihrer Hochsensibilität. Viele Themenbereiche kamen dabei zur Sprache. Ich fragte, welche Methode sie entwickelt habe, um im Gleichgewicht zu bleiben. Ich erklärte, was ich unter Gleichgewicht verstand, nämlich einerseits zu vermeiden, überreizt zu werden, und andererseits sich nicht abzuwenden von der eigenen Lebenslust und

Lebensenergie. Ich sah in ihr eine sprühende junge Frau. Sie musste ein bisschen nachdenken und ich ließ sie gewähren. „Wissen", sagte sie nach einer Pause, „ich nenne es Wissen, aber man könnte es auch als Intuition bezeichnen. Schon lange bin ich mir bewusst, das es neben Denken, Fühlen und Handeln noch eine vierte Kraft gibt. Ab einem bestimmten Zeitpunkt habe ich versucht, diese Kraft für mich selbst zu verstehen. Ich kann sie immer noch am besten beschreiben mit dem Tätigkeitswort ‚Wissen'. Es ist eine Art Stimme in mir, die allerdings nicht spricht und doch ganz klar ist, und die mich in bestimmten Situationen führt. Ich habe mich manchmal gefragt, ob es dasselbe ist wie Glauben. Ich bin nämlich nicht religiös aufgewachsen und praktiziere auch keine Religion. Doch dann stellte sich mir das Problem: Warum heißt Glauben denn ‚Glauben' und nicht ‚Wissen'? Mein Wissen ist nämlich gerade so sicher, so unumstößlich, und das empfinde ich als Kennzeichen dieser Kraft."

Ich bat sie, den Zusammenhang zu erklären zwischen ihrem „Wissen" und dem Finden von Entspannung und Gleichgewicht. Daraufhin kam sie mit der Geschichte des Pullovers. Sie hatte vorausgefühlt, ihr würde kalt werden, und deshalb hatte sie vorgesorgt. „Früher", sagte sie, „bemerkte ich so etwas gar nicht. Irgendwann spürte ich dann plötzlich, dass mir durch und durch kalt war. Ich fühlte mich dann ganz elend, begriff aber den Zusammenhang mit meinem durchgefrorenem Körper nicht. Als ich begann, den Zusammenhang zu sehen, war ich schon ein Stückchen weiter, doch ich berücksichtigte den Zusammenhang noch nicht. Ich ging oft viel zu leicht bekleidet los und erkältete mich häufig. Eine Form von Überreizung, die mich persönlich sehr ablenkt. Ich ging auch ebenso oft weg, ohne gegessen zu haben. Obwohl ich Hunger nicht gut aushalten kann.

Mit der Zeit entwickelte ich meine Intuition, dieses Wissen, und begann immer besser zu fühlen, was mein Körper braucht. Ich lernte, mir selbst zuzuhören, den Signalen, die subtil anwesend sind und die einem eigentlich genau mitteilen, was man braucht. Je mehr ich in meine Mitte kam, desto eher bemerkte ich kleine Nuancen, wodurch man sich das Leben ein bisschen angenehmer machen kann. Ich fing an, zu erkennen, was ich in einer bestimmten Situation brauchte, und gab dabei nicht mehr stets anderen den Vorrang. Das war ein ziemlicher Schritt. Es schien, als würde der Kontakt zwischen meinem Körper und meinem Handeln stetig zunehmen. Ab und zu schaue ich zurück und denke, mein Gott, wie habe ich das früher nur ausgehalten?"

Es dauert manchmal Jahre, bis man sich genau auf die eigenen Bedürfnisse eingestellt hat. Marleen lernte, ihr Vorausgespür zu beachten. Ihr „Wissen" half ihr, Situationen zu begreifen, und sie setzte es auf ganz praktischem Niveau um. Wie heute: Die Sonne schien, es war besonders warm, und doch hatte sie das Gefühl gehabt, sich gegen Kälte schützen zu müssen. Nach dem Interview, worin wir beide völlig aufgegangen waren, schauten wir nach draußen. Der Himmel hatte sich unerwartet bewölkt, und es sah nach Regen aus. Wind war aufgekommen und zerrte an den Blättern der Bäume, die vor dem Café standen. Der Ober holte Tische und Stühle von der Terrasse. Jeden Moment konnte es anfangen zu regnen. Diese Wetteränderung war wie ein Augenzwinkern für mich – ein deutliches.

Häufig wissen wir mehr, als wir uns zugestehen. Aufgrund verschiedener früherer Erfahrungen haben wir den Kontakt zu diesem „Wissen" verloren. Wir lauschen, spähen und spüren nicht mehr so gut. Hochsensible sind häufig gut darin, sozial erwünschtes Verhalten zu zeigen. Dafür haben sie die Intuition oft zurückgesetzt. Erkennst du das? Vielleicht findest du, dass die Person, neben der dir ein Platz am Tisch zugewiesen wurde, eine fürchterliche Nervensäge ist, aber du hast gelernt, dennoch freundlich und interessiert zu tun. Eigentlich weißt du, dass du Kaffee nicht verträgst, aber du bist zu höflich, um „nein, danke" zu sagen.

Wir wissen auch, dass Menschen, die stark intuitiv handeln, im Leben oft recht erfolgreich sind. Es wäre also gut, diese Fähigkeit wieder zu aktivieren. Das ist durch Ruhe und Kontemplation möglich – und geht es gerade dann am besten, wenn man es am wenigsten will. Aus Erfahrung und aus Untersuchungen wissen wir: Unser

Unterbewusstsein arbeitet dann optimal, wenn es in Ruhe gelassen wird. Wenn man sich anstrengt und versucht, die Situation zu kontrollieren, verliert man tatsächlich die Fähigkeit, klare Einsichten zu gewinnen. Druck (von innen oder von außen) stört unser Selbstregelungssystem, unsere Intuition. Deshalb sind Entspannung, Ruhe und Kontemplation für jeden Menschen essentiell notwendig – besonders jedoch für Hochsensible.

2.7 Entspannung und Ruhe

Entspannung, Loslassen und Ruhe sind für jeden Menschen und besonders für Hochsensible wichtig, um intuitiv empfänglich zu bleiben. Wie deutlich wurde, tun Hochsensible gut daran, Möglichkeiten zu entwickeln, um sich schwierige Situationen zu erleichtern und unnötige Spannungen zu vermeiden. Das gelingt, wenn man die Erdung für sich entdeckt. Wenn du es als Hochsensibler schaffst, gut geerdet zu sein, bist du wie von selbst entspannt und ruhig. Ein guter Ausgleich zwischen Anspannung und Entspannung hilft dir, mit unerwarteten Situationen (die man nie völlig ausschalten kann) fertig zu werden. Du fühlst dich wahrscheinlich besser abgegrenzt, und gleichzeitig kannst du doch offen für andere sein.

Entspannung kann für jeden Menschen anders aussehen. Weniger sensible Menschen können sich vielleicht bei einem Action-Film entspannen, oder sie suchen Entspannung, indem sie sich sportlich total verausgaben, oder in der Herausforderung abenteuerlicher Reisen. Die meisten Hochsensiblen entspannen sich eher, wenn sie während des Tagesablaufs Zeit für sich selbst freimachen, um sich zurückzuziehen, die Nerven zu beruhigen, sich besinnen zu können, Erfahrungen und Eindrücke sich setzen zu lassen. Ein wohltuendes Bad, ein Mittagsschläfchen, einen Spaziergang in der Natur oder ein Gespräch mit einer lieben und integren Person schätzt ein Hochsensibler oft höher als das aufregende abendliche Ausgehen.

Man könnte nun den Eindruck gewinnen, Hochsensible seien recht langweilige Zeitgenossen. Doch das ist nicht der Fall. Wer Zeit und Aufmerksamkeit aufbringt, um in die Gedankenwelt eines hochsensiblen Menschen vorzudringen, wird entdecken, dass sich hinter einer möglicherweise vorhandenen Fassade von Schüchternheit oder Eintönigkeit häufig sehr kreative, interessante Persönlichkeiten verbergen. Übrigens ist ein Teil der Hochsensiblen gar nicht so ruhig, eintönig und zurückgezogen, sondern im Gegenteil ausgesprochen lebendig und stürmisch. Unter den Hochsensiblen gibt es sowohl Extravertierte als auch Introvertierte, wobei Letztere den größten Teil der Gruppe bilden. Doch es kann gut sein, dass du zu Ersteren gehörst.

Sei auf jeden Fall nicht so kritisch mit dir selbst! Vertraue darauf, dass deine wirkliche Persönlichkeit stets interessanter ist als das, was du vielleicht darzustellen versuchst. Erfährst du Verständnislosigkeit oder abweisende Reaktionen, dann bedenke, dass diese in der Regel nichts mit dir persönlich zu tun haben. Dein Gegenüber war vielleicht zu unruhig, um wirklich offen für dich zu sein. Und warum sollte jeder dieselben Interessen haben? Die Welt wäre langweilig und würde insgesamt nicht funktionieren, wären alle gleich. Gerade die Unterschiede bewirken, dass die Welt sich weiter entwickelt. Was wir letztendlich kultivieren sollten, ist Respekt für das gegenseitige „Anders-Sein".

2.8 Grenzen setzen

Ein Aspekt, der mit der Notwendigkeit des Erdens eng verbunden ist, ist die Notwendigkeit, eigene Grenzen zu setzen. Das erwähnte ich bereits. Während der alltäglichen Geschäftigkeit fällt es allerdings nicht immer leicht, sich abzuschirmen und das Setzen der Grenzen, die man als Hochsensibler so dringend benötigt, nicht zu vergessen. Verpflichtungen und Herausforderungen scheinen es manchmal doch besonders stark auf einen abgesehen zu haben. Es ist auch nicht schön, bei jeder Sache ständig bedenken zu müssen: Schaffe ich das überhaupt noch? Habe ich noch genug Energie? Will ich das so? Wäre es nicht besser, wenn ich nun allein wäre?

Logisch, dass man sich zu manchen Zeiten als lästigen Quengler empfindet. Warum muss man so vorsichtig sein? Und warum scheinen andere so viel mehr in derselben Zeit zu bewältigen? Man selbst benötigt für alles doppelt so viel Zeit, nur weil man nach einem anstrengenden Ereignis erst mal zur Ruhe kommen muss, um sich wieder aufzuladen. Während andere noch ausgelassen feiern, sehnt man sich nach dem Moment, in dem man wieder allein ist. Was ist da von Partnern zu halten, die zu einem ziehen wollen? Wenn man zusammenwohnt, wird man sich, geht es um Abgrenzung, vermutlich einige Gefechte liefern. Zusammensein ist herrlich, doch für einen Hochsensiblen auch eine ziemlich energiezehrende Aufgabe – besonders, wenn man in einer quirligen Familie lebt. Zeit für sich selbst wird dann wieder ein Thema. Auf einmal stört man sich an der Anwesenheit (und Unordnung) des Partners, an dem ganzen Trubel, und verlangt nach ruhigen Abenden ohne den anderen. Gleichzeitig mag man doch die Menschen, mit denen man zusammenlebt? Warum kann man dann die Nähe so schlecht ertragen? Da liegt sogleich das Gefühl auf der Lauer, sich selbst als zimperlich oder minderwertig zu empfinden.

Wenn du weniger aushalten kannst als die unternehmungslustigen sorglosen Menschen um dich herum, bist du vielleicht ärgerlich oder frustriert. Vielleicht bist du neidisch auf die, die alles so selbstverständlich angehen und bei denen alles wie am Schnürchen läuft. Auch du steckst wahrscheinlich voll Ehrgeiz, Plänen und Träumen, doch es fehlt dir gewöhnlich an Energie, dem Ausdruck zu verleihen. Oder du hast dich ganz und gar und ohne Vorbehalt in eine Sache gestürzt und bist darin untergegangen; es hat dich so aufgeregt und mitgenommen, dass du schließlich mit einem Fehlschlag statt mit Resultaten dasitzt. Vielleicht bist du depressiv geworden. Oder du bist tatsächlich beim Burn-out angelangt. Kurz, manchmal hat die Hochsensibilität in deinen Augen nur Nachteile. Gibt es denn keinen anderen Weg, fragst du dich vielleicht verzweifelt. Eine Pille? Einen Schalter im Gehirn, den man einfach umlegen könnte?

Die Antwort ist: Nein. Der einzige Weg ist, zu lernen, deine Bedürfnisse gut zu interpretieren und zu respektieren. Das bedeutet, für dich da zu sein, Raum und Zeit für dich selbst zu schaffen. Das, was du nötig hast, so wichtig zu finden, dass du es an die erste Stelle setzt. Auch wenn das gegen die Erwartungen und Wünsche deiner Umgebung geht. Manchmal bedeutet das, deiner Müdigkeit nachzugeben, deinem Drang, auf der Stelle zu treten nachzugeben, deinem Bedürfnis zu sinnieren und zu träumen nachzugeben. Das Gute ist, du wirst zunehmend merken, dass du dich nicht mehr so bewusst abgrenzen musst. Denn indem du wirklich Raum und Zeit für dich schaffst, wirst du automatisch abgegrenzter und konzentrierter, wodurch sich weniger Dilemmas ergeben.

Du wirst höchstwahrscheinlich zu gewissen Zeiten immer wieder bewusst über deine Grenzen wachen müssen. Und es ist fast unvermeidlich, dass du sie so ab und zu übertrittst. Trotzdem wird es eine immer selbstverständlichere Handlung deinerseits werden. Der Prozess, den Aron „pause-to-check" nennt und den ich im ersten Kapitel als „Innehalten und Prüfen" erklärt habe, ist für dich von grundlegender Wichtigkeit. Er ist ein Aspekt deines sensiblen Charakters und hilft dir, deine Grenzen zu bewachen. Du bist mit der Tendenz zum „Innehalten und Prüfen" geboren, sie definiert deine Kraft und ist dadurch der wichtigste Mechanismus, der dich in deinem Zentrum hält. Voraussetzung ist, dass du dich in erster Linie hundertprozentig auf deine Bedürfnisse einlässt, wie absurd oder schwierig sie auch scheinen mögen. Wenn das bedeutet, dass du vielleicht ein Jahr lang zu Hause sitzen musst, dann ist das die Konsequenz, mit der du lernen musst zu leben. Rose erkannte dies und nahm sich die Zeit für sich selbst. Andere Hochsensible berichteten mir ebenfalls, dass sie nun endlich wagen, für sich selbst zu wählen, gleichgültig, was die Konsequenzen sind. Musst du eine Beziehung dafür opfern? Auch das kann vorkommen. Vielleicht bedeutet es für dich, nie wieder eine Vollzeitstelle anzunehmen. Du wirst Zugeständnisse machen müssen – doch ich versichere dir, du erhältst dafür genügend zurück.

Zusätzlich gibt es Techniken, um zu lernen, sich besser abzugrenzen. Es hilft, sich mit dem eigenen Körper und buchstäblich der eigenen Haut zu beschäftigen. Nimm bewusst ein Bad, und nimm dir auch Zeit, dich einzuölen. Achte auf jedes Stückchen deiner Haut, vergiss nicht das Gesicht, deine Ohrläppchen und die Zehen. Lerne zu entdecken, mit welchen Teilen deines Körpers du mehr und mit welchen du weniger Kontakt hast. Das kann dir Einsichten geben in die (emotionalen) Teile deiner selbst, die du vernachlässigt hast. Zieh dich ab und zu zurück. Nutze Ohrstöpsel oder suche auf andere Weise die Stille. Schätze diese Momente und sei dir bewusst, dass sie dich nähren. Stelle dir vor, dich umgibt eine unsichtbare Hülle, die dich von der Umgebung abschirmt. Du kannst dir auch eine Pyramide um dich herum denken – oder bewusst mit deiner Aura beschäftigt sein.

Reise getrost erster Klasse im Zug. Es kostet vielleicht etwas mehr, doch du bekommst dafür Ruhemomente zurück. Bleibe aktiv dabei, dein System immer wieder abzustimmen. Will ich dies hier? Will ich das dort lieber nicht? Gehe Menschen, die dich auslaugen oder die du auf andere Weise schlecht vertragen kannst, lieber aus dem Weg. (Das besprechen wir noch im nächsten Kapitel.) Lade dir nicht zu viel auf und gönne dir von Zeit zu Zeit eine Pause. Halte ein Mittagsschläfchen und mache alles in deinem eigenen Tempo. Mögen andere sich doch aufregen! Lerne, nein zu sagen. Pieter Langelijk hat in seinem Buch *Sensibilität, wie gehe ich damit um*[14] weitere Techniken beschrieben, die dir helfen können, dich zu schützen. Am Schluss dieses Kapitels findest du entsprechende Tipps und Übungen.

Trainiere dich darin, Energien wahrzunehmen. Unbemerkt wirst du in Situationen durch Energien von Menschen und Gegenständen beeinflusst. Räume haben bestimmte Stimmungen und übertragen diese auf dich. Genauso wie Menschen. Wenn du die Energie, die an einem bestimmten Ort anwesend ist, mit Worten beschreibst, merkst du rechtzeitig, ob sie zu dir passt. Du als Hochsensibler fühlst die Energie wahrscheinlich recht gut, du hast nur nicht gelernt, darauf zu achten. Dein Problem besteht auf dem Gebiet von „Etwas-daraus-machen". Du bist wahrscheinlich von klein auf darauf trainiert, dich deiner Umgebung anzupassen, und hast diese intuitive Energiewahrnehmung unterdrückt. Sobald du dich wieder bewusst mit dem Einfühlen in Menschen und Situationen beschäftigst, wirst du überrascht sein, was du alles bemerkst. Die Kunst besteht darin, auf respektvolle Art, das heißt ohne Konflikt mit anderen, diese Wahrnehmung als Wegweiser für dich zu nutzen.

Bei der Gelegenheit muss ich anmerken: „Abgrenzung" wird auch kritisch diskutiert unter Hochsensiblen. Abgrenzung kann aus dieser Sicht zu einem Sich-Abschließen von allem und jedem werden – zu etwas, wodurch man Gefahr läuft, sich selbst aus der Welt zurückzuziehen. Das ist mitunter angenehm oder gar nötig, doch auf Dauer nicht befriedigend. Außerdem kann man sich damit eine feindselige Haltung angewöhnen. Als hätten andere eine scheußliche Krankheit, vor der man sich schützen müsse. So sollte man natürlich weder sich selbst noch die Welt betrachten. Wenn es dir gelingt, dich liebevoll auf die Welt einzustellen, entsteht ein Gefühl der Sicherheit, dass zu einer dir innewohnenden Kraft wird, die dich automatisch beschützt. Respekt ist äußerst wichtig, wenn es um Abgrenzung geht.

Abschließend: Trainiere täglich, dich mit liebevollem Blick anzuschauen. Bringe dir selbst die Überzeugung bei: *Alles, was ich bin und tue, ist stets ganz und gar gut.* Bist du etwa nicht davon überzeugt? Erinnere dich regelmäßig an die Seiten, die du an dir auf jeden Fall gut findest. Du bist beispielsweise eine gute Freundin/ein guter Freund, eine aufmerksame Zuhörerin/ein aufmerksamer Zuhörer, eine gute Köchin/ein guter Koch, eine tatkräftige Problemlöserin … Was auch immer, es gibt mindestens zwanzig Dinge, für die du dich wertschätzen und loben und die du notieren solltest. Tu das einmal – und lese die Liste jeden Abend vor dem Einschlafen durch.

2.9 Angst und Unruhe lokalisieren und akzeptieren

Hochsensible Menschen bemerken vieles und verarbeiten Eindrücke so ausführlich, dass diese dadurch intensiviert werden. Das zeigt sich unter anderem bei Emotionen. Viele Hochsensible fühlen sich regelmäßig von Emotionen überwältigt. Sie sind sehr schnell verärgert oder betrübt.

Anne schreibt: „Ich leide an allem Möglichen. Zum Beispiel Panikattaken. Nachts werde ich zitternd vor Angst wach. Vieles passiert in mir, was ich nicht verstehe. Manchmal denke ich, dass ich verrückt werde. Obwohl ich weiß, das ist ganz bestimmt nicht der Fall. Gefühlsmäßig stehe ich völlig offen und bin dadurch natürlich besonders verletzlich. Heute Nacht wurde ich durch ein unruhiges Gefühl wach. Ich ging in die Küche, um meine Paniktablette (Oxazepam) einzunehmen und zur Ruhe zu kommen. Ich wartete kurz, bis sie zu wirken anfing, und ging dann zurück ins Bett. Mein Partner ärgerte sich darüber. Er will, dass ich mein Gefühl ausschalte und ganz normal und bodenständig werde. Seiner Meinung nach schwebe ich zu sehr in den Wolken und könnte das, wenn ich nur wollte, ändern. Nun möchte ich wissen, wo der Schalter dafür ist.“[15]

Gefühlsregungen können Hochsensible derartig überwältigen, dass sie keine Macht darüber haben. Starke Emotionen behindern nicht nur dich, sondern häufig auch diejenigen, mit denen du zusammen lebst. Die heftigen Emotionen treten so sehr in den Vordergrund, dass sie dich überwältigen und du sie irgendwie entladen musst. Dadurch kann es zu unnötigen Konflikten mit anderen kommen. Oder dazu, dass du dich aus den Kontakten zurückziehst. Bei starken Stimmungen fühlt es sich an, als würde dir der Grund unter den Füßen weggezogen; du bist nur noch Emotion. Hochsensible leiden leicht unter starken Stimmungen und Stimmungsschwankungen, vor allem, wenn sie sich der Auswirkungen der Hochsensibilität nicht bewusst sind. Stimmungen können plötzlich auftreten und ebenso plötzlich verschwinden. Morgens erscheint das Leben noch wie ein herrliches Fest, die Sonne strahlt und auch die Menschen auf der Straße strahlen heute etwas Besonderes aus. Dann, beim Einkaufen, macht eine ungehobelte Person eine höhnische Bemerkung über dich, und peng! Der Tag ist gänzlich verdorben. Du gehst weinend nach Hause. Emotionen können auch hartnäckig sein und sich festsetzen in Form einer Depression. Wochen- oder monatelang können sie dich quälen.

Stimmungen drücken sich deutlich im Körper aus. Ramon erinnert sich an keine Lebensphase, in der er nicht regelmäßig unter Spannungen im Bauch litt. Als er als achtjähriger Junge zum Schwimmunterricht gebracht wurde, fühlte er beklemmende Nervosität im Magen. Jetzt, als 31-jähriger Erwachsener, spürt er immer noch viel körperliches Unwohlsein. Wenn er zum Beispiel einen Nachbarn trifft, fühlt er eine innere Anspannung. Oder wenn er im Supermarkt ist, merkt er, wie alles, was auf ihn zukommt, ihn ängstlich und nervös stimmt. Reize von außen oder von innen können bewirken, dass seine Stimmung jäh umschlägt. Dadurch gerät Ramon oft in Perioden von Angst und Kummer. In den dunklen Wintermonaten ist seine Angst so groß, dass er nicht mehr im Stande ist, zur Arbeit zu gehen. Er bleibt zu Hause in einem Zustand unaussprechlicher Schwere. Körperlich, emotionell und geistig gerät er wieder und wieder an den Rand der Erschöpfung. Das beginnt stets damit, dass er merkt, wie seine Hände und Füße kalt werden. Dann fühlt er, dass er sich von seiner Umgebung abschließt. Seine Kehle schnürt sich zu, und es gelingt ihm nicht mehr, sich normal mit anderen zu verständigen. Schließlich bleibt er zu Hause und schließt sich buchstäblich ab.

Eine der ersten Fragen, die man zu Emotionen stellen kann, ist: Haben sie einen bestimmten Nutzen? Was sagt eine Emotion über mich aus? Unter all der Angst, die Ramon überwältigt, sitzt eigentlich ein kleiner Junge, der das Gefühl hat, nicht da sein zu dürfen, nicht akzeptiert zu werden wie er ist, sagte mir Ramon. Unter der Angst liegt eine Anhäufung negativer Erfahrungen, die der hochsensible Ramon während seines Lebens gesammelt hat und die seinen

Weg blockieren. Wenn Ramon in einem Schwall von Eindrücken und Reizen in eine Krise gerät, ist Weinen der einzige Ausweg. Hinter der Angst ist dann nur noch Seelenschmerz.

Emotionen sind Signale des Körpers. Nichts weiter als das. Sie lehren dich etwas. Reichen dir sozusagen eine Hand, um dir zu sagen: Dies hier gefällt mir gut und das dort nicht. Emotionen, die nicht beachtet werden, verwahrlosen. Emotionen, die über längere Zeit verwahrlost sind, setzen sich hartnäckig fest und rufen: Beachte mich. Wenn du starke Emotionen fühlst, berührt das häufig einen Schmerz aus der Vergangenheit. Durch das Akzeptieren der Emotion, so wie sie sich dir momentan ankündigt, nimmst du ihr einen großen Teil ihrer Ladung. Das ist natürlich leichter gesagt als getan. Emotionen können dich, wenn sie heftig werden, unkontrollierbar ergreifen. Häufig spielt Angst dabei eine große Rolle. Die Angst verkrampft dich und du wirst von der Emotion überwältigt.

Dass du als hochsensibler Mensch das Leben intensiv erfährst, ist eine Gegebenheit der Hochsensibilität. Doch dass du ständig durch Stimmungen wie Ängste und Wutausbrüche überwältigt wirst, ist nicht nötig. Mehr noch, es hat überhaupt keinen Sinn. Du bist *mehr* als deine Stimmungen. Deine Stimmungen sind deine Signale.

Wer intensiv durch seine Emotionen gelebt wird, ist nicht im Gleichgewicht. Dieser Mensch sollte zuerst zu seiner Basis zurückfinden. Und diese Basis findet er in den Signalen seines Körpers und in guter Erdung.

Als Hochsensibler muss man nicht ständig von Stimmungen – wie Ängsten und Wutausbrüchen – überwältigt werden. Wenn das der Fall ist, bist du, einfach gesagt, nicht ausreichend im Gleichgewicht. Du solltest dann mit den Übungen am Ende des Kapitels beginnen. Wenn du ernsthaft unter stark wechselnden Emotionen, Depressionen oder Angstneurosen leidest, rate ich dir, Hilfe zu suchen.

Bei heftigen Emotionen ist es auf jeden Fall wichtig, extreme Gefühlsausbrüche zu vermeiden. Sonst besteht die Gefahr, dass du lediglich noch mehr Probleme mit deiner Umgebung bekommst.

Warte besser, bis die Heftigkeit der Emotion abnimmt, bevor du beginnst zu agieren und zu reagieren. Du brauchst bei starken Emotionen nicht gleich aktiv zu werden. Lass den Sturm sich von selbst legen. Beruhige dich, indem du dich gelassen beobachtest. Versuche dich, so gut es geht, zu entspannen – akzeptiere, dass das Gefühl so ist, wie es ist, ohne etwas Besonderes damit zu verbinden oder gleich etwas zu unternehmen. Auf diese Art gelang es Ramon, zunehmend bessere Einsicht in seine Emotionen und den Umgang damit zu erlangen. Das ging nicht von einem auf den anderen Tag. Es war ein Prozess von Jahren. Beim letzten Mal, dass er eine Panikattacke hatte, berichtet er, blieb er einfach bewusst bei seinem Gefühl. Statt davor wegzulaufen, betrachtete er die Angst. Er konzentrierte seine Aufmerksamkeit darauf, und merkte, dass sie nach fünf Minuten wegebbte. „Es war, als würde ich mit einer Lampe in die Dunkelheit leuchten, indem ich meine Aufmerksamkeit, ohne zu urteilen, dort verweilen ließ." Was ihn früher sicher einige Tage Seelenschmerz gekostet hätte, verfloss nun im Zeitraum einiger Minuten. „Danach konnte ich sogar lachen, und ich konnte auch meine Freundin daran teilhaben lassen."

Das Beispiel von Ramon zeigt, dass man als Hochsensibler über die Empfindungen staunen kann, die man im Körper spürt. Indem man wie Ramon seinen Körper als Landkarte nutzt, kann man Emotionen, die Schwierigkeiten verursachen, ergründen. Manchmal ist die Erklärung verblüffend einfach. Rose zum Beispiel fand heraus, dass bestimmte starke Emotionen, die sie häufig hatte, einfach hormonell erklärbar waren und mit dem prämenstruellen Syndrom zusammenhingen. Sie bemerkte, dass ein deutliches Prickeln in ihrem Kopf jeden Monat die Ausschüttung von Hormonen anzeigte. Diese lösten nicht nur die Monatsblutung aus, sondern brachten auch ihr emotionales System aus dem Gleichgewicht und hatten somit starken Einfluss auf ihre Stimmungen. Auf vergleichbare Art begann sie auch andere starke Emotionen zu beobachten. Sie merkte, dass sie einige ihrer Reaktionen körperlich erklären konnte. Das half ihr, die Kontrolle darüber zu erlangen. Indem sie beispielsweise besser auf ihre Nahrung achtete, wurde sie ruhiger und emotional stabiler.

Ein Teil der Kontrolle besteht darin, zu erkennen, dass eine Welle in einem aufsteigt, über die man keine Kontrolle hat. Diese Welle kann man von der eigenen Person loskoppeln: Ich bin nicht diese Welle. Sie überflutet mich – doch ich bin sie nicht. Die Emotion spielt mit dir wie der Wind mit deinen Haaren. Versuche zu lokalisieren, wo genau du die Emotion fühlst. Ist es im Magen, im Herzen oder im Kopf? Und was genau fühlst du? Bleib nicht an der Emotion haften, sondern betrachte sie, wie ein Chirurg eine offene Wunde betrachtet. Noch einmal: Du bist nicht die Emotion, du bist viel mehr als das. Du bist auch das, was dir selbst zuschaut. Erkenne, dass du vielerlei Gedanken hast, die dir im Moment allerdings nicht besonders helfen. Es sind unkontrollierte Assoziationen; dein Hirn, auch ein Teil von dir, aber nicht du selbst, findet es herrlich, allen möglichen Gedanken hinterherzurasen. Momentan nützt dir das nichts. Nimm die Gedanken nicht ernst. Wenn es wichtige Gedanken sind, werden sie dich nicht im Stich lassen und zu einem Moment, an dem du wieder ruhig und ganz du selbst bist, aufs Neue aufkommen.

Weil wir in einer stark durch das Denken geprägten Welt leben, betrachten es manche Menschen schon als etwas Besonderes, überhaupt fähig zu sein, Gefühle zu empfinden. Dadurch werden Gefühle manchmal überschätzt. Es ist keineswegs so, dass man permanent von einem Gefühl ins nächste fällt. Es gibt durchaus hochsensible Menschen ohne starke Stimmungsschwankungen. Stimmungsschwankungen sind – wie Schüchternheit und Angst – eine mögliche Folge von Hochsensibilität, jedoch kein integraler Bestandteil davon. Gleichmut, wie ihn der Dalai Lama als höchstes Seins-Stadium lehrt, kann jeder erreichen, auch ein Hochsensibler. Es erfordert Übung und etwas Geduld – gleichwohl, die Mühe lohnt sich.

Es gibt noch eine andere Seite: Man kann viele Gründe finden, um lieber nicht zu fühlen. Indem man alles mit seinem Verstand angeht, kann man Gefühle außen vor halten. Manche Hochsensiblen haben gelernt, Gefühle nicht zu spüren. Sie haben sich abgehärtet, weil sie selbst fanden oder von anderen zu hören bekamen, sie seien „überempfindlich". Nicht-Fühlen hat in bestimmten Lebenssituationen vielleicht geholfen. Doch die Entscheidung, nicht zu fühlen, beinhaltet auch, dass man die schönen Seiten des Lebens nicht fühlt, wie zum Beispiel Nähe, Kontakt und Liebe. Unsere Ratio ist nützlich, weil sie Einsicht verleiht – sicherlich auch für Hochsensible, denn sie werden vielleicht ab und zu durch überwältigende Emotionen mitgerissen. Dann sind ruhige Gelassenheit und Überlegung sehr nützlich. Doch prinzipiell das Fühlen auszuschließen, ist meist eine fragwürdige Strategie, die zum Beispiel aus Angst entsteht. In einer Person, die wirklich im Gleichgewicht ist, ist Raum für alle Regungen – auf spirituellem, emotionalem, rationalem und körperlichem Gebiet.

Manche Menschen haben derartige Angst vor ihren eigenen Gefühlen, dass sie ihren Körper für jedes Gefühl bestrafen. Zuweilen bezieht sich das auch nur auf einen einzigen Bereich, zum Beispiel bei Menschen mit Essstörungen oder Süchten. Sich zu betäuben oder zu berauschen, erscheint manchem Hochsensiblen als gutes Mittel, um weniger „überempfindlich" zu sein. Sylvia habe ich schon vorgestellt. Sie wollte in der Pubertät am liebsten gar nichts mehr fühlen. Auf der Suche nach entsprechenden Möglichkeiten landete sie bei den Drogen. Die Drogen waren für Sylvia ein warmer Mantel, der sie gegen den Schmerz des Fühlens schützte. Zusammen mit anderen Drogennutzern erschuf sie sich eine „heile Welt", die die harte Außenwelt ausschloss. Sie erinnert sich noch gut daran, wie sie tagelang mit einer ganzen Gruppe Drogensüchtiger in Wohnzimmern saß und sie sich betäubt und berauscht gegenseitig vormachten, dies sei das wahre Leben. Sie glaubten, ihr Leben außerhalb der Gesellschaft verbringen zu können. „Wir waren abgestumpft, uns war alles egal. Doch wir fühlten Verbrüderung untereinander. Wir gegen den Rest der Welt. Die Außenwelt erschien uns hart, lieblos und kalt." Für Sylvia waren die Drogen anfangs ein Wundermittel. Sie verlor ihre starke Gehemmtheit, von der sie sich so behindert fühlte. Mit Hilfe der Drogen sah sie sich fähig, in der Öffentlichkeit aufzutreten, und war nicht mehr so extrem darauf fixiert, wie sie auf andere Menschen wirken würde. Sie fühlte sich zum ersten Mal in ihrem Leben frei. Heute weiß sie: Sie fühlte sich befreit von ihrer Hochsensibilität.

Bei der Entziehungskur kamen all die Gefühle in verstärkter Form wieder zurück. Nicht nur bei ihr, sondern auch bei den anderen Drogenabhängigen, die versuchten, clean zu werden. Frühere Verliebtheiten wurden wieder gefühlt, was gleichzeitig die üblichen Komplikationen mit sich brachte. Auch andere Emotionen wie Angst und Wut kamen mit Vehemenz zurück. Die ehemaligen Drogenabhängigen fühlten wieder jenen Schmerz und Kummer, vor dem sie in die Drogen geflüchtet waren. Glücklicherweise hatte Sylvia eine gute Betreuung und fand die Kraft und das Durchhaltevermögen, um diese stürmische Periode durchzustehen. Danach musste sie Wege finden, um mit ihrer Hochsensibilität leben zu lernen. Heute, drei Jahre später, sieht sie in ihrer Sensibilität eine Gabe und eine Eigenschaft, die ihr auch viel zu bieten hat.

Noch einmal zur Eigenschaft der Hochsensibilität: Ein Hochsensibler erlebt die Dinge, die in ihm selbst und außerhalb von ihm geschehen, tief und intensiv. Sein Geist (oder Bewusstsein) – das heißt, der Persönlichkeitsteil, der ihn wissen lässt, wer, was und wo er ist – arbeitet äußerst eifrig; er reagiert meistens auf alle Gedanken, Gefühle, Bedürfnisse und Erinnerungen, die im Lauf des Tages auftauchen. Es ist wichtig, zu erkennen, dass er auch auf sich selbst reagiert. Das gilt für jeden, doch vielleicht für Hochsensible besonders. Völlig selbständig, ohne bewusste Steuerung, kann der Geist auf Reaktionen reagieren, die wiederum Reaktionen auf andere Reaktionen sind. Er kann dadurch unkontrollierbar werden – ähnlich einem Pferd, das durchgeht. Dann sind die Gedanken das Echo anderer Gedanken. Dann halten dich – lange, bevor es dir selbst klar wird – ungesteuerte Wahrnehmungen, Kommentare auf Wahrnehmungen, Kommentare zu Kommentaren ... auf Trab.

Kennst du das? Es passiert vor allem, wenn du gewissermaßen neben dir stehst. Wenn du ein wenig oder auch etwas mehr Stress hast. In solchen Momenten verlierst du eher die Kontrolle über dich und deine Gedanken. Manchmal erscheint es dir dann, als hättest du grandiose Ideen; zumeist sind es jedoch Sorgen, die dich übermäßig in Beschlag nehmen. Dann wirst du vielleicht vor allem nachts davon beunruhigt und liegst wach. Mir persönlich passiert es, wenn ich zu wenig gegessen habe. Hochsensible können viel stärker als andere vom Denken in Beschlag genommen werden. Das kann kreativ und nützlich sein. Vielfach jedoch sind es nutzlose Grübeleien. Für Hochsensible ist es hilfreich, zu lernen, eigentliche Gedanken vom „Hintergrundrauschen" zu unterscheiden. Das wird möglich, wenn du im Inneren leer und still wirst. Vermutlich weißt du schon, wie wichtig Leere und Stille für dich sind. Doch wie kommt man dahin? Eine gute, uralte Methode ist Meditation.

2.10 Meditieren: vom Denken und Wollen zum Sein

Wenn man in einer Meditation versucht, seinen Geist zur Ruhe zu bringen, merkt man schnell, dass das gar nicht so einfach ist. Hat man es dann geschafft, einmal das Entstehen der eigenen Gedanken als Zuschauer wahrzunehmen, entdeckt man: Denken ist in der Regel ein Surfen auf Wellen von Assoziationen. Assoziationen können unser Denken ständig beschäftigen. Für Meditierende kann es ziemlich desillusionierend sein, zu entdecken, dass 90 Prozent des Denkens auf freien Assoziationen und unkontrollierbaren Gedanken fußen. Gedanken haben bisweilen eine beängstigende Intensität; gleichzeitig scheinen sie völlig ziellos zu sein. Das ist zwar nicht immer so, und nicht jeder bleibt im gleichen Maß im eigenen Gedankenstrom gefangen – doch prinzipiell läuft viel vom menschlichen Denken außerhalb des bewussten Willens ab. Teils ist das gut, weil wir so unbewusst Dinge verarbeiten. Aber es kann auch zu viel und störend werden. Dann ist es unsere Aufgabe, das eigene

Denken wie ein Pferd zu zügeln – zu lernen, mehr Kontrolle zu erhalten.

Liegst du zuweilen nachts wach, während dein Geist aktiv ist? Erwischst du dich tagsüber beim Grübeln? Du machst dir Sorgen über scheinbar wichtige Entscheidungen? Oder über Lappalien? Der menschliche Geist hat die natürliche Neigung, aktiv zu sein. Und ein hochsensibler Mensch ist im Allgemeinen überdurchschnittlich anfällig für Gedankenassoziationen. Diese – man kann sie „innere Reize" nennen – sind wie Nahrung fürs Gehirn; bei unruhigen hochsensiblen Menschen stopft das Hirn nur zu gerne Unmengen an Reizen und Impulsen in sich hinein. Da liegen Spannung und Stress dann auf der Lauer. Was schon einen weniger sensiblen Menschen einige Energie zur Verarbeitung kostet, verausgabt einen Hochsensiblen völlig. Deshalb sind Hochsensible sehr viel stressempfindlicher und kämpfen – als Folge unmäßiger geistiger Aktivität – eher mit Spannungsbeschwerden.

Man darf jedoch nicht vergessen: Diese geistige Aktivität bringt auch viel ein, beispielsweise Kreativität und Unternehmungslust. Plötzlich ist man von etwas Neuem inspiriert, einer Idee oder einem Plan. Man will unmittelbar damit beginnen, ist ganz und gar enthusiastisch. Nichts scheint wichtiger zu sein als dieses großartige Vorhaben. Hochsensible Menschen kennen solche absoluten Höhenflüge, in die ihr Geist gerät. Ein Wirbelsturm, der sie in große Höhen führt. Plötzlich schaffen sie sehr viel gleichzeitig. Manchmal geraten sie in eine Art manischen Siegesrausch.

Auch wenn man diese Impulse positiv bewertet und sie zum Beispiel bei seiner Arbeit einsetzt – man denke etwa an die Arbeit eines Forschers oder Wissenschaftlers –, ist es doch wichtig, darüber ausreichend Kontrolle zu haben. Das bedeutet nicht, die Höhe- oder Tiefpunkte zu verlieren; man kann diese weiter mit Genuss nutzen. Nur sollte man das Ziel haben, sie zu beherrschen, wie ein Zen-Meister gelernt hat, seinen Geist zu beherrschen. Paradoxerweise findet man die Kontrolle nicht durch den Einsatz von Willenskraft. Gerade indem man das krampfhafte Wollen loslässt und nichts will, schafft man Stabilität. Sich leeren und loslassen – das sind die Zauberworte, die Ruhe und Gleichmut bewirken.

*Während Gedanke auf Gedanke folgt, sollte deine einzige
Sorge sein, dich nicht daran festzuhalten.*

HUANG PO

Meditation ist eine gute Methode, bewusst loszulassen und dadurch Gleichmut zu schaffen. Ein disziplinierter Geist ist der Weg zum Nirvana, heißt es im *Dhammapada*, einer buddhistischen Verssammlung. Durch Änderung des Denkens kann man sich selbst ändern. Wir wissen das zwar, doch machen davon selten Gebrauch. Für hochsensible Menschen ist Meditation eine äußerst sinnvolle Technik, um sich besser in sich selbst zu verankern, besser im Gleichgewicht zu sein, und so ein größeres allgemeines Wohlbefinden zu erreichen. Meditation ist sehr geeignet, um Unruhe aufgrund überschüssiger Empfindungen, Emotionen, Gedanken und Pläne zu kanalisieren. Indem man lernt, den Geist zu kontrollieren, beginnt man, wirklich frei zu werden. Wie der Schütze seinen Pfeil ausrichtet, ruhig und zielgerichtet, so macht der Weise seinen Geist zielgerichtet. Je mehr man hin und her schwankt wie ein unkontrolliertes Pendel, desto mehr unterliegt man dem Einfluss anderer. Und darum geht es Hochsensiblen wohl eher nicht.

Ich möchte hier anmerken: Meditation wird in vielen Formen praktiziert, und leider nicht immer auf die richtige Art, mit dem Resultat, dass sie dann mit Anspannung und intensivem Wollen zu tun hat. Dazu ein erklärendes Beispiel: Neulich wurde ich spontan eingeladen, einer kurzen Meditation zum Weltfrieden beizuwohnen. Ich hatte gerade noch eine Viertelstunde Zeit, war neugierig auf die Zusammenkunft und sagte zu. Ich fühlte mich richtig gut, offen und weitherzig. Als Letzte setzte ich mich auf meinen Platz zwischen sieben anderen Menschen, die im Kreis teils auf Stühlen, teils am Boden saßen. Der Ort war ein Raum über einem Buchladen und neben Büroräumen. Leise Geräusche drangen zu uns herein, störten aber nicht weiter die angenehme Ruhe.

Es handelte sich um eine geführte Meditation. Die Stimme des Sprechers war angenehm, und ich ließ mich davon problemlos zu Bildern einer herrlichen Landschaft leiten, die er in meiner Phantasie aufrief. In dieser Landschaft, in der die Sonne wunderbar wärmte und die schönsten Blumen und Bäume blühten, lud er uns ein, einen Garten zu betreten. Ich fühlte mich noch rundum prima.

Vom Garten aus ging es in seiner Anleitung nach oben. Wir flogen in die Luft, verließen unseren Planeten und kamen ins unendliche Weltall. Im Nu fühlte ich die Energie im Zimmer ansteigen. Alle sieben Meditierenden folgten seinen Bildassoziationen und stiegen auf ins Weltall. Das bescherte mir prompt Kopfschmerzen und ein sehr unbehagliches Gefühl. Mir wurde schwindelig und ich begann zu wanken. Mein Atem verstärkte sich mit Tendenz zum Hyperventilieren. Am liebsten wäre ich aufgestanden und weggelaufen, aber ich wollte kein Spielverderber sein und die anderen nicht stören. Es blieb mir nichts anderes übrig, als mich geistig aus der geleiteten Meditation zu lösen und alle Techniken, die ich kannte, anzuwenden, um mich von dem abzuschirmen, was im Zimmer passierte. Ich baute in Gedanken eine Mauer um mich herum und fokussierte meinen Geist auf die Erde. Ich ließ mich von wohl hundert Tauen in die Erde ziehen. Ich muss den Erdmittelpunkt kräftig festgehalten haben, denn ich konnte mich akzeptabel wieder erholen, um den Rest der Meditation einfach sitzen zu bleiben.

Für mich war diese Meditation erneut ein Beweis dafür, dass viele Menschen (im Westen) leichter mit ihrer Energie nach oben steigen als sich nach unten zu bewegen. Ich halte das nicht für die beste Art des Meditierens. Im Westen sind wir schon so stark verkopft, dass es für die meisten Menschen sinnvoller ist, sich zu erden. Viele Menschen, darunter insbesondere diejenigen mit hochsensibler Persönlichkeit, handeln aus ihrem Denken und Wollen heraus, aus einer nach oben gerichteten Energie, und sind wenig geerdet und mit dem Körper verbunden. Diese Menschen klammern sich besonders an Verstandesmäßiges – an Gedanken, Konzepte, Ideen. In Verbindung mit Willenskraft erwächst hieraus Unflexibilität und mangelnde Gelassenheit. Da Hochsensible äußerst empfänglich für Energien sind, lassen sie sich – auch wenn sie selbst vorher geerdet waren – leicht durch nach oben gerichtete Energien mitreißen. Das klingt jetzt vielleicht sehr figürlich, doch jemand, der Energien fühlt, versteht sicher, was ich meine. Hochsensible müssen besonders gut darauf achten, nicht in ein derartiges Muster des Nach-oben-hinaus-Schießens zu geraten.

Nicht im Erreichen großer Höhen findet man Gleichgewicht und Ruhe, sondern eben, indem man sich niederlässt. Die Erde und dein Körper sind die besten Mittel, um das zu erreichen. Spiritualität ist gut, doch als Hochsensibler brauchst du dafür wohl keine besondere Anstrengung an den Tag zu legen, von Natur aus bist du schon spirituell. Wenn man den Lotussitz einnimmt, sitzt man nicht ohne Grund auf dem Boden analog einer Pyramide. Die breite Sitzfläche, die durch diese Art des Sitzens entsteht, zeigt, dass der Kontakt zur Erde mindestens ebenso wichtig ist wie der Kontakt mit dem Höheren, Spirituellen.

Wenn du beschließt zu meditieren, dann rate ich dir, auf jeden Fall mit einigen sanften Reck- und Streckübungen zu beginnen, um gut in deinen Körper zu kommen. Sei dir des Kontakts deines Körpers mit der Erde bewusst. Wenn du auf diese Art meditierst, dann bringt dich das dazu, von dir selbst Besitz zu ergreifen, dich selbst (wieder) zu bewohnen. Du wirst die Ströme des Denkens und Wollens loslassen, den heilenden Weg zum „Sein" finden. Du wirst Freude finden im Akzeptieren und Möglichkeiten der Gleichmütigkeit. Wenn du mehr über Meditation wissen willst, verweise ich auf zahlreiche Bücher zu diesem Thema. *Erleuchtung in der Mittagspause* von Pragito Dove ist ein gutes Buch, das eine Einleitung in viele verschiedene Techniken gibt, die man ins tägliche Leben integrieren kann. Die Autorin gibt einfache Meditationen für zu Hause und für das Arbeitsleben, die mitunter nur einige Minuten Zeit benötigen.

Eine Meditationstechnik finde ich besonders geeignet für Hochsensible. Sie stammt aus dem Qi Gong, einer mit dem Tai Chi verwandten Meditation. Die Technik heißt *Stehe wie ein Baum*.

Schritt 1: Stehe fest auf beiden Beinen, lass die Arme locker neben dem Körper hängen und halte die Hände geöffnet. Folge deinem Atem. Bleibe einfach stehen und betrachte als Wahrnehmender deinen Körper. Es braucht nichts zu passieren, nichts muss sich verändern.

Schritt 2: Versuche, den nährenden Energiestrom zu fühlen, der aus der Erde emporsteigt durch deine Füße, deine Beine, deinen Rumpf, bis zum Scheitel. Versuche gleichzeitig, dich so weit es geht zu entspannen. Stelle dir vor, du bist ein strömender, lebendiger und pulsierender Organismus. Wo sitzen Blockaden (liegen Steine im Weg)? Entspanne diese Bereiche, indem du sie loslässt.

Übe anfangs nicht länger als zehn Minuten. Später kannst du die Dauer erhöhen. Sei dir stets bewusst, dass du nichts leisten musst; zwinge dich zu nichts, versuche nicht unnötig, dich zu konzentrieren oder dich voranzutreiben, sondern lasse dich einfach „sein".

2.11 Übungen und Tipps

Zu jedem beliebigen Moment, etwa während des Wartens auf Zug, Bus oder Straßenbahn, kannst du etwas mehr in deinen Körper kommen, indem du dir den Kontakt, den du mit der Erde hast, bewusst machst. Wippe etwas auf den Fußspitzen und lass dein Gewicht in Beine und Füße sacken. Entspanne deinen Körper so weit wie möglich. (Wenn du das schwierig findest, kannst du deine Muskeln erst kräftig anspannen und dann die Spannung lösen.) Sei dir der Kraft bewusst, die die Erde dir gibt. Diese Kraft ist eine elastische Standfestigkeit, die durch die Mitte deines Körpers vom Boden bis zum Scheitel gespürt werden kann.

Vergleiche dich mit einem Baum, der gut verwurzelt ist und dessen Zweige im Wind hin und her wiegen. Führe die bereits beschriebene Baumübung durch.

Mache aus Wartemomenten eine Gelegenheit für ein paar Reck- und Streckübungen. Vor allem Gesicht (Kiefer), Nacken und Schultern halten viel Spannung fest, die du sanft ausschütteln kannst. Lass dich nicht ablenken durch Menschen, die nach dir gucken. Betrachte auch das als Übung, um zu dir selbst zu stehen.

Beobachte deinen Atem. Ist er unruhig und oberflächlich oder tief und ruhig? Verändere nichts, schaue einfach nur hin. Und wie ist deine Haltung? Gibt es bestimmte Körperteile, die du unbemerkt anspannst?

Wenn du ruhig auf einer Matte oder einem Bett liegst, versuche einmal, in Kontakt zu kommen mit deinen inneren Organen. Stelle sie dir vor wie Wesen, die beliebige Formen annehmen können (wie die Barbapapa-Zeichentrickfiguren aus den 1970er Jahren) und die zusammen in deinem Rumpf leben. Du brauchst nichts zu tun oder zu wollen, lediglich freundlich zu fragen, ob du sie etwas besser kennenlernen darfst. Haben sie alles, was sie wünschen? Fehlt einem von ihnen vielleicht etwas? Wenn du dich ihnen öffnest, werden sie dir mitteilen, was sie eventuell benötigen.

Übe, deinen Herzschlag an den verschiedensten Stellen deines Körpers zu fühlen. Beginne mit Kehle, Puls und Händen. Wenn du ihn dort fühlst, kannst du weiter gehen zur unteren Hälfte deines Körpers.

Lasse dich ab und zu massieren. Shiatsu wird durch die Kleidung gegeben und ist deshalb eher wenig bedrängend. Dennoch ist es eine wirksame Massageform.

Wenn du unruhig und überreizt bist, bringe deine Energie nach unten mit einer der folgenden Methoden: Mache ein paar ruhige Streckübungen, meditiere einen kurzen Moment (das braucht nicht kompliziert zu sein und noch nicht einmal im Sitzen zu geschehen, du kannst auch im Gehen meditieren). Spüre nach, welche Chakras offen stehen oder geschlossen sind. Stelle dir vor, du bist über eine unsichtbare Schnur mit der Erde verbunden. Setze dich einen Moment auf den Boden, am besten unter einem Baum.

Suche nach Hobbys, die deine Energie nach unten bringen, wie zum Beispiel das Arbeiten mit Steinen oder Ton, Trommeln (vielleicht funktionieren auch andere Formen des Musizierens) oder Gartenarbeit. Viele östliche Sportarten wie Qi Gong, Tai Chi und Yoga erden gut. Wichtig ist dabei, dass dein Lehrer/deine Lehrerin selbst gut geerdet ist (leider nicht immer der Fall).

Weitere aktive Methoden, um in deinen Körper zu kommen, sind Joggen oder Rennen, Fitnesstraining und Bewegungsmeditation. Diese Bewegungsmethoden setzen blockierte Energie frei. Wenn du sie ausprobierst, achte darauf, dass sich dein Körper so weit wie möglich entspannt. Indem du dich öffnest, deine Gliedmaßen so locker wie möglich machst und deine Gelenke weit werden lässt, gibst du dir Raum und Freiheit, und Blockaden lösen sich. Es geht nicht um Leistung, sondern um die Art und Weise deines Trainings.

Iss regelmäßig und gesund. Sei dir bewusst, dass auch Nahrung ein Element der Erde ist, und umgebe die Mahlzeit mit Eigenschaften, die zur Erde gehören, wie beispielsweise Ruhe. Habe Respekt vor der Nahrung, dann respektiert auch sie dich. Lerne, auf die Wünsche deines Körpers zu hören. Warum hast du ein Süßigkeitsbedürfnis? Kannst du es lösen, indem du Früchte isst? Warum schlingst du dein Essen herunter? Warum fühlst du kaum Hunger? Untersuche deine Essgewohnheiten.

Sorge dafür, dass du es ausreichend warm hast. Wärme umhüllt und beschützt dich. Eine warme Dusche spült Stress weg. Warme Füße und Hände sind sehr wichtig.

Mit deiner eigenen Haut beschäftigt zu sein, hilft dir, dich besser abzugrenzen. Dusche und bade bewusst (denke also nicht an alles Mögliche, was du an diesem Tag noch erledigen musst). Nimm dir die Zeit, dich einzuölen, und achte dabei auf jedes Stückchen deiner Haut. Benutze Rosenöl, das hat eine beschützende und umhüllende Wirkung. Mit bestimmten Teilen deines Körpers hast du wahrscheinlich mehr Kontakt als mit anderen. Kannst du dir das erklären?

Wenn du dich einmal in einer ungemütlichen Situation befindest, in der du nicht einfach weggehen kannst, visualisiere eine Begrenzung. Stelle dir vor, dass du in einem gläsernen Gefäß sitzt, das dich von den Menschen um dich herum abschirmt. Eine andere, freundlichere Form der Abschirmung ist, sich vorzustellen, dass eine Rose zwischen dir und dem anderen steht. Gewähre dem anderen den Blick auf die schöne Rose und wünsche ihm oder ihr das Beste, aber unterbreche die (fordernde) Verbindung. Diese Visualisierung hilft dir auch, dich von negativen Gedanken abzuschirmen und Menschen auf Abstand zu halten.

Nutze Gehörschutz (Ohrstöpsel) oder suche auf andere Weise die Stille, wenn du einmal überreizt und außer dir bist. Schätze diese Momente und sei dir bewusst, dass sie dich nähren.

Reise mit dem Auto (zwar wenig umweltfreundlich, aber freundlich für dich) oder erster Klasse, um mehr Ruhe für dich zu schaffen.

Bleibe aktiv dabei, dein System immer wieder abzustimmen. Will ich dies hier wohl? Will ich das dort lieber nicht?

Übe dich in Gelassenheit, indem du Emotionen weniger ernst nimmst. Lasse sie wie einen Sturm wüten, bis sie sich ausgetobt haben. Betrachte eine starke Emotion als etwas, das nicht darüber bestimmt, wer du als Mensch bist. Um die Emotionen zu verarbeiten mache dir vier Schritte klar: 1 erleben; 2 akzeptieren; 3 vergeben; 4 loslassen.

Du kannst lernen, deine Emotionen durch Ankerpunkte zu kontrollieren. Verankere eine positive Erinnerung an einer bestimmten Stelle deines Körpers. Stelle dir diese Erinnerung ganz detailliert vor. Gib ihr eine erkennbare Stelle, in deiner Hand oder bei deinem Herzen. Geh zurück zu dem negativen Gefühl. Bleibe kurz dabei und beschließe dann, zu deinem Ankerpunkt zurückzukehren. So kannst du hin und her pendeln zwischen dem einen (negativen) Gefühl und dem anderen (positiven) Gefühl. Du hast die Wahlmöglichkeit. Wo bleibst du am liebsten?

Mache deinen Geist frei von alten Eindrücken und einem Übermaß an Gedanken. Benenne einfach alles, was du gerade siehst, hörst und riechst. Dadurch kommst du ins Hier und Jetzt und lässt grübelndes Denken los.

Visualisiere, dass alle Gedankenbilder weggespült werden wie Fußspuren am Strand.

Du kannst dir auch vorstellen, dass du ein Berg bist, ruhig und unerschütterlich. Visualisiere das Veränderliche dann um dich herum. Es kann stürmen, regnen, wehen, du bleibst unerschütterlich, unbeweglich, unergriffen, in dir selbst verankert.

Betrachte deinen Geist, als würdest du fernsehen. Du bist Zuschauer und Herr über die Fernbedienung. Ruhig und ausgeglichen zappst du von einem Gedanken zum nächsten. Schaffst du es, den Apparat auszuschalten?

Übe die Kunst des Nicht-Wollens. Wollen ist eine verführerische Versklavung. Tue regelmäßig einmal nichts, sitze still und beobachte deine Gedanken. Ist dein Geist ruhelos? Flüchte nicht aus dem inneren Stress und Chaos. Betrachte es wie die Hektik der Hauptverkehrszeit, die sich nach einiger Zeit auflöst.

Denke jeden Morgen daran, was du heute weniger tun und wie du einfach nur „sein" kannst.

3 In der Welt stehen

Ich besitze, o weh, viel zu viele Tentakeln,
die ins anders seiende Sein hineintasten.

M. VASALIS

3.1 Einleitung

Es wird dich nicht erstaunen, wenn ich feststelle: Viele Künstler sind hochsensibel. Ich denke, unter ihnen sind die Dichter vielleicht noch am sensibelsten. In ihren Dichtungen drücken sie manchmal ganz klar ihre Sensibilität aus. Im Gedicht „Überempfindlich" sagt Vasalis (Pseudonym der holländischen Dichterin Margaretha Droogleever Fortuyn-Leenmans):

Feuer brennen und schreckliche Musik
erklingt, der Welten Licht entsteht, vergeht,
alles bewegt sich, lebt und gibt Signale.
Und auch ein großes weißes Etwas bewegt sich langsam hin
und her,
wie ein riesiges Laken an einer endlosen Wäscheleine,
wenn es kaum weht. Atmen ist klein
damit verglichen.
Es gibt Bewegungen die ein Äon lang hinschwingen
und ein Äon zurück,

und andere sind so schnell. Fast rückwärts.
Es ist zu sehen, zu fühlen, zu hören.
Ich weiß, dass es da ist, wie ich weiß, dass es in meinem Blut
wimmelt in dunklen Gängen. Bedecke es mit Haut.
Bedecke das All mit Stille, mit Gefühllosigkeit, mit Zeit.[16]

Wenn ich dieses Gedicht lese, dann fühle ich, dass Vasalis wie ein offener Nerv fast zuviel an Eindrücken bekommt und, das begreifend, sich abschließt mit gebieterischen Worten: „Bedecke es mit Haut. Bedecke das All mit Stille …"

Für hochsensible Menschen ist „die Welt" ein Ort des Staunens, der Schönheit und gleichzeitig der Qual. Die Beziehung, die ein Hochsensibler zur ihn umgebenden Welt hat, kann sowohl Anlass zu großer Freude als auch zu großem Leid sein. Diese Gegensätze von Verlockung und Angst sind zwei Seiten derselben Medaille. Die Welt mit all ihren fühlbaren Tentakeln auf den unterschiedlichsten Niveaus verursacht Aufregung und Neugierde im Herzen des Hochsensiblen – und lässt ihn manchmal ebenso heftig zurückschrecken. Es gibt so viel zu sehen, zu fühlen, zu hören, dass man zuweilen alles zudecken möchte – „… mit Gefühllosigkeit, mit Zeit".

In diesem Kapitel, das ich „In der Welt stehen" nenne, möchte ich das Verhältnis des Hochsensiblen zu seiner Umgebung näher besprechen. Ohne diese Beziehung unnötig zu problematisieren, scheint es mir sinnvoll, vor allem zwei Bereiche zu betrachten, die Hochsensible manchmal schwierig finden – Bereiche, in denen sie dem Druck anderer erliegen können und so in Schwierigkeiten geraten, bei sich zu bleiben. Diese beiden Bereiche sind nicht etwa die Kunst oder die Poesie; es sind die Bereiche des Kontakts zu anderen Menschen und des Berufslebens.

3.2 Kontakt zu anderen Menschen

3.2.1 *Bedürfnis nach echtem Kontakt*

Jeder Mensch braucht andere Menschen. Wir sind „soziale Tiere",
um es einmal so auszudrücken. Ohne jeglichen Kontakt mit anderen Lebewesen verkümmert ein Mensch. Wir brauchen Wärme, Begegnung, Liebe. Das gilt nicht nur für Hochsensible, sondern für
alle Menschen. Doch es scheint, dass hochsensible Menschen oft
höhere Ansprüche an den Kontakt stellen, sich schneller unsicher
fühlen und tiefgreifender mit dem Kontakt beschäftigt sind.

Um den letzten Punkt aufzugreifen: Auch wenn sie allein sind,
sind Hochsensible gedanklich viel beschäftigt mit Menschen, die
ihnen wichtig sind oder die sie vielleicht kürzlich getroffen haben.
Kontakt scheint für sie nicht auf das tatsächliche Zusammensein
begrenzt zu sein; Kontakt reicht weiter. Dies beruht auf ihrer Sensibilität für Details. Diese angeborene Eigenschaft bewirkt, dass Hochsensible Zwischenmenschliches auf tiefe und intensive Art wahrnehmen und verarbeiten. Das gedankliche „Wiederkäuen" des
Kontakts ist eine Phase intensiver Verarbeitung. Vor, nach und natürlich während des Treffens geschieht sehr viel in Hochsensiblen.
Mehr als der Normalsensible sind sie sich der kleinen, manchmal
nahezu unbemerkbaren Zeichen und Signale bewusst, die in der
Kommunikation ausgetauscht werden. Ein Blick, ein Wort, eine Berührung bedeuten viel für sie. Sie sind sich dessen stark bewusst,
was sie selbst tun und ausstrahlen – und ebenso sehr auch dessen,
was der andere sichtbar und unsichtbar kommuniziert. Im Hirn des
Hochsensiblen wird sehr viel interpretiert und in seinem Herzen
sehr viel gefühlt.

Kontakt ist mehr als das gesprochene Wort. Der Körper lässt viel
von dem erkennen, was sich im Geist abspielt. Körperhaltungen
verraten den emotionalen Zustand einer Person. Menschen, die stark
aufeinander ausgerichtet sind, übernehmen die Haltung häufig
voneinander – ohne dass dies in Worten ausgedrückt wird. Eine

Haltung kann zaghaft, gebeugt, niedergeschlagen sein, oder zielstrebig, aufrecht, munter. Körperhaltungen werden früh gelernt und wurzeln tief. Gleichzeitig sind sie eine Momentaufnahme; sie lassen erkennen, ob jemand glücklich oder melancholisch ist, krank oder gesund. Haltungen sind eine Quelle von Einsichten für den aufmerksamen Arzt oder Therapeuten. Die Mitteilungen, die Menschen unbewusst machen, über Körperhaltung und Gesichtsausdruck, fallen in den Bereich der sogenannten nonverbalen Kommunikation. Hochsensible Menschen fangen relativ viele nonverbale Hinweise auf.

Natürlich kann die Fähigkeit, so vieles wahrzunehmen, auch beängstigend und problematisch werden. Nicht wenige Hochsensible ziehen es deshalb vor, lediglich einen oder nur wenige gute Freunde zu haben, denen sie voll vertrauen können und zu denen sie eine intensive Beziehung aufbauen. Das bietet ihnen Sicherheit und den nötigen Rahmen, sie selbst zu sein. Besser als in lebhaften Cliquen geht es ihnen in Eins-zu-eins-Beziehungen. Kennst du das? Statt abends mit Bekannten in eine Diskothek zu gehen, vergnügst du dich lieber mit stundenlangen Gesprächen mit einem guten Freund/ einer guten Freundin. Du blühst in großen Gruppen kaum auf; dort passiert zu viel um dich herum. Das überwältigt dich schnell und erschöpft dich eher als andere. Du bevorzugst eine ruhige Begegnung, ein aufmerksames Gespräch. Auf unwillkommenes „Rauschen" oder auf „Störsender" verzichtest du lieber, denn du kannst dich schlecht dagegen abschirmen. Im Kontakt mit einem einzelnen Menschen fühlst du dich hingegen freier, kommst mehr zu deinem Recht. Du kannst deine Gedanken, Überlegungen und Ideen mit dem anderen teilen, oder deine Freundin endlich fragen, wie sie sich nun nach ihrer Scheidung wirklich fühlt.

Wenn du eine Herzensfreundin/einen Herzensfreund oder einige wenige sehr gute Freunde hast, kann das Band so stark sein, dass es zu Nähe und Austausch auf „übersinnlichem" Niveau kommt. Es kann beispielsweise so stark sein, dass bei euch gedankliche Resonanzen auftreten. Der eine ruft gerade an, wenn der andere an ihn denkt. Ihr beginnt beide über dasselbe Thema zu sprechen. Ein halbes Wort genügt, und ihr wisst, was der andere meint. Vielleicht habt ihr das Gefühl, die Gedanken des anderen lesen zu können. Das kann gelegentlich auch störend sein: Hochsensible fühlen so leicht die Emotionen eines anderen, dass sie diese Emotionen unbemerkt übernehmen. Das kann für Verwirrung sorgen. Ist dieses Gefühl jetzt mein Gefühl oder das des Freundes? Ich selbst fühle mich mit einer Freundin und mit meiner Schwester so verbunden, dass wir beinahe ständig dasselbe denken und über dieselben Themen zu sprechen beginnen. Hochsensible erleben so etwas häufig auch in einer intimen Beziehung. Da gibt es dann oft amüsante Zufälle oder Gefühlszusammenflüsse, die für Verwirrung sorgen können.

Erwachsene und Kinder mit hochsensiblem Charakter fühlen Stimmungen anderer deutlich. Dadurch sind sie besonders gut imstande, anderen Unterstützung und Trost zu geben. Sie lesen sozusagen die Probleme vom Gesicht des anderen ab. Und sie haben – wie im letzten Kapitel geschildert – eine natürliche Neigung, einfühlsam und am Schicksal des anderen interessiert zu sein. Sie haben die Tendenz, jemandem zuzuhören und sich in den anderen hinein zu denken. Das ist eine schöne Eigenschaft hochsensibler Menschen. Deshalb greifen andere Menschen gern auf die Unterstützung, den Rat und die Fürsorge eines Hochsensiblen zurück. Unter Sozialarbeitern und Beratern trifft man viele Hochsensible an. Das sind Berufe, die hervorragend zu ihrem Charakter passen – solange sie sich damit nicht überfordern. Denn Hochsensible haben vielfach Schwierigkeiten, sich gut abzugrenzen – klar zu machen, wo die Grenze für ihre Hilfe verläuft. Besonders belastend wird es, wenn der Hochsensible die Sorgen der ganzen Welt auf sich nimmt. Andererseits kommt es auch vor, dass andere so auf den Hochsensiblen eindringen, dass er sich regelrecht gezwungen fühlt, zu helfen, selbst wenn er es eigentlich nicht möchte. Weil er vielleicht nicht recht gelernt hat, gut für sich selbst zu sorgen, kann ihm ein Hilferuf oder eine Bitte um Rat wie eine unabweisbare Forderung vorkommen. Manche Menschen haben ein Talent darin, anderen ihre

Probleme aufzubürden. Hochsensible sind die ideale Zielscheibe für ein derartiges Verhalten.

Manchmal sind Hochsensible selbst zu aufdringlich im Anbieten von Hilfe, etwa von Problemlösungen. Sie stören sich an der Unvollkommenheit des anderen ebenso sehr wie an ihrer eigenen. Mit einem untrüglichen Gefühl für das, was nicht stimmt, möchte ein Hochsensibler bisweilen ungefragt seine Meinung äußern oder seine Hilfe anbieten. Manche Hochsensiblen kommen dadurch zu einem Ruf als unbequeme Zeitgenossen oder Spielverderber, denn nicht jeder ist über ungebetenen Rat erfreut. Es kann auch vorkommen, dass ein Hochsensibler sich zwar nicht äußert zu etwas, was seiner Ansicht nach nicht in Ordnung ist – jedoch nicht aufhören kann, darüber zu grübeln. Das sind Fallstricke für Hochsensible. Sie müssen einsehen: Die Welt wird nie perfekt sein. Genauso wie sie selbst haben auch andere Menschen ihre Fehler. Tatsächlich geht es gar nicht darum, das zu ändern. Jeder Mensch ist für sich selbst verantwortlich. Erkennst du dieses Muster? Wie gut gemeint deine Hilfe und wie zutreffend dein Rat vielleicht auch sei – sie sind möglicherweise überhaupt nicht erwünscht. Du wirst lernen müssen, den anderen loszulassen. Loslassen hängt mit Vertrauen zusammen. Die Neigung, andere zu konfrontieren mit dem, was sie nicht gut machen, kann mit eigener Unsicherheit und dem Bedürfnis nach Bestätigung zusammenhängen. Hochsensible Menschen fühlen nun einmal schnell die Unvollkommenheit ihrer selbst, der anderen und der Welt – und etwas in ihnen drängt sie, diese Unvollkommenheit anzugehen. Doch wie Don Quichote mit Windmühlenflügeln kämpft, kämpfen Hochsensible manchmal für eine aussichtslose Sache. Das ist Energieverschwendung.

Sven schrieb mir: „Kurz bevor ich entdeckte, dass ich hochsensibel bin, zerbrach meine Liebesbeziehung. Das kam, wie ich jetzt verstehe, durch typische Hochsensiblenprobleme: Ich hatte häufig das unerklärbare Bedürfnis, mich zurückzuziehen, und war oft irritiert, wenn andere mich spontan überraschten. Auch konnte sich mein gut gemeinter Rat wie Kritik anhören. Es ist unsere Fähigkeit, die Wurzeln der Schwachstellen anderer zu erkennen und bloßzulegen. Aber haben die anderen etwa darauf gewartet? Meistens wohl eher nicht. Ich bedauere, dass ich nicht eher begriff, woher meine Tendenzen kamen. Nun ist es zu spät und sie ist weg. Trotzdem habe ich begriffen, dass es höchste Zeit ist, mich selbst besser kennenzulernen. Bevor ich richtig in ein hoffnungsloses Tief rutsche, will ich jetzt mit natürlichen Hilfsmitteln (statt mit den Antidepressiva, die der Hausarzt verschreibt) und durch Therapie entdecken, wer ich bin und welche Veränderungen mein Leben besser machen werden. Ich möchte gerne den Stolz auf meine Eigenart wiederfinden, den ich früher fühlte. Und ich glaube, dass es mir gelingen wird."

Was erwarten Hochsensible eigentlich von zwischenmenschlichem Kontakt? In der Regel gehen Hochsensible gern intensive Beziehungen ein. Das gilt sowohl für ihr Liebesleben als auch für ihre Freundschaften. Man kann es am besten als tiefes Bedürfnis nach innerer Verbindung beschreiben. Danach sollte jeder Sozialkontakt ein Austausch von Liebe und Respekt sein, der seelisch erfüllend ist.

Am liebsten möchten hochsensible Menschen mit anderen innig umgehen. Befriedigender Umgang ist für sie herzlich, sinnvoll und auf Austausch ausgerichtet – so dass man voneinander lernen kann, sich gegenseitig Hilfe und Unterstützung bietet und schließlich im tiefsten Inneren miteinander verschmelzt. Wie eine Mutter mit ihrem Kind eins ist, so ungefähr möchte der Hochsensible mit allen Menschen verkehren. Wir werden später noch auf diese intensive Form von Kontakt zurückkommen.

Sobald Kontakte drohen, oberflächlich zu werden, oder wenn Konflikte und Zwietracht ins Spiel kommen, haben Hochsensible Schwierigkeiten mit der Situation. Manche haben derartige Probleme mit solchen Formen von Kommunikation, dass sie sich lieber ganz in ihr Schneckenhäuschen zurückziehen. Andere haben möglicherweise gelernt, mit Konflikten umzugehen, oder sind schon von sich aus relativ durchsetzungsstark und selbstsicher. Nichtsdestoweniger geht es eigentlich allen Hochsensiblen bei inniger Harmonie besser.

Das soll übrigens nicht bedeuten, sie könnten nicht selbst auch Anstifter von Streit und Urheber von Konflikten sein. Wie sehr auch das Streben Hochsensibler darauf gerichtet ist, Kontakte positiv verlaufen zu lassen, zum Beispiel indem sie dafür sorgen, dass sich der andere wohl fühlt – die Realität kann anders sein. Die Umwelt ist nun einmal nicht immer freundlich und herzlich, und das kann einen hochsensiblen Menschen tief treffen, sogar aggressiv machen. Kontakte können mit unrealistischen Erwartungen verbunden sein, besonders wenn sich der Hochsensible schon von Kind an abgewiesen fühlte. Das Problem, sich abgewiesen zu fühlen, stellt sich relativ häufig, da Hochsensible neben dem bewussten auch den unbewussten Ausdruck so intensiv wahrnehmen. Sie interpretieren ihn umfassend und schnell. Manchmal zutreffend – manchmal jedoch sind die Indizien für die Interpretation zweifelhaft. Warum geht mein Chef mir aus dem Weg? Habe ich vielleicht meine Arbeit nicht gut getan? Warum hat sich meine Mutter heute so mürrisch verhalten? Habe ich etwas Falsches gesagt? Leider neigen Hochsensible dazu, das kommunikative Verhalten anderer vorschnell als Zeichen von Abweisung zu interpretieren.

Margret spielt Theater in einer Laienschauspielgruppe. Das macht ihr viel Spaß, und sie will eigentlich nicht damit aufhören. Doch es gibt ein Problem: Sie hat ziemliche Schwierigkeiten mit einer der Schauspielerinnen. Diese Frau hat zwar Schauspieltalent, ist aber meist schlecht gelaunt, unfreundlich und kurz angebunden. Margret weiß, dass der Grund dafür nicht in ihr liegt. Trotzdem leidet sie unter dieser Form der Kommunikation und nimmt alles persönlich. Wenn sie mit dieser Frau zusammen spielen muss, verkrampft sie sich sofort und vergisst ihren Text. Sie spürt eine Negativität, die diese Frau umgibt, und kann sich nur schwer dagegen wehren – sie hat große Schwierigkeiten, energetisch bei sich selbst zu bleiben. Sie hat schon alles Mögliche probiert, beispielsweise das Geschehen zu negieren (was sie als unschön empfindet), oder ein Freund riet ihr, Späße darüber zu machen, was sie jedoch recht mühsam fand. Vor einiger Zeit versuchte sie, mit der Frau darüber zu reden und herauszufinden, was ihr quer sitzt. Sie bekam so zwar etwas mehr Einsicht in das Leben dieser Frau, doch dennoch – trotz des Verständnisses, das sie aufzubringen versuchte – störte sie sich weiter an ihr. Da Margret so viel Spaß an der Schauspielgruppe hat, fragt sie sich, was andere in ihrem Fall machen würden.

Es fällt nicht immer leicht, die Negativität anderer zu ertragen. Manchmal kann man sich abgrenzen, manchmal nicht. Es kann schlicht eine ungünstige Energiekonstellation vorliegen, die dich lähmt (Schüchternheit hervorruft), aggressiv oder nervös macht. Dein natürlicher Drang, dich mit anderen zu verbinden, kann bisweilen – gegenüber manchen Menschen – eher ein Handicap darstellen. Und doch bewirkt deine Fähigkeit, dich mit anderen zu verbinden, häufig intensive und bewegende Momente. Dann ist Kontakt ein wertvoller und essentieller Teil deines Lebens, ja, sogar deines Wesens. Tiefe, intensive Kontakte nähren deine Seele.

Die meisten Hochsensiblen sind zuverlässige und ehrliche Menschen. Sowohl im Privatleben als auch im Berufsleben sind sie aufrichtig und gewissenhaft. Das liegt daran, dass sie bei allen Details auch Fehler gut erkennen und eine natürliche Neigung haben, alles „so gut wie möglich" zu machen. Hochsensible werden nicht so schnell falsche Versprechungen machen, andere gegeneinander ausspielen oder sich der Vetternwirtschaft schuldig machen. Hochsensible eignen sich deshalb für bestimmte Berufe und Funktionen besser als für andere, in denen beispielsweise „List und Tücke" gefragt sind. Weil sie meist sehr aufrichtig sind, erwarten sie dies auch von anderen. Unwahrhaftiges Verhalten anderer kann einen hochsensiblen Menschen ziemlich fassungslos machen. Sylvia erinnert sich, wie abstoßend sie es fand, wenn ihre Eltern Freundlichkeit heuchelten: „Bevor ein Besuch kam, meckerten meine Eltern oft über die Gäste und machten sich über sie lustig. Sobald aber die Gäste eintrafen, öffneten meine Eltern freundlich lächelnd die Haustür und breiteten die Arme zum Empfang aus. Ich hatte Schwierigkeiten bei diesem heuchlerischen Getue. Ich wurde davon ganz unsicher. Meine Unsicherheit unter Menschen zeigte sich darin, dass ich still blieb.

In Gesellschaft wurde ich oft rot. Ich fand es fürchterlich, auf Feiern bei der zur Schau gestellten Heiterkeit mitzumachen. Ich fühlte, dass die Menschen sich anders verhielten, als sie es ihrem Wesen nach waren. Das verwirrte mich. Von mir wurde erwartet, dass ich mich anpasste. Damit hatte ich unglaubliche Schwierigkeiten."

Im Allgemeinen sind Hochsensible nicht versessen auf obligatorische Festlichkeiten wie Geburtstage und Empfänge. Auch wenn es fröhlich und aufrichtig zugeht, hat ein hochsensibler Mensch manchmal Schwierigkeiten, sich in dem Treiben zu behaupten. Geschäftiger Trubel bringt den Hochsensiblen weg von sich selbst. Es passiert zu viel (und es gibt beispielsweise zu viele Signale von Menschen, die sich nicht völlig wohl fühlen), so dass ein Hochsensibler sich überflutet fühlt. Und die oberflächlichen Unterhaltungen, flachen Witze und sexistischen Späßchen sind einfach nicht sein Ding. Letztens befand ich mich auf einer Geburtstagsfeier. Alle Stühle standen im Kreis und die Gäste trafen allmählich einer nach dem anderen ein. Einige Gäste begannen sofort, sich lautstark zu unterhalten. Kaffee und Kuchen wurden serviert. Die bekannten Gesprächsthemen machten die Runde. Nach einer Stunde war ich völlig erschöpft. Zu viele Menschen, zu wenig Tiefgang, zu viele Reize. Glücklicherweise gibt es in solchen Situationen meist auch Kinder. Kinder helfen hier häufig – wie Blitzableiter. Sie bieten eine gute Zuflucht für Menschen, die sich irgendwie gehemmt fühlen. Indem man mit ihnen spielt, kann man sich – unverfänglich und ohne sich entschuldigen zu müssen – aus den typischen sozialen Gesprächsverpflichtungen heraushalten. Und unter dem Vorwand des Spiels kann man in der sonst erstickenden Atmosphäre wieder etwas durchatmen.

Als Hochsensibler kommt man nicht umhin, selbst Verantwortung zu übernehmen, wenn es darum geht, Überreizung zu vermeiden. Statt es soweit kommen zu lassen, dass es zu viel für dich wird, solltest du rechtzeitig aus der Situation gehen. Natürlich ist das nicht immer einfach. Es wird dir noch häufiger passieren, dass du überreizt wirst. Versuche dann, so gut oder schlecht es irgend geht, dies in Worte zu fassen. Erkläre, was du brauchst. Nicht in allen Fällen hast du die Gelegenheit, fort zu gehen. Du hast auch Verpflichtungen. Du bist ein Teil der Gesellschaft und der Gruppe, zu der du gehörst. Vergiss nicht, dass die anderen dich wertschätzen und brauchen – wenn es beispielsweise um Besinnung und Sinngebung geht. Du musst nur etwas lauter rufen, um dir selbst Gehör zu verschaffen. Und du wirst auf jeden Fall gelegentlich Konflikte anzugehen haben.

Du brauchst dich meines Erachtens zu nichts zu zwingen. Wenn bestimmte soziale Verpflichtungen dir einfach nicht liegen, musst du dich nicht um jeden Preis dorthin schleppen. Lerne, aus dir selbst heraus zu erkennen, was du am liebsten mit Kollegen und Freunden machst – dann braucht in Zukunft darüber keine Verwirrung zu entstehen. Bedanke dich freundlich für eine Einladung und sage, dass du lieber zu einem anderen Zeitpunkt vorbeikommen oder dich verabreden würdest. Statt zu einem Empfang zu gehen, kannst du vorher auf deine eigene Art jemandem gratulieren, ein persönliches Geschenk übergeben oder deine aufrichtigen Glückwünsche aussprechen. Deine Abwesenheit wird dann als weniger störend empfunden werden. Oder lade Freunde zu einer Verabredung ein, die du selbst gestalten kannst — so dass du dich nicht verpflichtet fühlen musst, alles x-Beliebige mitzumachen.

Neulich war ich mit meinem Mann ein Wochenende zu Gast bei Freunden. Es handelt sich um ein sehr sympathisches Ehepaar mit zwei Kindern. Sie sind eine verhältnismäßig ruhige Familie und stellten keine Forderungen an uns. Trotzdem verbrachten wir, wie es gesellschaftlich üblich ist, viel Zeit miteinander. Wir kauften zusammen ein, aßen zusammen, redeten viel miteinander und gingen zur selben Zeit schlafen. Für mich als Hochsensible war das alles unglaublich anstrengend. Ich kannte diese Menschen nicht so gut und beobachtete alles, was sie taten. Ich konnte mich einfach nicht davon lösen. Das kostete mich extrem viel Energie. Schon nach einem Tag merkte ich, dass ich lieber nach Hause fahren würde. Obwohl ich von Zeit zu Zeit wirklich gern unter Menschen bin, finde ich so ein lang andauerndes Zusammensein schwer erträglich. Am zweiten Tag war ich den Tränen näher als dem Lachen und merkte, dass ich völlig ungeerdet war und auch kein bisschen Freude ausstrahlte. Es fühlte sich an, als ginge es ums pure Überleben. In solchen Momenten ist es schwierig, nicht in Selbstkritik zu verfallen. Du bist ein Spielverderber, du bist so ungesellig! Solche Gedanken kommen leicht hoch. Als wir endlich nach Hause konnten, nahm ich mir feierlich vor, nie wieder bei Menschen zu übernachten und zu Gast zu sein, die ich nicht gut kenne. Warum sollte ich mich zu etwas zwingen, das weder mir noch anderen Freude bringt?

3.2.2 *Probleme mit Kontakten*

Manche Menschen, die sich im hochsensiblen Charakter wiedererkennen, werden beim Thema „tiefe Freundschaften" einfach nur seufzen, weil sie sich selbst so stark nach intensiven Kontakten sehnen, diese aber aus dem einen oder anderen Grund nicht finden. Es kann viele Gründe geben, warum es für einen Hochsensiblen schwierig oder nahezu unmöglich ist, gesunde, nährende Kontakte zu finden. Manchmal liegt dem eine gestörte Mutter-Kind- oder Vater-Kind-Beziehung zugrunde. Unsere Bindungsmuster entstehen schließlich größtenteils in der Kindheit. Sie bestimmen, wie wir später Bindungen mit Freunden und Geliebten und gegebenenfalls unseren Kindern eingehen.

Wenn du Kontakt als Problem erlebst, ist es wichtig, sorgfältig zu ergründen, was genau dich daran hindert, gute Beziehungen zu haben, sowohl Liebesbeziehungen als auch Freundschaften. Suchst du vielleicht in übertriebenem Maße Bestätigung von anderen? Oder bekommst du schon Beklemmungen bei der Vorstellung, wieder intim mit jemandem zu werden (denn du bist dir sicher, dass du wieder abgewiesen werden wirst)? Verlierst du dich jedes Mal in eine hoffnungslose Verliebtheit, ohne dass jemals eine befriedigende Beziehung daraus entsteht?

Deine (Liebes-)Beziehungen können auf vielfältige Weise scheitern. Durch Enttäuschungen kann ein Hochsensibler auf seiner Suche nach Kontakten ermüden und sich sozial zurückziehen. Manchmal ist, wie gesagt, die Bindungsstörung zwischen Kind und Eltern der Grund für die Angst vor liebevoller Kommunikation. Ein Hochsensibler kann zum Gegenteil seines inneren Wesens werden: steif, schüchtern, teilnahmslos oder distanziert. Gleichgültig, ob man hochsensibel ist oder nicht, es kann sehr unbefriedigend sein, wenn man nicht die Beziehungen findet, nach denen man ein Bedürfnis hat. Das schränkt die Lebensqualität deutlich ein. Untersuchungen zeigen, dass auf Dauer sogar die Gesundheit darunter leidet. Es ist also aus verschiedenen Gründen äußerst sinnvoll, auf diesem Gebiet etwas zu investieren.

Therapie ist eine ausgezeichnete Methode, um Probleme anzugehen. Vielleicht schaffst du es auch allein, ein ganzes Stück weiter zu kommen. Vielleicht hast du sogar schon etwas Vorarbeit geleistet, indem du herausgefunden hast, wie du in deinen ersten Lebensjahren versorgt wurdest, woran es dir mangelte oder was einem normalen Bindungsmuster im Weg stand. Lass dich dadurch auf keinen Fall entmutigen. Je mehr du dir deiner eigenen Bedürfnisse bewusst wirst, desto besser wirst du fühlen, wann und warum du auf eine bestimmte Weise in bestimmten Situationen reagierst. Das ist ein Prozess, vielleicht mit etlichen Rückschlägen – doch schließlich wirst du Erfolg haben, wenn du es nur willst.

3.2.3 Bindungsstrategien

Eine hochsensible Frau schreibt mir, wie schwierig sie es findet, in Beziehungen sie selbst zu bleiben und sich wertzuschätzen. Sie benötigt vor allem Liebe von anderen, um sich selbst wertvoll zu fühlen. „Wenn es Streit gibt und ich die Wertschätzung nicht fühle, geht es schief und ich mache Schluss, im Rahmen einer heftigen Krise. Danach fühle ich mich schuldig, weil ich gegenüber den Menschen in meiner Umgebung so fordernd bin. Ich bin empfindlich und brauche viel Zuneigung. Deshalb finde ich zuweilen, dass ich ein ziemlich unangenehmer Mensch bin, und gehe denen, die ich mag, lieber aus dem Weg. Ich möchte ihnen mein Verhalten ersparen. Dann

mache ich mich auf die Suche nach anderen Menschen, zum Beispiel nach einer neuen Liebe. Jemand (am besten ein Gleichempfin-
dender), dem ich in die Arme fallen kann mit den Worten: Du bist es
ganz und gar! Ich begreife wohl, dass das ein Teufelskreis ist und
viel böses Blut verursacht bei denen, die ich im Stich lasse. Trotzdem passiert mir das immer wieder."

Es gibt viele Fallstricke, wenn es um Kontakte geht. Zu hohe
Erwartungen und unrealistische Sehnsüchte können den Blick trü-
ben. Statt das zu achten, was ist, kann ein (unrealistischer) Wunsch
entstehen nach „mehr" und „besser". Angenommen, in bestimmten Situationen blockiert dich ein Schmerz aus früheren Erfahrungen. Dann versuchst du, dies irgendwie in deinen neuen Beziehungen
zu kompensieren. Doch solange du dir der alten Wunde nicht bewusst bist, wirst du immer wieder auf dieselbe Art scheitern. Du
suchst Bestätigung und Sicherheit bei einem anderen Menschen und
vergisst, dass du dir dies zuerst einmal selbst schenken kannst und
musst. Indem du dich durch eigenes Handeln mehr der Selbsthilfe
zuwendest und an deinen Minderwertigkeitsgefühlen arbeitest,
kannst du dich tatsächlich heilen. Du wurdest in der Vergangenheit
zwar verletzt — doch die Gegenwart und Zukunft hast du in der Hand.
Es gibt niemanden, der dich davon abhält, dich selbst zu lieben.

Innerhalb der Psychologie wird heute allgemein angenommen,
dass dem Menschen vier Bindungsstrategien zur Verfügung stehen.
Soziale Umgangsformen und Liebesbeziehungen werden nach dieser Theorie vier Persönlichkeitstypen zugeordnet: „selbstsicher",
„vermeidend", „ängstlich" und „besitzergreifend". Die Theorie geht
davon aus, dass jeder Mensch eine der vier Formen auswählt. Anfangs wurde angenommen, diese Bindungsstrategien seien unver-
änderlich. Neuere Untersuchungen weisen jedoch darauf hin, dass
Menschen im Laufe ihres Lebens Erfahrungen machen, die ihnen
bei der Wahl von Bindungsstrategien neue Möglichkeiten eröffnen:
So kann ein Mensch mit ängstlicher Bindungsstrategie durch positive Erfahrungen in einer Beziehung eine selbstsichere Bindungsstrategie entwickeln. – Die Strategien sind übrigens unabhängig

davon, ob man hochsensibel ist oder nicht; in Hunderten von Studien wurden diese vier Formen bestätigt.

Die erste Form ist *der selbstsichere Typus*. Diese Menschen haben keine besonderen Schwierigkeiten, intime Bindungen einzugehen. Sie trauen sich, abhängig zu sein oder für jemand anderen da zu sein. Sie haben keine Angst, allein zu bleiben (wenn sich das zufällig ergibt), und sind mutig genug, entgegen den Gruppenerwartungen eine eigene Haltung einzunehmen, auch mit dem Risiko, nicht akzeptiert zu werden. Dieser Persönlichkeitstyp geht in der Regel in seinem Leben gesunde Beziehungen ein und läuft wenig Risiko, zu vereinsamen. Etwa 60 Prozent der Westeuropäer haben diesen selbstsicheren Bindungsstil. Sie beschreiben sich selbst etwa so: „Ich habe wenig Schwierigkeiten, mit anderen in Kontakt zu kommen. Ich halte mich für ziemlich liebenswert. Andere Menschen sind mir gegenüber auch überwiegend liebenswert und freundlich. Liebe kann ewig währen."

Der fordernde Typus hingegen leidet sehr, wenn er keine feste Beziehung hat. Er hat ein besonders starkes Bedürfnis, sich mit einem anderen eins zu fühlen. Er hat auch schnell das Gefühl, der andere habe ein weniger großes Bedürfnis nach Kontakt als er selbst. Diese Einschätzung kann zur selbsterfüllenden Prophezeiung werden: Wovor solche Menschen Angst haben, wird schließlich auch geschehen.

Damit laufen diese Menschen Gefahr, kaum Anerkennung zu bekommen und in intimen Beziehungen zu scheitern. Sie sehen sich selbst etwa folgendermaßen: „Ohne feste Beziehung fühle ich mich nicht gut. Aber leider liebt mich mein Partner meistens nicht so sehr wie ich ihn. Er klagt oft darüber, dass ich ihm zu sehr auf den Leib rücke und ihm keinen Raum gebe."

Auch *der ängstliche Typus* verlangt nach tiefem Kontakt, findet es aber schwierig, anderen zu vertrauen und/oder von ihnen abhängig zu sein. Aus Angst, verletzt zu werden, lassen Menschen dieses Typs andere von vornherein nicht zu dicht an sich herankommen. Entsprechend ist die Wahrscheinlichkeit groß, dass sie letztendlich einsam bleiben. Menschen mit ängstlicher Bindungsstrategie sagen etwa: „Ich finde es schwierig, andere an mich heran zu lassen. Ich vertraue anderen nicht so schnell und finde es außerdem schwierig, von ihnen abhängig zu sein."

Dagegen fühlt sich *der abweisende Typus* ohne enge Kontakte gut und geht intimen Kontakten am liebsten aus dem Weg. Im Unterschied zum ängstlichen Typ will der Abweisende erst gar nicht von jemand anderem abhängig werden und wird auch verhindern, dass andere Ansprüche auf ihn erheben. Obwohl dieser Charaktertyp oft allein bleibt, haben solche Personen nicht so schnell das Gefühl, einsam zu sein. Wahrscheinlich hat dieser Typus schon früh Zurückweisung im Mutter-Kind-Kontakt erfahren, wodurch er sich menschlichen Kontakten gegenüber abgewendet hat und eher geneigt ist, in seinem Leben Gegenstände und Sachwerte anzusammeln.

Ein Bindungen meidender oder abweisender Mensch beschreibt sich etwa so: „Auch ohne intime Beziehung kann ich gut leben. Ich bin unabhängig und selbständig. Ich finde es unangenehm, wenn andere an mir kleben. Ich glaube nicht an die wahre Liebe. Romantische Beziehungen halten ja meistens nicht lange."

Hochsensible können in allen Gruppen vorkommen. Sie können tiefe, stabile (Liebes-)Beziehungen eingehen, ohne dass sie auf allzu große Probleme stoßen, sie können ängstlich oder fordernd sein, sie können Beziehungen wie die Pest meiden oder im Gegenteil verzweifelt suchen, und sie können klassische Einzelgänger sein: sich in die Einsamkeit zurückziehen, wie ein Mönch leben oder ständig als Abenteurer unterwegs sein.

Wie bei Nicht-Hochsensiblen wird auch bei Hochsensiblen die Bindungsstrategie weitgehend in der frühesten Kindheit gebildet. Ein ebenso großer Prozentsatz hochsensibler wie normalsensibler Menschen wächst in Problemfamilien auf und kann mit Bindungsschwierigkeiten zu kämpfen haben. Übrigens sind Wissenschaftler, die diesen Themenkomplex erforschen, der Ansicht, dass man durch die Umstände nicht automatisch zu einer bestimmten Bindungsstrategie „verurteilt" werde. Erfahrungen, die man im Laufe des

Lebens macht, können außerdem Strategieänderungen bewirken: So kann jemand mit Kontaktangst mit Hilfe eines liebevollen Partners und ein bisschen Willenskraft lernen, Vertrauen zurückzugewinnen und eine dauerhafte Beziehung aufrechtzuerhalten. Doch umgekehrt geht es auch: Schwerwiegende negative Erfahrungen können einen Menschen ängstlich oder fordernd machen, auch wenn diese Haltung nicht seinen Kindheitserfahrungen entspricht.

Zwischen Hochsensiblen und der Normalbevölkerung gibt es also in dieser Hinsicht wenig Unterschiede. Dazu möchte ich noch eine Anmerkung machen: Sensible Menschen sind durch ihre Wesensart sehr auf Kontakt ausgerichtet, sind aber aufgrund ihrer Sensibilität leicht verletzlich. Sie können sich schnell abgelehnt fühlen. Nach Aron ergeben Untersuchungen, dass Hochsensible, die in Familien mit vielen Spannungen aufgewachsen sind, eher als andere Menschen bestimmte Charakterzüge entwickeln, die das Risiko von enttäuschenden Liebesbeziehungen im weiteren Verlauf des Lebens erhöhen. Diese Charakterzüge sind vor allem pessimistische Lebenseinstellungen, Minderwertigkeitsgefühle, Depressionen und Angstgefühle.[17] Wenn mehr als eines dieser Merkmale bei dir deutlich wird, kann es sein, dass du immer wieder in unbefriedigende Beziehungen gelangst. Vielleicht sehnst du dich nach Nähe, aber wirst durch Angst und Unsicherheit gerade daran gehindert. Oder du unternimmst aus Schüchternheit und mangelndem Selbstvertrauen nichts, um einen Partner zu finden.

Was hingegen wieder schön ist: Hochsensible verlieben sich überdurchschnittlich schnell. Das hat zwei Gründe: Zum einen sind sie stärker auf Kontakt und Intimität ausgerichtet, zum anderen geraten sie schneller in einen Zustand von Erregung. Letzteres muss ich erklären. Untersuchungen zeigen, dass Menschen (gleichgültig, ob hochsensibel oder nicht) in einer gefährlichen, also Stress erzeugenden Situation schneller Verliebtheitsgefühle entwickeln. Das hat physiologische Ursachen. Bei körperlicher Anspannung oder emotionaler Erregung, also in Situationen, die uns nervös oder angespannt machen, produziert der Körper bestimmte Stoffe. Diese bewirken, dass wir schneller etwas für jemand anderen (glauben zu) empfinden. In dem mittlerweile unter Psychologen berühmten Experiment von Art Aron (dem Ehemann von Elaine Aron) wird diese Situation hervorgerufen durch folgendes Setting: Die Versuchspersonen treffen sich auf einer Brücke, die über einen steilen Abgrund führt.[18] Da nun Hochsensible eine Situation schneller spannend oder überwältigend finden, sind sie demzufolge auch eher „anfällig" für Verliebtheit.

3.2.4 Schüchternheit

Schüchternheit ist eine der Blockaden beim Herstellen befriedigender Kontakte. Ich führe sie hier als besonderen Punkt auf, weil sie unter Hochsensiblen relativ häufig vorkommt. (Obwohl sie auch kulturell bedingt ist.)

Als Rose mit dem Studium begann, wurde ihr Leben durch ihre Schüchternheit bestimmt. Sie lebte, wie sie es ausdrückte, am liebsten unsichtbar. Sie schlich sich in Räume hinein und verschwand wieder, ohne dass andere es bemerkten. Nach vier Monaten hatten ihre 17 Mitbewohner auf der Etage des Studentenwohnheims sie noch nie gesehen. Höchstens hörten sie die Zimmertür aufgehen und irgendwann wieder ins Schloss fallen.

Die Aufmerksamkeit anderer versuchte Rose mit allen nur denkbaren Mitteln zu vermeiden. Solche Aufmerksamkeit kam ihr beängstigend vor. Da sie jedoch gerade mit dem Studium begann, benötigte sie, wie all die anderen Studenten, neue Freundschaften. Sie wagte es jedoch nicht, Kontakte zu knüpfen.

Im November hörte sie von dem Plan, dass ihre Mitstudenten im Wohnheim am 6. Dezember gemeinsam feiern wollten. Sie wollte keine Spielverderberin sein und auch gern mitmachen. Deshalb beschloss Rose, sich selbst einen Ruck zu geben. Sie entschied, ihre Gedanken bewusst umzuprogrammieren. Täglich prägte sie sich ein: „Ein Nein hast du, ein Ja kannst du bekommen." Sie prägte sich wieder und wieder ein, es sei nicht schlimm, wenn andere nein zu ihr sagen würden. Ihre Angst vor Ablehnung saß tief. „Um diese

Angst nicht zu fühlen, ging ich Kontakten lieber von vornherein aus dem Weg." Sie lernte, sich für ihre eigenen Bedürfnisse einzusetzen, indem sie sich immer wieder vor Augen hielt: „Vielleicht bist du im Leben anderer nicht so wichtig, trotzdem kannst du wohl etwas für dein eigenes Leben bedeuten."

Obwohl Hochsensible Freundschaften großen Wert beimessen, können sie durch Schüchternheit blockiert sein. Wie ich schon sagte, ist Hochsensibilität nicht dasselbe wie Schüchternheit, obwohl manche vielleicht zu dieser Ansicht neigen. Hochsensible leiden allerdings recht häufig unter Schüchternheit, und das kann sie im Umgang mit anderen blockieren. Plötzlich im Zentrum der Aufmerksamkeit zu stehen, kann sie komplett aus der Fassung bringen. Ungezwungener Small Talk in einer Gruppe ist für Hochsensible oft eine ziemlich Herausforderung. Betriebsausflüge oder andere soziale Veranstaltungen, besonders wenn sie zur Teilnahme verpflichtet sind und ein unbehagliches Gefühl dabei haben, können massive Unsicherheit auslösen. Vor eine Gruppe eine Ansprache halten, Versammlungen leiten, eine hübsche Person ansprechen – all das können enorme Herausforderungen sein, denen ein Hochsensibler sich möglicherweise nicht gewachsen sieht. Natürlich gilt das nicht immer. Manche haben gelernt, damit umzugehen, oder genießen es gar, im Mittelpunkt des Interesses zu stehen. Denke zum Beispiel an Schauspieler, von denen einige sicherlich hochsensibel sind. Doch für andere kann Schüchternheit eine ziemliche Blockade sein im Bestreben, mit anderen in Kontakt zu kommen, sich vielleicht in einer Gruppe bemerkbar zu machen oder sich in irgendeiner Form zu präsentieren.

Als Schüchterner fühlt man sich schnell in die Enge getrieben und will am liebsten weit weg sein. Man fühlt die Aufmerksamkeit, die auf einen gerichtet ist, zu intensiv. Vielleicht hat man dir ja schon einmal gesagt: „Mensch, niemand beachtet dich, sei doch nicht so schüchtern!" Aber du als Hochsensibler weißt, dass andere eben doch auf dich achten. Wir alle achten aufeinander. Tatsächlich tun wir nichts lieber, als einander zu beobachten. Gehe nur einmal in einer Wohnsiedlung zwischen den Grundstücken hindurch, so dass du auf die Terrassen schauen kannst. Garantiert wirst du einige Blicke einfangen. Sehen und gesehen werden sind fester Bestandteil einer sozialen Gemeinschaft. Nicht so schüchterne Menschen kümmern sich einfach weniger um all die Aufmerksamkeit, die sie erhalten. Hochsensible mit ihrer Beobachtungsbegabung sind sich dieser Aufmerksamkeit hingegen sehr bewusst. Zudem sind sie sich auch einer Menge anderer „Störsender" bewusst, was ungezwungene Spontaneität nicht gerade fördert.

Unter der Schüchternheit liegt aber eine reale Angst verborgen – die Angst vor Zurückweisung. Dies ist eine alte Angst, wahrscheinlich aus einer oder mehreren Erfahrungen entstanden, bei denen du tatsächlich abgewiesen wurdest oder scheitertest. Diese Erfahrung hast du internalisiert. Das bedeutet jedoch nicht, dass du in einer neuen Situation wieder abgewiesen wirst oder wieder einen Fehlschlag erlebst. Das halte dir unbedingt vor Augen! Und auch falls du wieder einmal scheitern solltest, na wenn schon? Wer ernstlich unter Schüchternheit leidet, kommt in vielen interessanten Situationen nicht zum Zuge. Hochsensible haben von Haus aus eigentlich recht gute soziale Fähigkeiten – sie sind aufmerksam, mitfühlend, hören gut zu und können sinnvolle Beiträge leisten – doch wenn sie ernsthaft mit Schüchternheit zu kämpfen haben, sind sie blockiert.

Als Kind war ich besonders schüchtern. Zumindest bezeichneten mich die Menschen meiner Umgebung so. Das fiel in unserer Familie freilich nicht weiter auf, weil wir alle eher ruhige Menschen waren. Obwohl ich im Lauf meines Lebens einen Teil der Schüchternheit verloren habe, kann es immer noch vorkommen, dass mir das Blut in die Wangen schießt, wenn ich unerwartet im Mittelpunkt der Aufmerksamkeit stehe. Ich erinnere mich an ein Ereignis, als ich etwa sieben Jahre alt war und die Familie zusammen beim Abendessen saß. Als jüngstes Kind hatte ich gewöhnlich eher eine Zuschauerrolle. Da ich noch nicht alles begriff, waren die meisten Gespräche für mich zu hoch. Ab und an mischte ich mich trotzdem in ein Gespräch ein und machte manchmal eine völlig unerwartete und Heiterkeit hervorrufende Bemerkung – unbeabsichtigt und unbewusst. So auch an diesem Abend. Ich erinnere mich nicht mehr, was ich sagte, doch plötzlich sah ich fünf Köpfe sich zu mir drehen und loslachen. Statt das als Applaus aufzufassen und auf den Effekt meiner Bemerkung stolz zu sein, erschrak ich entgeistert und begann prompt zu weinen. Ich erinnere mich noch gut, dass ich nicht aus Scham oder Kummer weinte, sonder nur, weil ich die enorme Aufmerksamkeit wie eine auf mich abgefeuerte Rakete empfand. Das war einfach zu unerwartet und zu viel. Im Nachhinein kann ich diese Erfahrung neu bewerten als typische Hochsensiblenerfahrung. Und auch heute noch spüre ich meine Schüchternheit hauptsächlich, wenn mir eine unerwartete Frage gestellt wird.

Brian Gilmartin, ein amerikanischer Soziologe, machte Untersuchungen zu hochsensiblen Männern, die zu schüchtern sind, um eine erfolgreiche Liebesbeziehung einzugehen. Diese Männer nennt er „*love-shy*-Männer". Sicherlich sind nicht alle hochsensiblen Männer *love-shy*, doch wenn du ein *love-shy* Mann bist, ist die Wahrscheinlichkeit groß, dass du hochsensibel bist. Und auch wenn sich die Zeiten gewandelt haben, sind es doch immer noch die Männer, die die Initiative zu ergreifen haben, wenn es um die Liebe geht. Gleichzeitig wird Sensibilität, anders als bei Frauen, bei Männern als Zeichen von Schwäche angesehen. Sensible Männer, obwohl in Beziehungen geschätzt, haben schnell den Ruf, zögerlich und unmännlich zu sein. Das Beziehungsspiel von Anziehung und Zurückweisung erleben sensible Männer als starkes Hindernis. Sie nehmen das Spiel manchmal viel zu ernst – und ziehen es dann vor, lieber gar nicht mehr mitzuspielen. Diese *love-shy*-Männer gaben außerdem physische Empfindlichkeiten an, wie Allergien und dergleichen, die ebenfalls typisch für Hochsensible sind. Gilmartins Untersuchungen zeigten, dass von den mehr als 300 interviewten Männern die meisten eine weitaus unglücklichere Kindheit gehabt hatten als nicht-schüchterne Männer.[19] Ich wiederhole: Schüchternheit ist kein fester Charakterbestandteil, sondern wird häufig durch bedrohende und beschämende Situationen hervorgerufen, die sich in früher Kindheit abgespielt haben. Wenn du solch ein schüchterner Mann bist und Probleme mit Liebesbeziehungen hast, lohnt es sich, diesen Aspekt einmal näher in Augenschein zu nehmen.

Extreme Schüchternheit und soziale Gehemmtheit (in dem Maße, dass sich beispielsweise Phobien und Platzangst daraus entwickeln) sind ein Handicap, an dem man arbeiten muss, wenn man stark darunter leidet. Gleichzeitig gilt jedoch: Soziales Leben hat viele Gesichter. Du brauchst nicht von dir zu verlangen, Wortführer einer Clique, Spaßvogel deines Freundeskreises oder Leiter des Sportvereins zu werden. Auch wenn du nicht derjenige bist, der die Party in Schwung bringt, bist du keinesfalls wertlos. Deine Art zu kommunizieren ist anders, muss aber nicht unbedingt schlechter sein. Wenn du deine spezifischen Bedürfnisse beachtest und es schaffst, deine speziellen Hochsensibilitäts-Gaben einzusetzen, kannst du sehr attraktiv für andere sein. Du kannst andere (auch Nicht-Hochsensible) durch tiefgründige Weisheit inspirieren. Du kannst ein Vorbild sein für intensives Leben. Für das Genießen kleiner Dinge. Sofern du versuchst, dich so zu verhalten wie deine weniger sensiblen Freunde und Kollegen, wird dieses Streben dich nach einiger Zeit sehr wahrscheinlich innerlich zerreißen. Das wäre schade – und eine Zeitvergeudung. Du bist nun einmal anders, und du hast anderes zu geben.

Zum Abschluss: Wage in Fehlern Vollkommenheit zu sehen und in Fehlschlägen Erfolg. In diesem Paradox liegt die wirkliche Weisheit. Wenn du von dir selbst Vollkommenheit erwartest, wirst du dich ständig enttäuschen. Wenn du erkennst, dass du zu jedem Zeitpunkt bereits vollkommen bist, wirst du deine Ängste und deine Schüchternheit annehmen. Gestehe dir selbst zu, dass du durch Situationen überwältigt werden kannst. Mach zur Not eine (lustige) Bemerkung darüber. In der einfachen Tatsache, dass du dich selbst akzeptierst, liegt viel Kraft.

3.2.5 Das Dilemma: allein oder mit anderen zusammen sein?

Ich will nicht unterbewerten, dass ein Hochsensibler sich zumeist auch durchaus prima allein amüsieren kann. Dadurch ist er kaum einsam. Die meisten Hochsensiblen genießen die Zeit, die sie allein verbringen, ungemein. Bereits als Kind haben sie viel allein gespielt und vertieften sich gerne in eine eigene Phantasiewelt oder in ein Buch. Diese Zeit ist äußerst sinnvoll verwendet. Ein Hochsensibler benötigt Zeit, um alle Eindrucke zu verarbeiten. Als Erwachsener sitzt er dazu beispielsweise abends auf dem Sofa und sinniert etwas. Die Verarbeitung kann auch unterwegs geschehen, etwa bei der Autofahrt von und zur Arbeit. Außerdem: Hochsensible haben mehr Schlaf nötig als Durchschnittsmenschen. Kurz: Hochsensible brauchen längere Auszeiten, um sich zu regenerieren.

Manchmal wirst du wohl ein wenig abwägen müssen zwischen deinem Bedürfnis, allein zu sein, und deinem Bedürfnis, mit anderen zusammen zu sein. Wenn du stark auf andere ausgerichtet bist, darfst du vor allem nicht vergessen, dass du von Zeit zu Zeit wirklich Stille und Raum für dich brauchst. Sonst läufst du Gefahr, an dir selbst vorbei zu rennen. Entscheidend für deine Gesundheit ist, Grenzen zu setzen und freie Zeit zu haben, um Reize zu verarbeiten. Kontakte, wie schön auch immer, können dich manchmal erschöpfen und überwältigen. Da musst du vielleicht deinen Lieben ab und an sagen, dass du nichts gegen sie hast, aber einfach ein bisschen alleine zu dir selbst kommen musst. Nicht jeder versteht dieses Bedürfnis auf Anhieb. Manche Menschen können ganz schlecht allein sein und werden manchmal ziemlich fordernd, wenn du sie – nach ihrem Gefühl jedenfalls – im Stich lässt. Wenn du eine intime Beziehung zu einer solchen Person hast, wird es dich einiges an Überzeugungskraft kosten, deine Bedürfnisse deutlich zu machen.

Hast du dich entschieden, mit jemandem zusammenzuleben, sind viele Lebensformen möglich. Hochsensible gehen Beziehungen mit Hochsensiblen ebenso wie mit weniger sensiblen Partnern ein. Eine Liebesbeziehung mit einer weniger sensiblen Person hat den Vorteil,

dass ein gesundes Gleichgewicht entsteht. Das kann sowohl innerhalb der Beziehung als auch im Kontakt zur Außenwelt vorteilhaft
sein. Dein Partner ermutigt dich vielleicht etwas öfter, „in die Welt
zu gehen", was du seltener tätest, wenn du allein wärst. Wenn du
für die Unterschiede offen bist, könnt ihr einander gut ergänzen.
Dann werden bei euch die meisten (Familien-)Aufgaben wahrscheinlich gut erledigt, weil jeder von euch mit anderem Blick daran geht.

Auf jeden Fall hast du viel Wertvolles in eine Beziehung einzu-
bringen, ob du diese nun mit einem hochsensiblen Menschen hast
oder nicht. Vermutlich nimmst du den anderen ernst, bist bereit,
ihm viel und gut zuzuhören und dafür zu sorgen, dass eure Beziehung eine Erfolgschance hat. Du bist wahrscheinlich treu und loyal.
Du zeigst deine Zuneigung nicht nur im Großen, sondern bringst
auch mit kleinen Aufmerksamkeiten Liebesbeweise. Du wirst nicht
so bald euren Hochzeitstag vergessen oder nur aus Pflichtgefühl
einen Blumenstrauß mitbringen. Vielleicht bewundert dich dein
Partner, weil du so kreativ bist. Oder weil du es weit gebracht hast
als Wissenschaftler. Du bist wahrscheinlich ein gutes und verständ-
nisvolles Elternteil. Du behandelst den anderen so, wie du selbst
am liebsten behandelt werden willst – vorausgesetzt, du bist nicht
allzu verletzt und traumatisiert. Diese positiven Eigenschaften
zeigen sich, wenn dein Vertrauen nicht beschädigt wurde.

3.2.6 *Selbstsicherheit*

Manchmal passiert es, dass ein Hochsensibler, nachdem er sich mit
dieser Eigenschaft auseinandergesetzt hat, das Bedürfnis empfindet, seinen Freundes- und manchmal sogar seinen Familienkreis neu
zu sortieren. Sämtliche Kontakte werden neu bewertet. Es gibt
sozusagen eine Qualitätskontrolle. Als erwache auf einmal die Erkenntnis: Ich selbst muss auch etwas von dem Kontakt haben. Das
ist ein deutlicher Ausdruck von Selbstbehauptung – und leider
manchmal der einzige Ausweg. Wenn mit Freunden gebrochen wird,
geht das an keinem spurlos vorüber. Es kann zu schmerzhaften Gesprächen und starken Emotionen kommen. Ob es für dich darauf

hinauslaufen muss, kannst nur du beurteilen. Daniel (39) fand es nötig, den Kontakt zu seiner Familie abzubrechen. Die eingeschliffenen Familienstrukturen schmerzten ihn so sehr, dass er schließlich keine andere Lösung mehr sah. Nach jahrelanger Spannung wurde ihm klar, dieser Zwist würde ihm fortwährend Enttäuschung und Leid einbringen. Er sah die Nutzlosigkeit des ewigen Streitens ein. Als er entdeckte, dass er hochsensibel war (und dass die anderen es wahrscheinlich auch waren), erkannte er, dass er das Problem grundsätzlich anders angehen musste. Sein Bruder, seine Schwester und sein Vater würden niemals ausreichend Akzeptanz und Verständnis aufbringen. Vor allem die Schweigsamkeit seines Vaters schmerzte ihn – der seinen drei Kindern seit Jahren stillschweigend den Tod ihrer Mutter vorwarf. Da Daniel als Kind häufig krank war und viel Aufmerksamkeit nötig hatte, hatten die anderen drei Familienmitglieder begonnen, ihn als Spielverderber anzusehen. Nach Daniels Ansicht waren sie eifersüchtig auf seine enge Verbindung zur Mutter – obwohl er sich selbst im Netz der Mutter verstrickt sah und kaum gute Erinnerungen an sie behielt. „Es entstanden eine Menge kranker Beziehungen. Jeder reagierte empfindlich auf die anderen und reagierte sich auch am anderen ab. Bei uns zu Hause war nie Friede. Ich denke, dass meine Eltern sich ungenügend klar gemacht hatten, was sie durch ihre unterschwelligen Bemerkungen anrichteten. Sie spielten alle gegeneinander aus. Dieses Muster blieb bestehen. Ich bin der einzige, der genug davon hat und herausgetreten ist. Ja, und meine Mutter auf ihre Art natürlich auch. Ihre Krankheit kam nicht von selbst, es war ein Tumor aufgrund der vergifteten Atmosphäre zu Hause."

Vielleicht erfährst du deine Hochsensibilität als neue Identität, mit der du jetzt auf andere Art leben willst. Du wirst also deine Grenzen deutlicher setzen. Du wirst weniger Wasser in den Wein gießen und mehr Respekt für deine Andersartigkeit einfordern. Manche Menschen in deiner Umgebung werden dein neues Ich vielleicht weniger schätzen (vielleicht hatten sie in der Vergangenheit von deiner Verwirrung und Schwäche profitiert?) und werden versuchen, dich zu demotivieren. Nach meiner Erfahrung werden allerdings diejenigen, die dich mögen, deine Kraft zu respektieren wissen und froh über deine Veränderung sein. Ob du nun manche Menschen meidest oder nicht – wichtig ist, dass du immer so klar und freundlich wie möglich kommunizierst. Das geht, wenn du dabei selbstsicher bist.

Viele Menschen halten Selbstsicherheit für so etwas wie Unfreundlichkeit oder Herzlosigkeit. Sie „schonen" andere lieber, als dass sie für sich selbst aufkommen. Doch Selbstsicherheit hat vor allem damit zu tun, auf eine für andere akzeptable Art nein zu sagen. Das mag anfangs schwierig erscheinen, das Schöne ist allerdings, dass es durch Übung immer leichter und natürlicher wird. Schließlich wird es ein ganz selbstverständlicher Teil von dir. Du wirst deine Standardreaktion anpassen müssen – das können sowohl aggressive als auch schüchtern-passive Menschen lernen. Auch Hochsensible können in bestimmten Situationen entweder schüchtern-passiv oder aggressiv reagieren. Beides sind keine optimalen Reaktionen. Der goldene Mittelweg liegt im selbstsicheren Reagieren.

Selbstsicherheit bedeutet im Grunde, sich zu trauen, auf nette Art zu sagen, worum es geht. Gleichzeitig zeigt man Respekt für die Meinung oder die Wünsche des anderen. Wenn man selbstsicher ist, kann man eine abweichende Meinung auf eine Art äußern, die der andere annehmbar findet. Wenn man selbstsicher ist, kann man seine Wünsche zur Geltung bringen, ohne den anderen vor den Kopf zu stoßen. Wenn man selbstsicher ist, wird man wahrscheinlich wenig Schwierigkeiten mit unangenehmen Menschen und Situationen haben, da man sich als gelassen und frei gegenüber dem anderen und der Situation erlebt. (Das ist wiederum ein Teil der Abgrenzung.) Statt zurückzuschrecken, wenn die Situation konfrontativ wird, oder wütend durchzudrehen ohne Rücksicht auf den anderen, kann man ein Anliegen abschlagen, ohne das Gefühl zu haben, sich rechtfertigen zu müssen. Man kann eigene Bedürfnisse berücksichtigen, ohne dass man dadurch den anderen herabsetzt.

Es klingt ideal – und es ist es auch. Doch es ist auch einfach; allerdings musst du dein Bestes geben, um bestimmte Prozesse genau unter die Lupe zu nehmen. Zunächst musst du lernen zu begreifen, dass jeder – du und die anderen – bestimmte Grundrechte hat. Zum Beispiel hat jeder das Recht, angenehm und glücklich zu leben, und das Recht, nein zu sagen. Hochsensible können in ihrem Gefühl für ihre Grundrechte geschädigt sein und den Kontakt dazu verloren haben. Vielleicht musstest du als Kind so einiges tun oder ertragen, was du nicht wolltest oder konntest aufgrund deiner Hochsensibilität. Vielleicht bist du in einer Familie aufgewachsen, in der die Rechte des einen mit den Rechten des anderen verwechselt wurden. Dann kannst du dich gefühlsmäßig der Idee entfremdet haben, dass du tun darfst, was gut für dich ist. Du musst also zusehen, dieses Recht zurückzugewinnen. Du wirst dich davon überzeugen müssen, ein vollwertiger Mensch mit normalen und legitimen Bedürfnissen zu sein. Für den einen ist dies einfacher als für den anderen. Grundsätzlich spielt dieses Zurückgewinnen eine Schlüsselrolle beim Prozess der Selbstakzeptanz. Vielleicht benötigst du dabei Hilfe – weil du schon so lange das Gefühl hast, dass du nichts ausrichten kannst, dass du nicht da sein darfst und keine wirklichen Rechte hast. Vielleicht bedeutet dies bei dir auch: „kein Recht auf Liebe".

Willst du selbstsicherer werden? Es hilft, wenn du in jeder Situation versuchst, das „Problem an sich" zu sehen. Beschreibe es eventuell laut für dich und den anderen – damit auch der andere versteht, worum es genau geht, und ihr nicht in unklaren Gefühlen hängen bleibt und euch deshalb nicht einigen könnt. Sage ihm, nachdem klar ist, worum es geht, welche Auswirkungen die Sache auf dich hat (unabhängig von den Auswirkungen auf den anderen) und welche Vorlieben du in dieser bestimmten Situation hast. Gibt es vielleicht ein Verbot, das besagt, du darfst keine Vorlieben aussprechen?

Je mehr du an deine Rechte glaubst, desto mehr Kontrolle wirst du über dich selbst haben. Dadurch wächst dein Vertrauen, das auszusprechen, was du eigentlich empfindest oder willst. Du wirst öfter erwarten, dass deine Bedürfnisse beachtet werden. Gleichzeitig (und das gilt mehr für Menschen mit dem Abwehrmechanismus der aggressiven Reaktion) lernst du, die Interessen anderer nicht zu missachten. Denn du musst dir immer vor Augen halten, dass der andere dieselben Grundrechte hat wie du und genauso möchte, dass man ihm mit Respekt begegnet. Wenn es dir schwer fällt, das zu spüren, versetze dich einmal in den anderen. Und bedenke: Viele Missverständnisse entstehen durch falsche Wortwahl, durch Schweigen oder Bequemlichkeit beim Kommunizieren.

Du lernst natürlich nicht von heute auf morgen, selbstsicher zu sein. Bei manchen dauert es ziemlich lange, bis eine neue Art des Denkens gänzlich umgesetzt ist. Man braucht dazu Willenskraft und Einsicht. Du musst lernen, dich selbst gut zu beobachten (darin sind Hochsensible tatsächlich gut) und zu erkennen, wie du in einer spezifischen Situation reagierst. Dass du bestimmte Rechte hast, versteht sich von selbst. Darüber brauchst du nicht zu diskutieren. Es geht vor allem darum, den Anspruch auf diese Rechte geltend zu machen. Das bedeutet auch, dass andere ebenso ihre Ansprüche geltend machen können, und dass ihr letztendlich nicht einer Meinung zu sein braucht. Wäre das etwa eine Katastrophe?

Wesentlich ist auf jeden Fall, dass du – auch wenn es um Kontakt zu weniger sensiblen Menschen geht – Respekt für dich, für den anderen und für eure Unterschiede behältst. In diesem Zusammenhang zitiere ich gern aus dem wunderbaren Buch *Narziß und Goldmund* von Hermann Hesse. In einem Gespräch zwischen Goldmund und Narziß sagt Letzterer:

> *Es ist nicht unsere Aufgabe, einander näherzukommen, so wenig wie Sonne und Mond zueinander kommen oder Meer und Land. Wir zwei, lieber Freund, sind Sonne und Mond, sind Meer und Land. Unser Ziel ist nicht, ineinander überzugehen, sonder einander zu erkennen und einer im andern das sehen und ehren zu lernen, was er ist: des andern Gegenstück und Ergänzung.*[20]

Zusammen mit den weniger sensiblen Mitmenschen gehörst du als Hochsensibler zu einem kostbaren, differenzierten Spektrum unterschiedlicher Menschen. Nicht jeder verhält sich so wie du. Menschen haben verschiedene Bedürfnisse. Wenn du erkennst, was deine Eigenschaften und Bedürfnisse sind, wirst du auch die Wünsche und Bedürfnisse anderer besser verstehen. Gerade in den Unterschiedlichkeiten liegt die Lernerfahrung. Statt eine Trennung zu bewirken, kannst du mit Hilfe deiner Sensibilität mehr Verständnis schaffen – mehr Verständnis für dich und andere.

3.2.7 Zusammenfassung

Hochsensible haben in der Regel ein starkes Bedürfnis an tiefen, befriedigenden Kontakten, die die Seele nähren.

Sie sind dadurch im Kontakt zu anderen empathisch und meistens aufrichtig.

Weil sie in der Kommunikation so viel bemerken, unter anderem auch die Metakommunikation, fühlen sie sich schneller bedrängt, verantwortlich oder überflutet. Es ist wichtig, dass sie sich viel Zeit zur Verarbeitung nehmen und ihre Grenzen gut im Auge behalten.

Hochsensible können sich mit anderen so verbunden fühlen, dass sie in ihrem Erleben mit ihnen zusammenfließen. Sie wissen dann nicht mehr, ob ein Gefühl das ihre ist oder zum anderen gehört.

Hochsensible leiden mehr als Normalsensible unter Schüchternheit, weil sie aufmerksamer sind und beschämende Situationen aus der Vergangenheit in die Gegenwart mitnehmen.

Hochsensible haben ein größeres Bedürfnis als Normalsensible, sich ab und zu zurückzuziehen.

Sogar ihre Allerliebsten können ihnen manchmal zu viel werden. Hochsensible sollten dafür um Verständnis bitten und öfter erklären, warum das bei ihnen so ist.

Wie ein (hochsensibler) Mensch eine Liebesbeziehung eingeht,
    wird größtenteils durch seine Bindungsstrategien bestimmt.

Hochsensible können lernen, selbstsicherer zu sein und dadurch
    die eigenen Grundrechte und die der anderen besser zu respektieren.

3.3 Berufsleben

3.3.1 *Probleme im Berufsleben*

Arbeit ist ein wesentlicher Aspekt des Daseins in der Welt. Bei den Gesprächen, die ich mit Hochsensiblen führte, ging es meistens um das Problem, eine passende Arbeit zu finden. Viele Hochsensible schaffen es nicht, ein Gleichgewicht zwischen den Erwartungen der Gesellschaft und ihren eigenen Bedürfnissen herzustellen. Das ist verständlich, wenn man bedenkt, dass Hochsensible nicht dafür geschaffen sind, stundenlang ununterbrochen Dienst zu schieben, sich in stressreiche Situationen zu begeben und in Gruppen ihren Mann zu stehen. Aber genau das wird häufig von ihnen erwartet. Kennst du das? Du musst dann zwischen zwei wenig idealen Möglichkeiten wählen. Entweder machst du doch mit, legst dir selbst Zwänge auf und drehst eventuell durch. Oder du entziehst dich den Verpflichtungen, die ein normaler Job mit sich bringt, und gehst damit das Risiko ein, nutzlos zu Hause herumzuhocken. Im günstigsten Fall findest du eine Bestimmung, die deinem inneren Verlangen entgegenkommt. Doch leider bist du dadurch ständig in Geldsorgen, weil du mit solcher Arbeit kaum etwas verdienst. Kurz: Man scheint sich nur durchzumogeln, statt die richtige Lösung zu haben.

Als ich noch in der Fernseh- und Filmbranche arbeitete, stieß ich ständig auf die bekannten Hochsensibilitätsprobleme (obwohl ich damals noch nicht wusste, dass es diese waren). Obwohl ich inhaltlich interessante Aufgaben hatte, litt ich stark unter dem Druck, den mir die Arbeit auferlegte, und ich funktionierte einfach viel weniger, wenn ich mit anderen in einem Raum war. Die meisten Kollegen schüchterten mich ein. (Später erkannte ich, dass es damit zu tun hatte, dass die meisten Menschen in der Filmindustrie sehr unsicher sind und sich deshalb gegenseitig überschreien – womit ich unbewusst massive Schwierigkeiten hatte.) Auch die zeitlichen Rahmenbedingungen machten mich sehr angespannt. Die Selbstverständlichkeit, mit der erwartet wurde, dass man ununterbrochen für die Arbeit zur Verfügung stehe – wobei man dann wochenlang auch abends und eventuell nachts zu tun hatte –, war regelrechter Horror für mich. Als ich dieses Problem einmal gegenüber einem Regisseur ansprach, für den ich arbeitete, schaute er mich ausgesprochen herablassend an. Ich sah, dass ich in seinen Augen etwas geradezu Schimpfliches gesagt hatte. In dieser Branche gehörte es nämlich zum guten Ton, sich auf den Arbeitsstress zu freuen. Schließlich hatte man ja einen privilegierten Job.

Die Arbeit für die Fernseh- und Filmbranche bestand hauptsächlich aus zeitlich begrenzten Projekten, und so war ich tief im Inneren jedes Mal erleichtert, wenn ein Auftrag erledigt war und ich wieder Zeit hatte, zu mir zu kommen. Leider hatte ich regelmäßig tiefe Krisen, wenn Aufträge erledigt waren. Erst später begriff ich, dass dies einfach nur eine Reaktion auf den Arbeitsdruck und den Stress war. Und ich begriff insbesondere: Mein Hang zu Tätigkeiten, die mir die größtmögliche Freiheit gaben, spiegelte ein essentielles Bedürfnis. Weil ich ein gesundes Verantwortungsgefühl hatte und über Disziplin verfügte, hatte ich keine Probleme damit, selbständig zu arbeiten. Gleichwohl fand ich mein eigenes Verhalten sehr merkwürdig und begriff lange Zeit nicht, warum ich nicht so wie die meisten anderen Menschen funktionieren konnte. Ich nahm es mir übel, nicht so zu sein wie die anderen, mehr Ruhe und Pausen nötig zu haben.

In unserer Kultur wird großer Wert auf die Arbeit gelegt. Unsere Arbeit gibt uns nicht nur unser Einkommen, es ist auch ein Prestigeobjekt. In lockeren Gesprächsrunden kommt man fast immer auf den Beruf zu sprechen. Ohne einen interessanten Beruf ist man weniger interessant. Und spätestens seit der feministischen Welle erwarten wir auch von Frauen, dass sie auf beruflicher Ebene beeindrucken. Im Allgemeinen gilt – für Männer wie für Frauen: Der Beruf sollte nicht nur Geld bringen, sondern auch spannend und herausfordernd sein. Er soll uns zudem helfen, uns weiterzuentwickeln, und er soll uns ein gutes Ansehen verschaffen. Es gibt nur wenige Menschen, die bewusst eine ruhige und eintönige Arbeit auswählen. An Hochsensible werden dieselben Erwartungen wie an andere gestellt – und meistens stellen sie genau diese Erwartungen auch an sich selbst.

Viele der Hochsensiblen, mit denen ich sprach, haben am eigenen Leib erfahren, dass die Arbeit, der sie nachgingen, sie früher oder später zerriss. Der eine bekam Burn-out, der andere fiel durch Depressionen aus dem Arbeitsleben und der nächste konnte mit dem Arbeiten noch nicht einmal anfangen. Manche laufen völlig neben sich her und entwickeln Krankheiten wie chronische Erschöpfung oder Fibromyalgie oder haben andere (unerklärliche) körperliche Beschwerden.

3.3.2 *Marion, Anke, Sophie und Ramon*

Marion (41) hatte es nicht leicht. Als alleinerziehende Mutter lag auf ihren Schultern die Verantwortung für ihr eigenes finanzielles und emotionales Wohl und für das ihrer Tochter. Aufgrund ihres mitfühlenden Wesens half sie obendrein noch bedürftigen Menschen in ihrer Umgebung. So hatte sie neben ihrer Aufgabe als Mutter verschiedene ehrenamtliche Tätigkeiten übernommen bei Senioren, bedürftigen Familien und Blinden. Trotz alledem fühlte sie sich nicht vollwertig. Sie wünschte sich Anerkennung in Form eines Hochschuldiploms. Deshalb begann sie zusätzlich mit dem Studium der Sozialpädagogik.

Das erste Studienjahr schaffte sie so gerade. Danach riet ihr ihre Schwester jedoch dringend davon ab, auf diese Art weiterzumachen. Sie bemerkte bei Marion allerlei beunruhigende Symptome. Marion selbst spürte, dass ihr das alles über den Kopf wuchs. Sie unterbrach das Studium und erholte sich etwas. Doch nach einiger Zeit fühlte sie sich wieder so fit, dass sie sich zum Studium zurückmeldete. Sie machte ein Praktikum an einer Schule für lernbehinderte Kinder – und ab da ging es schnell bergab mit ihr. Die Spannungen in ihrem Kopf wurden zunehmend schlimmer. Der Druck war einfach zu groß. Ihre Sensibilität bekam wenig oder gar keinen Raum. Sie wollte so gerne für die anderen da sein, aber sie konnte sich nicht ausreichend abgrenzen. Ihre Kopfschmerzen wurden stärker und stärker, doch sie weigerte sich, darauf zu achten. Eine Stimme in ihr flüsterte: „Ich sehe schon das Ufer, an dem das Schiff stranden wird." Es war, als wisse sie in ihrem Herzen, dass es nicht gut gehen werde.

An einem Februarmorgen zerriss etwas in ihr. Sie stürzte und bekam einen regelrechten Blackout. Der Schulleiter schickte sie für eine Woche nach Hause. Zu Hause geriet sie dann gänzlich durcheinander. Sie musste mit psychotischen Wahnideen kämpfen. Doch sie weigerte sich immer noch, den Ernst der Situation einzusehen. Sie glaubte, das Problem selbst lösen zu können, und weigerte sich, die Beruhigungsmittel einzunehmen, die ihr der Arzt verschrieben hatte. Im folgenden Monat erlebte sie noch einmal einen starken Rückschlag. Es dauerte drei Monate, bis sie wirklich erkannte, dass sie ernsthaft überspannt war.

Die Bekanntschaft mit dem Konzept Hochsensibilität half Marion, wieder auf die Beine zu kommen. „Es ist die Hochsensibilität, die mich sozusagen neckt und mir gleichzeitig Signale gibt, dass ich meine Grenzen überschreite." Heute, vier Jahre später, fängt sie an zu erkennen, wie verletzlich ihr eigenes Wesen ist, und sie entdeckt Schritt für Schritt, wie sie sich selbst besser schützen kann. Sie lernt, Grenzen zu setzen und in Kontakt mit ihrer Intuition zu kommen. Sie verfügt über eine gute Dosis Humor, die ihr hilft, sich zu erden, und die Gefahr von Wahnideen eindämmt. Sie übt sich darin, klare Abmachungen zu treffen, wenn es darum geht, was von ihr erwartet wird.

Anke (31) ist ausgebildete Köchin. Sie sitzt allerdings seit einigen Jahren arbeitslos zu Hause herum. Ich traf sie bei ihrem ebenfalls hochsensiblen Freund Ramon. Beide kennen sich noch nicht so lange und entdecken zusammen die Vor- und Nachteile ihrer Sensibilität. Das ist ein Prozess mit vielen Rückschlägen. Sie haben viel Verständnis füreinander und lernen in der Beziehung vor allem, Grenzen zu setzen.

Acht Jahre arbeitete Anke voller Hingabe in Restaurants. Da sie sich ihrer Hochsensibilität nicht bewusst war, machte sie bei der herrschenden Arbeitsmoral im Gaststättengewerbe ganz und gar mit – und das hieß: knallharte Arbeit. Darin kannte sie keine Grenzen. Das war ihre Art, sich von der Lebenseinstellung zu lösen, mit der sie aufgewachsen war. Sie wollte beweisen, dass sie eine fröhliche starke Frau war. Und das hielt sie lange durch. Bis sie eines Tages fiel – und zwar wortwörtlich fiel, ins Kellerloch. Mit Rückenproblemen blieb sie dann eine Weile zu Hause. Schnell wurde ihr klar: Dieser Sturz war nicht einfach ein zufälliges Unglück, sondern ein Signal für etwas anderes. Der Job forderte eigentlich schon viel zu lange viel zu viel von ihr. Und der Fall war nur der Beginn einer Reihe körperlicher Beschwerden.

Anke bekam Probleme mit ihrer Gallenblase, die Rückenprobleme wurden stärker und sie hatte immer mehr Probleme mit Ängsten. Sie erinnert sich, wie sie schließlich eines Tages nur noch geistesabwesend in den Armen ihrer Mutter weinen konnte. Irgendetwas war zerbrochen in ihr. Und sie sah anfangs keine Möglichkeit mehr, sich davon zu erholen.

Wegen der Ängste ging sie zu einem homöopathischen Arzt. Die Medikamente, die er verschrieb, waren allerdings zu stark. Sie verursachten weitere Angst- und Panikanfälle. Anke hatte das Gefühl, aus ihrem Körper herausgezogen zu werden. Der Arzt erhöhte daraufhin die Dosierung. Ihre Gliedmaßen begannen zu prickeln und sie fühlte sich ständig der Ohnmacht nahe. In der Zeit empfand sie sich außerdem als extrem offen gegenüber den Dingen – als hätte sie keine Haut mehr. Es gab für sie nur noch eine riesige, umfassende

Angst. Sie hatte keine Idee, was mit ihr los sein könnte. Erst als sie zehn Monate später die Medikamente absetzte, ging es ihr langsam besser.

Auch für Anke wurde die Bekanntschaft mit dem Begriff der Hochsensibilität ein Weg zur Genesung. Sie lernt momentan, wieder in Kontakt zu ihrer Sensibilität zu kommen. Sie erkannte, dass ihr eigener Körper die besten Hinweise für ihre Gesundheit gibt. Wenn sich etwas nicht gut anfühlt, dann hört sie damit auf. Die lange Krankheitsperiode bewirkte eine innere Neubesinnung. Anke wurde stark auf sich selbst zurückgeworfen, schaffte es aber, daraus das Gute zu destillieren. Sie ist authentischer geworden. Auch bei anderen schätzt sie vor allem Ehrlichkeit. Sie öffnet sich dem Strom der Lebensenergie, die als positive Kraft in ihr wirkt. Indem sie sich mit kreativen Hobbys beschäftigt, zum Beispiel mit Musik, findet sie die Essenz wieder, die sie lange Zeit nicht mehr gespürt hatte. Täglich fühlt sie das Leben in sich strömen und eine unvergleichliche Welle des Glücks. Nun möchte sie ihrem Leben eine neue Richtung geben. Was genau sie tun wird, weiß sie noch nicht. Doch sie hat schon eine leise Ahnung. Regelmäßig besucht sie ein ökologisch-spirituelles Zentrum. Das ist ein Ort, an dem sie sich zu Hause fühlt.

Auch Sophie (27) scheiterte in ihrem ersten Beruf beim Wohnungsbeschaffungsamt für Flüchtlinge. Im Nachhinein, sagt sie, zeigte sich, dass diese Arbeit wohl doch zu belastend für sie war. Sie hatte mit sehr vielen Gefühlen vieler Menschen zu tun. Das überwältigte sie, und sie hatte nur ungenügend Zeit, diese Erlebnisse zu verarbeiten. Der Arbeitsdruck war enorm und ihr Einfluss auf die Sachlagen minimal. Ihre natürliche Neigung, gewissenhaft zu sein, kollidierte mit den Arbeitsroutinen. „Im Nachhinein verstehe ich, dass ich eine Arbeit brauche, in der es auch Zeit gibt, um nachzudenken und zu sich zu kommen. Ich habe eine Neigung, Dingen ganz auf den Grund zu gehen und intensiv zu sein. Dieses Bedürfnis möchte ich auch in meiner Arbeit anwenden. Andernfalls frisst die Arbeit mich früher oder später auf.“

Als ich mit Sophie redete, bemerkte ich ihre Kämpfernatur. Helle, intelligente Augen, ein selbstbewusster Blick, ein unabhängiger Geist. Sie lacht viel: „Mein Freund ist von mir begeistert. Er ist immer neugierig auf meine Meinungen zu allen möglichen Sachverhalten. Ich folge meistens meinem Herzen und denke nicht darüber nach, ob Dinge sozial erwünscht sind." Sophie wusste immer sehr gut, was sie wollte. Obwohl ihre Eltern es nicht unterstützten, schrieb sie sich für ein Studium der Sozialpädagogik ein. Sie arbeitete nebenbei, um das nötige Geld zu verdienen. Mit 19 war sie finanziell unabhängig. In ihrer Ausbildung lernte sie viel über soziale Prozesse, Familienstrukturen, Pädagogik und Psychologie. Langsam wurde ihr klar, dass sie selbst keine sanfte Kindheit hinter sich hatte. „Mitstudenten waren häufig schockiert, wenn ich erzählte, wie es bei uns zu Hause zuging. Ich sollte ein starkes Mädchen werden und nicht jammern." Scheinbar unberührt berichtet Sophie von den Hänseleien durch ihren Vater und ihren Bruder und der herzlosen Erziehung, die sie erhielt. Sie wurde häufig ausgeschimpft. Sie sollte ja vor allem ein starkes Mädchen werden und nicht jammern.

Sophie hatte das alles über sich ergehen lassen – scheinbar unberührt. Bis sie plötzlich einbrach. Nächtelang konnte sie nicht mehr schlafen. Sie bekam starke Panikanfälle. Ihr ganzer Organismus geriet durcheinander. Überall schmerzte es. Vor allem in ihrem Kopf ging es drunter und drüber. Monatelang hörte sie enormes Geknatter – was sie noch am ehesten mit Kurzschlüssen vergleichen konnte. Sie war vollständig überreizt. Ihre Arbeit war der Tropfen, der das Fass zum Überlaufen gebracht hatte.

Die Ärzte begriffen nicht so recht, was mit ihr los war. Ein Verdacht auf Epilepsie kam auf; doch lediglich eine erhöhte vegetative Nervenaktivität konnte entdeckt werden. Medikamente hatten einen entgegengesetzten Effekt. Von Prozac – von ihrem Psychiater verschrieben, um ihre Depressionen zu bekämpfen – wurde sie nur noch kränker. Auch dieser Arzt erhöhte die Dosis, mit negativen Folgen. Schließlich konnte Sophie sogar den Blick auf die Strukturen von Bodenfliesen nicht mehr ertragen – nur noch leere weiße Wände vermochte sie anzuschauen.

Zurückblickend auf diesen Alptraum sagt sie: „Ich weiß jetzt, dass ich extrem sensibel bin und extrem unsensibel aufgezogen wurde. Die Arbeit, die ich machte, hat mich noch weiter von meinen Bedürfnissen entfernt. Ich habe immer weiter gemacht, mit der Folge, dass es zu dieser inneren Explosion kam. Seit ich weiß, dass es Hochsensibilität gibt, weiß ich, dass ich weder verrückt noch epileptisch bin. Ich muss ganz sorgfältig auf meinen Körper hören, auf die Grenzen, die er mir angibt, und die Bedürfnisse, die er hat. Authentisch kann ich nur in Übereinstimmung mit mir selbst leben. Einen anderen Weg gibt es für mich nicht. Für alle Dinge habe ich durchschnittlich mehr Zeit und mehr Ruhe nötig. Viele Situationen führen bei mir zur Überreizung. Ich bin jetzt schon aufmerksam, bevor ich die ersten derartigen Signale auffange."

Inzwischen hat Sophie wieder angefangen zu arbeiten. Als Quereinsteigerin unterrichtet sie jetzt in einer Schule. Mit Hilfe von Kleinigkeiten sorgt sie dafür, dass sie die nötige Ruhe bekommt. Im Klassenzimmer hängen nur wenige Dinge an der Wand. „Ich merke, dass auch die Kinder so ein leeres Klassenzimmer beruhigend finden." Weiterhin geht Sophie, soviel sie kann, in der Natur spazieren, praktiziert regelmäßig Yoga und genießt die kleinen Dinge des Lebens.

Ramon kennen wir schon aus dem letzten Kapitel. Er ist sehr sensibel und hat ab und zu Schwierigkeiten, gut mit Gefühlen umzugehen, die plötzlich in ihm hochkommen. Außerdem leidet er unter Erschöpfung – manchmal so stark, dass seine Arbeitsstelle (eine Gärtnerei) ihn wieder nach Hause schickt. In einer dieser Perioden des Zwangsaufenthalts zu Hause beschloss er, einen Kurs über Hochsensibilität mitzumachen. In Gesprächen beschreibt er die Art und Weise seiner Erschöpfung. „Ermüdung ist ein Signal meines Körpers. Es ist kein Zeichen von Schwäche, im Gegenteil, mein Körper hat seine eigene Weisheit, um mir klarzumachen, was wirklich los ist. Je mehr Kontakt ich zu meiner Erschöpfung aufnehme, desto mehr sehe ich ein, sie hängt damit zusammen, dass ich meine Möglichkeiten nicht entfalten kann. Die Arbeit, die ich tue, kann ich nicht 32 Wochenstunden durchhalten. Dieser Job arbeitet gegen mich.

Dadurch werde ich so erschöpft. Ich brauche neue Erfahrungen. Sowohl innerhalb meiner Arbeit als auch außerhalb. Ich werde jetzt neue Schritte unternehmen, um meine Ziele zu erreichen. Eines meiner Ziele ist, in naher Zukunft Yoga-Unterricht zu geben. Ich möchte auch innerhalb meiner Arbeit mehr Verantwortlichkeit übernehmen. Ich möchte andere Aufgaben übernehmen und darin angeleitet werden. Die Angst davor, mir selbst zu vertrauen, hält mich häufig davor zurück, mich weiterzuentwickeln. Darum zeige ich nach außen häufig überhaupt nicht, was ich eigentlich will. Da ich nun diese Angst erkenne und weiß, ich darf durchaus an mich selbst glauben, spüre ich, wie ich innerlich mehr Kraft bekomme."

3.3.3 *Die Fallstricke für Hochsensible*

Durch ihr Bedürfnis nach Sinnerfüllung, in Kombination mit ihrem hochsensiblen System, laufen Hochsensible Gefahr, sich zu verausgaben. Gerade weil sie hochsensibel sind und weil sie aufgrund dieser Eigenschaft zumeist sehr hart arbeiten, neigen sie dazu. Sie sind pflichtbewusst und möchten ihre Aufgaben so gut wie möglich, am liebsten perfekt erledigen. Sie glauben beispielsweise vielleicht: „Erst wenn ich hiermit fertig bin, ist mein Boss mit mir zufrieden." Oder sie haben ein solches Mitgefühl mit der Kollegin, die schwanger ist, dass sie nur zu gerne deren Arbeit auch übernehmen. Dabei übersehen sie, dass sie selbst schon bis zum Hals in eigener Arbeit stecken. Sie machen Überstunde um Überstunde, damit die anderen sie für ihren Einsatz loben. Und manchmal ist der Grund ihrer Arbeitslust auch einfach die totale Faszination, die Begeisterung für das, was sie tun; dann können sie sich nur schwer von ihrer Arbeit losreißen.

Zeit und Umgebung spielen eine essentielle Rolle für Hochsensible. Manchmal müssen sie arbeiten, wenn es besser für sie wäre, zu schlafen – wie zum Beispiel nach dem Mittagessen. Obwohl kürzlich wieder nachgewiesen wurde, dass ein Mittagsschläfchen (oder eine gute Mittagspause) Menschen effektiver macht, ist in so gut wie keinem Betrieb überhaupt daran zu denken. Der Arbeitsdruck nimmt einfach stetig weiter zu. Und Hochsensible leiden darunter am meisten.

Hochsensible können auch stark unter den Örtlichkeiten leiden, an denen sie täglich ihre acht Arbeitsstunden verbringen. Manche Büroräume sind äußerst unfreundlich. Man wird gestört durch lärmende Geräte und quasselnde Kollegen. Vielleicht ist es zu dunkel oder man muss zu viel unter künstlichem Licht arbeiten. Man hat keinen Fleck für sich alleine, sitzt im Luftzug oder der Bürostuhl ist vollkommen unergonomisch. Etwas, woran sich andere kaum stören, ist für Hochsensible schnell ein Problem. Und das ist zu berücksichtigen.

Was sind deine Wertvorstellungen, wenn es darum geht, angenehm zu arbeiten? Wenn du gut darüber nachdenkst, wirst du merken, dass die Arbeitsumstände genauso wichtig sind wie die Berufsrichtung und die Inhalte deiner Tätigkeiten. Das ist logisch, denn du als Hochsensibler bemerkst so viele Details. Du störst dich an jedem unschönen Knubbel. Oder an einer entsprechenden Person. Denke einmal über die Arbeitsumstände nach. Mit wem arbeitest du zusammen? Wie ist die Energie in dem Raum, in dem du arbeitest? Wie ist deine Tageseinteilung. Wie groß ist der Arbeitsdruck? Wie ist das Verhältnis zu deinem Chef und zu den Mitarbeitern, die du anleiten musst? Es lohnt sich, diese Aspekte unter die Lupe zu nehmen. Stimmen die Umstände mit deinen Bedürfnissen überein? Gleichgültig, ob du zu Hause bist oder ob du außerhalb arbeitest, ob du unglücklich mit dem gegenwärtigen Job bist oder ob du damit zufrieden bist, es macht Sinn, einmal genau zu betrachten, was du persönlich eigentlich brauchst. Kannst du deine Arbeitssituation vielleicht verbessern? Und wenn das nicht möglich ist, kannst du dir vielleicht eine Vorstellung machen von einer Arbeitsumgebung, die genau zu dir passen könnte. Und aus diesen Überlegungen kannst du vielleicht auf einen passenden Beruf kommen. Die meisten Arbeitsämter bieten Möglichkeiten an, sich in dieser Hinsicht zu informieren.

Nicht selten legt ein hochsensibler Mensch eine ziemliche Wegstrecke zurück, bevor er endlich die Arbeit findet, die er gern ausübt und die zu seinem Wesen passt. Häufig läuft es darauf hinaus, dass man (einige Male) die Arbeitsstelle wechseln muss. Oder sogar darauf, dass man wieder die Schulbank drücken muss und eine weitere Ausbildung macht. (Glücklicherweise studieren die meisten Hochsensiblen gern. Am liebsten hören sie gar nicht mehr auf zu lernen.) Arbeiten ist ein wichtiger Aspekt deines Lebens. Es ist kein überflüssiger Luxus, auf der Suche zu bleiben nach Arbeit, die zu dir passt. Manchmal kann eine zeitweilige Veränderung schon gute Erkenntnisse bringen. Dauernd Arbeiten zu verrichten, gegen die du einen Widerwillen hast, wirst du nicht einfach wegstecken können. Das wird deine körperliche, geistige und emotionale Gesundheit angreifen.

Nachdem ich aus der Fernsehbranche ausgestiegen war, gab ich lange Zeit Massagen, für alle möglichen Arbeitnehmer in diversen Unternehmen (also auch ich habe den Beruf gewechselt). Während ich angespannte Muskeln knetete, sprach ich mit den Menschen und befragte sie zu ihrer Arbeitszufriedenheit. Eines wurde mir dabei vor allem klar: Wenn Menschen eine Funktion inne haben, die nicht zu ihnen passt, entsteht der meiste Stress und die größte körperliche Spannung. Selbst wenn es nicht immer möglich ist, unmittelbar das zu tun, was du anstrebst, so kannst du doch zumindest weiterhin danach streben. Wenn du unglücklich in deinem Job bist, dann ist es sinnvoll, dir das einzugestehen – statt beweisen zu wollen, dass du es trotzdem kannst oder dass du es trotzdem nett hast. Auch ich benötigte Jahre, um zu erkennen, dass ich nicht auf dem richtigen Platz war. Als ich es schaffte, zu kündigen, entdeckte ich erst, was ich alles dafür zurückbekam. Ich wurde von einer Welle von Energie und Kraft umspült. Dadurch gelang es mir, innerhalb einer Woche einen neuen Job zu finden, der damals viel besser zu meinen Bedürfnissen passte.

Sieh die nächste Etappe als Bereicherung, die dich weiter bringt. Der zurücklegte Weg hat aus dir vielleicht einen guten Fachmann mit entsprechendem Erfahrungshintergrund gemacht. Im Nachhinein wirst du erkennen, dass die Probleme, die du durchstandest, dir anschließend in deinem neuen Beruf als Therapeut, Berater, Lehrer, Journalist oder was auch immer weiterhalfen. Du bist gereift und kannst durch deine Erfahrung auch anderen helfen, ihren Weg zu finden. Sogar die schwierigsten Phasen kannst du in einem positiven Licht sehen. Solche Dinge machen dich nämlich zu einer authentischeren Person. Vielleicht siehst du momentan nur eine Menge vertaner Zeit – doch vermutlich erntest du später die Früchte. Vergiss nicht: Du als hochsensibler Mensch hast wahrscheinlich eine besondere Gabe. Und diese Gabe ist wichtig für die Gesellschaft. Dafür bist du hier. Darum ist es wichtig, dass du deine Berufung findest.

3.3.4 *Berufung*

Es gibt Menschen, die von klein auf wissen, was sie später werden wollen. Wenn sie darauf ausgerichtet bleiben und ihr Ziel erreichen, sind sie gesegnet. Jeder kennt wohl Beispiele aus seiner Umgebung, wie eine solche Karriere sozusagen schnörkellos verläuft. Mit Willenskraft und einem klaren Bild vor Augen arbeiten diese Menschen an ihrem Ziel (manchmal ohne darauf zu achten, was andere davon halten). Ich selbst hatte einen Freund, der etwa in seinem achten Lebensjahr anderthalb Trommelstöcke in seine Hände bekam und ab dem Moment wusste, dass er nichts anderes auf der Welt wollte, als zu trommeln – mit der Folge, dass er schließlich ein erfolgreicher Musiker wurde.

Die meisten hingegen brauchen etwas mehr Zeit. Ich denke, dass Hochsensible darin nicht anders sind als Normalsensible. Die Frage ist, ob überhaupt für jeden das Lebensziel so klar und fest umgrenzt ist. Manche scheinen einfach unumstößlich auf etwas hinzustreben, andere nicht. Ich vergleiche gerne Menschen mit Schiffen. Es gibt große Tanker, die sich den Weg durch die Wellen bahnen und sich durch nichts von ihrem Kurs abbringen lassen. Und es gibt leichte Segelboote, die gegen den Wind hin und her kreuzen, um ihr Ziel zu erreichen. Beide Schiffsarten haben ihren Wert, sind aber für gänzlich verschiedene Zwecke gemacht.

„Für einen Zweck gemacht" ... das ist eine etwas hölzerne Art, über Menschen zu sprechen – doch im Grunde bedeutet es: eine Berufung zu haben. Was ist Berufung genau? Das Wort besagt in etwa: „gerufen werden", es bezog sich ursprünglich auf eine Bekehrung. Ein Mensch wurde von Gott zu seiner Bestimmung gerufen. Gegenwärtig nutzen wir das Wort in Bezug auf das Erfüllen einer bestimmten Lebensaufgabe oder das Ausüben eines bestimmten Berufs. Ob wir nun von Gott gerufen werden, um ein Priesteramt auszuüben, oder die innere Notwendigkeit spüren, eine bestimmte Aufgabe auf uns zu nehmen oder einen spezifischen Lebensweg einzuschlagen – stets geht es um einen starken Drang oder eine Kraft, die uns zieht. Meistens betrachten wir die Entscheidung für die Berufung als etwas, was uns erfüllt und Frieden gibt. Aus tiefem, inneren Grund spüren wir dann, dass wir am richtigen Platz angelangt sind. Wir fühlen uns mehr verbunden mit dem, was wir eigentlich sind, und mit dem Grund, warum wir hier auf die Erde gekommen sind. Wenn wir diese Berufung gefunden haben, fallen Zweifel, die wir vorher hatten, häufig von uns ab und wir gelangen zu einer Einheit mit uns selbst und der Welt um uns herum. Wir erden uns! Solange wir nicht auf unsere Berufung hören, fühlen wir uns häufig unstet, unsicher und ungeerdet.

Hochsensible legen meiner Erfahrung nach viel Wert auf ihre Berufung und können intensiv damit beschäftigt sein. Nicht immer hat die Berufung mit einem gesellschaftlich anerkannten Beruf zu tun. Manchmal findet man seine Bestimmung auf ganz anderem Gebiet, in einer unbezahlten Tätigkeit, oder indem man innerhalb des Familien- und Freundeskreises eine besondere Rolle einnimmt. Manchmal ist es auch ein Hobby, das einen in die Nähe der eigenen Berufung bringt. Und vielleicht ist es deine Berufung, Vater oder Mutter zu werden, obwohl du doch mehr als 20 Jahre studiert hast. Es gibt unterschiedliche Gründe, warum Hochsensible verhältnismäßig viel mit ihrer Berufung beschäftigt sind. Teilweise liegt es daran, dass sie in ihrem Leben oft ihrem wahren Selbst entfremdet worden sind und Beschäftigungen nachgehen, die gar nicht zu ihrer Natur passen. Sie sind wie ein Baum, der in die falsche Erde gepflanzt wurde. Erinnere dich an die Notwendigkeit zur Erdung, wie in Kapitel 2 dargelegt. Der eigenen Berufung zu folgen, ist die nachdrücklichste Art, sich selbst zu erden. Es kann allerdings einige Zeit und Energie kosten, den für dich fruchtbaren Boden zu finden. Weil du hochsensibel bist, kommen dir freilich viele Möglichkeiten entgegen, die dir helfen, deine Erde zu finden. Du denkst überdurchschnittlich viel und intensiv über Dinge nach. Mache von diesem Talent Gebrauch. Das ist eine Qualität, die dir hilft, deinen Weg zu finden.

Vor einiger Zeit war ich auf einem Vortrag über Hochsensibilität. Es ging darum, seine Berufung zu finden. Eine Frau berichtete, wie sie ihre Berufung gefunden hatte. Einige ihrer Tipps möchte ich gerne mit dir teilen:

1. Sie brachte sich selbst bei, aufzuhören zu denken, alles werde stets missglücken.

2. Stattdessen betrachtete sie jede Arbeit, die sie ausführte, als eine Erfahrung, die sie näher zu sich selbst brachte.

3. Sie machte sich klar, dass Dinge bei ihr einfach anders verlaufen als bei anderen, dass sie deshalb jedoch nicht weniger wertvoll sind.

4. Schließlich hielt sie in sich selbst das Vertrauen auf einen guten Verlauf der Dinge aufrecht.

Es gibt noch einen anderen Beweggrund, deine Berufung sorgfältig zu suchen: Du als Hochsensibler legst mehr als üblich Wert darauf, etwas Positives in dieser Welt zu bedeuten. Du möchtest mit der Aufgabe deiner Seele im Einklang sein, das heißt konkret, mit dem Ziel, mit dem du auf diese Erde gekommen bist. Und die traditionelle Rolle der Hochsensiblen war die der priesterlichen Berater des Königs, so sagt Elaine Aron.

Karin (38, Ausbilderin und unverheiratet zusammenlebend mit Mann und Kind) hatte schon immer das starke Bedürfnis, etwas zu tun, was Dingen einen Sinn gibt. Ihr Wunsch, sich für andere einzusetzen (und dadurch unersetzlich zu werden) hatte dazu geführt, dass sie bereits in Krankenhäusern, Pflegeheimen und Umweltzentren tätig gewesen war. Auch privat wollte sie verantwortlich tätig sein. So kam sie in ein Wohnprojekt, in dem Menschen mit Problemen zeitweilig einen betreuten Platz finden. Selbst ihre Freizeit füllte sie mit ehrenamtlicher Tätigkeit in einem Café für Randgruppen-Jugendliche aus. Obwohl Karin so ihrer Berufung folgte, bürdete sie sich zu viel auf. Ein typischer Fallstrick für Hochsensible. Die Folge war, dass sie schließlich all die Aktivitäten nicht mehr bewältigen konnte. Sie suchte nach Hilfe und fand diese in verschiedenen Therapien. Sie wechselte ihre Arbeit und fand etwas, was besser zu ihr passte, aber noch im Gesundheitswesen war, weil dies nun einmal in ihrer Art lag. Da sie sich inzwischen ihrer Hochsensibilität bewusst ist, versucht sie, positiven Nutzen daraus zu ziehen. Sie hat gelernt, für sich selbst einzustehen. Karin: „Wenn Dinge im Team schief laufen, dann bin ich meistens die Erste, die es merkt, und ich spreche das an. Ich kann nicht anders, denn ich leide so unter diesen Spannungen. Das führt häufig dazu, dass Meinungsverschiedenheiten offen angesprochen werden, und das schätzen die anderen. Ich verstehe jetzt, dass es eine besondere Gabe von mir ist und dass meine Kollegen davon profitieren. Ich kann frühzeitig signalisieren, wenn etwas schief läuft. Außerdem bin ich präzise. Da bei mir alles ziemlich genau passen muss – mein Freund spricht von geringen Toleranzmaßen – ist das, was ich auswähle, meistens sehr überlegt und zutreffend. Das gilt sowohl bei der Arbeit als auch privat."

Man kann auch zu einer kreativen Tätigkeit berufen sein. Marko fühlte seine Berufung wie einen starken Geschmack im Mund und wie ein beklemmendes Gefühl im Bauch. Das war plötzlich da, verschwand dann wieder eine Zeitlang, tauchte aber immer wieder zu bestimmten Zeiten auf. Marko wusste nicht, was seine Berufung war, doch dass er so etwas fühlte, machte ihn unruhig. Das begann um sein fünfzehntes Lebensjahr. Eines Nachmittags lag er im Gras und fühlte eine starke Verbundenheit mit dem Kosmos, der sich über ihm als prächtiges, blaues Himmelsgewölbe zeigte. Seitdem hatte er das Gefühl, dass er selbst etwas Bedeutungsvolles beitragen müsse. Das ließ ihn nicht mehr los.

Er dachte viel über seine Berufung nach, grübelte nächtelang darüber. Solange er körperlich mit dieser Berufung konfrontiert wurde, ließ sie ihn nicht los. Nach dem Abitur begann er, Betriebswirtschaft zu studieren. Dass sein Studium eigentlich nichts mit seinem Gefühl der Berufung zu tun hatte, war ihm wohl klar. Aber der Druck von außen – seine Freunde studierten dasselbe und seine Eltern drangen darauf, dass er eine nützliche Ausbildung mache – hatte dazu geführt, dass er diesen Weg wählte. Häufig machte sich bei ihm allerdings Verzweiflung breit und er fühlte sich schuldig, weil er nicht ehrlicher zu seinem eigenen Gefühl stand. Trotzdem beendete er sein Studium und fand einen entsprechenden Job. In seiner Freizeit sang er, malte und fand Ausgleich im Sport. Trotzdem hatte Marko das Gefühl, dass er nur zur Hälfte lebte.

Als er älter wurde und sich selbst besser wahrnahm, spürte er, dass seine Berufung etwas mit bestimmten Eigenschaften in ihm zu tun hatte. Er wusste, dass er kreativ war, dass er seinem Schöpfungsdrang Ausdruck verleihen wollte. Außerdem spürte er, dass seine Berufung damit zu tun hatte, dass er ein Gefühl für Ästhetik hatte – er liebte es, seine Wohnung stilvoll einzurichten, und manchmal fragten ihn seine Freunde nach seiner Meinung, wenn es um Möbel oder Einrichtung ging. Mehr als das lief aber nicht. Und das frustrierte ihn. Irgendetwas in ihm blieb unbefriedigt. Er fand sich selbst unzufrieden und undankbar. War er denn etwa nicht glücklich? Hatte er nicht einen tollen Job gefunden?

Jahre gingen so ins Land. Marko heiratete und arbeitete immer noch für denselben Betrieb. Etwas in ihm starb langsam ab. Obwohl er mit niemandem je darüber sprach, bemerkte er, dass er zunehmend zynischer wurde. Er fühlte sich von Jahr zu Jahr stets mehr

wie ein Schatten seiner selbst. Nachts bekam er manchmal Panikanfälle, die stets damit zu tun hatten, dass er sich so unerfüllt fühlte. Ein Gefühl von Scheitern machte sich breit in ihm. Das reagierte
er oft in seiner Ehe ab, die nach seinem Gefühl auch nicht so
besonders gut war. Marko war nun 39 und im folgenden Jahr ließ er
sich scheiden.

Irgendwann kam es ganz plötzlich – und er ergriff es wie einen
Rettungsring. Es war ein Wochenendseminar in seinem Betrieb, zu
dem verschiedene künstlerische Aktivitäten gehörten. Es war schon
sehr lange her, dass er gemalt oder überhaupt etwas Kreatives getan hatte. Diesen Drang hatte er eigentlich ganz zurückgestellt, aber
nun, da er zufällig wieder damit konfrontiert wurde, erwachte etwas in ihm, das anscheinend doch noch nicht gestorben war.

Wieder zu Hause dauerte es noch einige Monate, bevor er eine
Staffelei kaufte und wieder zu malen begann. Er traf in dieser Zeit
einen alten Freund, der Kunstmaler geworden war. Sie sprachen viel
über Kunst und sein Freund war bereit, ihm einige Unterrichtsstun-
den zu geben. Marko ging völlig in seiner Malerei auf. Er genoss sie
mit vollen Zügen, obwohl er auch kritisch und manchmal enttäuscht
über seine Resultate war. Seine Umgebung sah in seinen leidenschaft-
lichen Aktivitäten eine vorübergehende Grille, doch Marko wusste,
dies hatte für ihn große Bedeutung. Letztendlich führte ihn die
Malerei auf neue Wege. Er begann, sich mehr mit Formgebung zu
beschäftigen. Sein Interesse führte ihn schließlich zur Innenarchi-
tektur und er entdeckte seine alte Liebe dazu wieder. Obwohl er
sich entschied, seinen bisherigen Job beizubehalten, fand er doch
an Wochenenden und Abenden ausreichend Zeit, um mit einem
Freund ein kleines Beratungsbüro zu betreiben. Diese Arbeit war
vielleicht aus gesellschaftlicher Sicht unbedeutend und sie brachte
kaum Geld ein. Aber Marko fühlte zum ersten Mal in seinem Leben,
dass jenes nagende Gefühl in ihm zur Ruhe gekommen war. Er fühlte
sich in Übereinstimmung mit seiner eigenen Berufung und freute
sich an dieser Erfahrung.

Vielleicht erkennst du dich wieder in den Geschichten von Marko oder Karin. Vielleicht hast du genauso viele Schwierigkeiten, deiner eigenen Stimme zuzuhören, und missachtest sie häufig. Oder vielleicht hörst du die Stimme ein wenig, drückst das alles aber lieber weg, aus Angst vor Veränderung und Konfrontation. Oder vielleicht folgst du deiner Berufung, aber übernimmst dich. Damit tust du dir nur zeitweilig einen Gefallen, auf Dauer wirst du mit unguten Gefühlen zu kämpfen haben. Genau wie Marko kannst du dich schuldig oder wertlos fühlen oder − noch schlimmer − in dir kann das Gefühl aufkommen, nur zur Hälfte zu leben.

3.3.5 Noch einmal: Erden

Für manche Hochsensiblen gibt es einen weiteren Fallstrick. Eine der Aussagen, die Jung über introvertierte Menschen (die er von den Extravertierten unterschied) machte, war, es sei ein Fehler, sie bedingungslos finanziell zu unterstützen. Damit meinte er, dass ein introvertierter Mensch (lies in diesem Fall auch: ein hochsensibler Mensch) Gefahr läuft, jeglichen Kontakt zur Welt zu verlieren, wenn man ihm vollständig freie Hand lässt und ihn nicht zwingt, praktisch tätig zu sein. Solche Menschen können völlig in einer selbst geschaffenen Traumwelt aufgehen. Diese Gefahr erkenne ich auch in mir. Sie besteht natürlich nicht für jeden. Aber vor allem Menschen, die in der Kunst ihre Berufung finden, sollten sich dessen bewusst sein. In diesem Zusammenhang muss ich an einen Ausspruch denken, den ich einmal las: „Astronomen kommen eigentlich von einem anderen Planeten. Ständig durch ein Fernglas ins Weltall zu starren, ist nur Ausdruck ihres Heimwehs."

Es geht also immer wieder um die Notwendigkeit des Erdens. C.G. Jungs Rat kann man auch anders formulieren, nämlich: Hochsensible haben mitunter Schwierigkeiten, sich mit der Erde zu verbinden. Arbeiten und Geldverdienen sind typisch irdische Aspekte; sie hängen mit Stabilität und Sicherheit zusammen. Anders als du vielleicht erwartest, verursacht eine zu geringe Erdung Schwierigkeiten beim Finden deiner Berufung. Erst wenn du die praktischen

Lebensprobleme bewältigt hast – dazu gehören die alltäglichen Dinge wie Lebensumgebung und Finanzen (Wirkaspekte des ersten Chakras) – kannst du auch in deiner Berufung glänzen. Ein Papierdrachen, der nicht an einer Schnur festgehalten wird, fliegt fort. So kenne ich viele talentierte Künstler, die leider niemals erfolgreich sein werden, weil sie sich weigern, Dinge wie Geld, Wohnumstände, Körperversorgung und Nahrung ernst zu nehmen. Das ist ein Jammer. Leider haftet besonders dem Beruf des Künstlers noch immer und zu unrecht die romantische Vorstellung an, er müsse arm, weltfremd und ein wenig sonderlich sein. Ein Künstler mit Geschäftssinn wird als Künstler weniger ernst genommen!

Wenn du in dieser Gesellschaft glücklich werden willst, dann hat das sowohl mit deiner Berufung als auch mit deinem gesunden Menschenverstand zu tun. Es verlangt Kreativität und intaktes Gleichgewicht. Du kannst deine Inspiration und Kreativität fördern, indem du auf dein Herz und deine Intuition vertraust. Gleichzeitig brauchst du eine Erdung als Fundament, um deine Ideen überhaupt verwirklichen zu können. Das gibt dir sowohl Halt als auch Kraft. Du kannst dich meiner Meinung nach als Hochsensibler nie zu viel um Erdung bemühen. Wenn der Untergrund nicht trägt, wird all deine Arbeit ziellos bleiben. Ohne gutes Fundament wird dein Bauwerk, wie phantastisch es auch ist, instabil. Erden ist ein langsamer und sich nach und nach aufbauender Prozess – doch er liefert dir schließlich reichlich Ertrag.

3.3.6 Zusammenfassung

Weil Hochsensible so empfindlich sind und gleichzeitig – aufgrund ihrer Hochsensibilität – häufig sehr zuverlässige und hart arbeitende Arbeitnehmer sind, können sie sich durch ihre Arbeit leicht selbst entfremden.

Im Arbeitsleben werden hohe Anforderungen gestellt. Der Arbeitsdruck nimmt stetig zu. Hochsensible leiden darunter am meisten. Für sie ist die Gefahr von Burn-out, Depression, Überspannung und anderen Krankheiten durch Arbeitsdruck besonders hoch.

Für das Wohlbefinden von Hochsensiblen sind Zeit und Raum (Umgebungsfaktoren) ausschlaggebend. Ein großer Teil der Arbeitszufriedenheit wird bestimmt von: Tageseinteilung, Arbeitsdruck, Geräuschen, Licht, Energieatmosphäre des Arbeitszimmers, Kollegen, Art der Zusammenarbeit.

Die eigene Berufung ist für einen Hochsensiblen oft auch seine Gabe. Hochsensible brauchen bisweilen etwas mehr Energie und Zeit, um ihre Berufung zu finden und sie in die Tat umzusetzen.

Der Weg, den jemand zurücklegt, um den zu ihm passenden Beruf zu finden, hat auch einen Wert. Er macht aus diesem Menschen einen guten Fachmann mit entsprechendem Erfahrungshintergrund.

Hochsensible denken mehr und intensiver über Dinge nach als andere Menschen. Dies ist eine Fähigkeit, die ihnen hilft, ihren Weg im Leben zu finden.

Die ursprüngliche Rolle von Hochsensiblen war die von priesterlichen Ratgebern des Königs (siehe Kapitel 1). Mit vorausschauendem Blick dienten sie den Herrschern durch ihren weisen Rat. Im Unterrichtswesen, im Gesundheitswesen, in Wissenschaft und Kunst trifft man auf relativ viele Hochsensible.

Auf der Suche nach seiner Berufung muss ein Hochsensibler sowohl geerdet als auch spirituell sein. Wenn er jedoch vor den praktischen Problemen flieht, wird er daran zerbrechen. Gerade das Ordnen seiner Finanzen und das Sorgen für seine Grundbedürfnisse hilft dem Hochsensiblen, seine Berufung zu finden.

3.4 Übungen und Tipps

Suche in deiner Wohnung einen stressfreien Ort, der ganz und gar für dich allein da ist. Wenn du solch einen Ort nicht findest, wird es höchste Zeit, ihn zu schaffen! Vielleicht musst du endlich lernen, etwas zu fordern (was du vielleicht noch schwierig findest, oder?). Das sollte ein Ort sein, an dem Ruhe und Ordnung herrschen. Du kannst dort Dinge

platzieren, die für dich wertvoll sind. Aromatische Duftstoffe, Räucherstäbchen und angenehme Musik machen
diesen Ort zu etwas Besonderem und grenzen ihn ab. Dazu
gehört auch, dass andere nicht ungebeten dort hinein kommen. Du bestimmst, wen du einlässt und wann.

Lebe dein tägliches Leben auf eine Art, in der du dich nicht
verlierst. Übe dich darin, dich wiederzufinden. Versuche
auch im Zusammensein mit anderen, in deinem Zentrum
zu bleiben. Der Bereich im Bauch unter dem Bauchnabel ist
ein guter Ort, wohin du in Gedanken gehen kannst, während du mit jemandem zusammen bist oder mit ihm redest.
Du kannst auch deine Hand auf diesen Bereich legen, um
ihn dir besser bewusst zu machen. Atme aufmerksam.

Ziehe dich um, wenn du nach Hause kommst. Nimm
vielleicht eine Dusche und lass alle Energie, die nicht zu dir
selbst gehört, von dir abfließen. Du hast den ganzen lieben
langen Tag negative Eindrücke und Energien aufgenommen,
die du wieder loswerden musst. Dusche deswegen lieber
abends als morgens. Dadurch verhinderst du, dass du die
Energie des Tages mit in den Schlaf nimmst. Die Wärme des
Wassers hilft dir auch, dich gut zu entspannen, wodurch du
zusätzlich eine bessere Nachtruhe hast.

Gähnen, niesen und aufstoßen sind Äußerungen von Ent-
ladung. Du wirst dadurch negative Energie von anderen los.
Sei dir dessen bewusst, wenn du gähnst. Du gähnst nicht,
weil du so müde bist, sondern weil dein Körper versucht,
etwas loszuwerden, sich von Spannung zu befreien.

Bei der Arbeit, oder auch zu Hause, wenn du mit einem
Partner zusammen wohnst, kann es sein, dass du unter der
Energie leidest, die andere mit sich führen. Deren Stimmun-
gen und (unausgesprochene) Gefühle können massive

Auswirkungen auf dich haben. Du kannst dann plötzlich angespannt oder traurig werden, ohne dass diese Emotion eigentlich von dir stammt. Je stärker du aber in deinem eigenen Zentrum verankert bist, je positiver du im Leben stehst und je besser du berücksichtigst, was du wirklich nötig hast, desto weniger wirst du unter diesen Dingen leiden. Du wirst vielleicht noch ab und zu beeinflusst werden, aber das wirst du dann schnell bemerken. Alle Übungen und Tipps, die ich in diesem Buch gebe, werden dir dabei helfen und dich lehren, besser zu unterscheiden, was zu dir gehört und was zu anderen gehört. Ich rate dir darum, alle Kapitel gut zu lesen und die Übungen zu praktizieren.

Wenn du dich stark von dir selbst entfremdet hast, ist es vielleicht nötig, mehr Zeit alleine zu verbringen. Das kann zum Beispiel bedeuten, dass du eine Zeit lang alleine schlafen wirst. Möglicherweise wirst du einfach überwältigt durch die Gegenwart des Partners und bist nicht imstande, deinen eigenen Raum einzufordern und dich mit der Erde zu verbinden. Besprecke auf jeden Fall erst einmal gut mit deinem Partner, was du brauchst.

Gehe regelmäßig nach draußen. Frische Luft ist nicht nur gesund für deinen Körper, deine Haut und deine Lungen, sondern führt dich auch zu dir selbst. Die Natur ist heilsam. Beim Spazieren in der Natur kannst du dich darin üben, den Alltagskram loszulassen. Indem du die Natur um dich herum betrachtest und ihr lauschst, kommst du ins Hier und Jetzt. Indem du dich mit den Bäumen, mit der Luft verbindest, öffnest du dich einer höheren, transzendenten Wirklichkeit, die sich dir durch deine Intuition zeigt. Öffne dich und atme nach Herzenslust!

Sei dir darüber bewusst, dass du mehr Zeit als andere brauchst, um zu dir zu kommen, um Dinge zu verarbeiten und einfach nur, um zu schlafen. Diese Bedürfnisse musst du respektieren.

Lerne, selbstsicher zu sein, was im Wesentlichen bedeutet, auf freundliche Art „nein" sagen zu können. Lasse dich von der Tatsache durchdringen, dass du, genau wie andere, bestimmte Grundrechte hast – wie etwa das Recht, angenehm und glücklich zu leben, und das Recht, „nein" zu sagen. Gibt es irgendwo einen Konflikt oder ein Problem, beschreibe das laut, für dich selbst und für den anderen. Verhindere unklare Gefühle, die zu Missverständnissen führen. Sage dem anderen, welche Wirkung die Dinge auf dich haben und was deine Vorlieben sind. Gibt es etwa ein Verbot, das besagt, du dürftest deine eigenen Vorlieben nicht ansprechen?

Wenn du in der Liebe oder bei Freundschaften immer wieder in dieselben Muster gerätst, die dich unglücklich machen, rate ich dir, das Thema einmal zusammen mit einem Therapeuten genauer zu betrachten. Möglicherweise sind gestörte Bindungsmuster (mit deiner ersten Bezugsperson) die Ursache. Lese noch einmal den Absatz „Bindungsstrategien" und überlege, in welchen Mustern du dich wiederfindest.

Schüchternheit kann dich blockieren und daran hindern, passende Kontakte einzugehen. Ihre Ursache liegt häufig in der Vergangenheit. Doch das ist eigentlich nicht so wichtig. Du kannst Schüchternheit überwinden, indem du zuerst einmal lernst, sie zu akzeptieren. Du bist nicht deine Schüchternheit. Doch du solltest an den Denkmustern, die du in Bezug auf dich selbst hast, arbeiten. Wenn dir das alleine nicht gelingt, rate ich dir, einen Therapeuten um Hilfe zu bitten.

Akzeptiere, dass du, andere und die Welt nicht perfekt sind. Sei dir bewusst, dass die Sucht nach Perfektion ein Fallstrick ist. Wenn du alles perfekt machen willst, wirst du nie zufrieden sein. Lass Aufgaben, die zu jemand anderem gehören, bei diesem anderen und gebe keinen ungefragten Rat. Vielleicht bist du bei deiner Arbeit auch übermäßig pflichteifrig. Loslassen und Grenzen zu setzen sind Herausforderungen, denen du dich stellen solltest.

Für dich sind Zeit und Raum ausschlaggebend. Nicht nur zu Hause, sondern auch bei der Arbeit. Sind alle Umgebungsfaktoren bei deiner Arbeit optimal? Betrachte einmal Dinge wie Tageseinteilung, Arbeitsdruck, Geräusche, Licht, Energieatmosphäre des Raumes, Kollegen, Formen der Zusammenarbeit, Einrichtung deines Arbeitsplatzes und die tägliche Fahrt zu deiner Arbeitsstätte. Gibt es Dinge, unter denen du (unbewusst) leidest und die du verbessern könntest? Es lohnt sich, diese Aspekte einmal unter die Lupe zu nehmen und zu überlegen, ob sie mit deinen Bedürfnissen übereinstimmen.

Hast du Probleme auf deiner Arbeitsstelle oder beim Finden einer passenden Arbeit? Höre auf, jedes Mal zu glauben, die Dinge würden dir missglücken. Sieh die positiven Seiten deiner Suche. Hör nicht auf, nach einer Arbeitsstelle zu suchen, die zu dir passt. Dauerhaft eine Tätigkeit auszuüben, gegen die du einen Widerwillen hast, wird dich kaputt machen – wird deine körperliche, geistige und emotionale Gesundheit angreifen. Doch bei der Suche nach deiner Berufung wirst du gut daran tun, nicht nur inspiriert zu sein, sondern auch geerdet. Lese die Übungen und Tipps aus Kapitel 2 noch einmal durch.

4 Qualitäten

4.1 „Beobachtungsbegabt"

Vielleicht hat dich das letzte Kapitel etwas beunruhigt, weil dir klar wurde, dass so viele Dinge für Hochsensible nicht selbstverständlich sind. Doch lass dich dadurch nicht entmutigen. Du wirst – hoffentlich – zwischen den Zeilen auch gelesen haben, was die Vorteile von Hochsensibilität sind. In diesem Kapitel werde ich die wesentlichen Qualitäten, über die Hochsensible in der Regel verfügen, im Einzelnen besprechen.

Möglicherweise findest du noch immer, dass du ungenügend tatkräftig, nicht schnell genug oder unzureichend abgehärtet bist. Diese Gefühle liegen nahe, betreffen sie doch Eigenschaften der Mehrheit der Menschen – zu denen du allerdings nicht gehörst. Vielleicht hatten andere, eventuell deine Eltern, solche Erwartungen an dich, und du hast ständig mit dem Gefühl gelebt, ein Fehlschlag zu sein. Wenn du in einer Umgebung aufgewachsen bist, die von dir forderte, sich anzupassen, hast du dich vielleicht in die Enge gedrängt gefühlt – oder wenn du immer noch in dieser Umgebung lebst, fühlst du dich vielleicht noch immer so. Du fühlst dich nicht so akzeptiert, wie du bist. Jeder Mensch verlangt danach, er selbst sein zu dürfen und sich in einer Art auszudrücken, die ihm entspricht. Deine Eigenschaft der Hochsensibilität fordert von dir, dass du dich in deinem täglichen Leben auf deine dir eigene Art und Weise zeigst. Du bist gut, so wie du bist. Und du bist gar nicht so sehr anders, schließlich sind zusammen mit dir etwa 15 bis 20 Prozent der

Menschheit hochsensibel. Sogar unter höher entwickelten Tieren triffst du auf Schicksalsgenossen. Du darfst ruhig mit einer anderen – sanfteren – Lebensweise beginnen. Diese wird wahrscheinlich besser zu dir passen.

Bevor ich weitergehe, möchte ich betonen: Es ist nicht meine Absicht, einen Keil zwischen Hochsensible und Normalsensible zu treiben, indem ich beispielsweise die eine Gruppe mehr wertschätze als die andere. Hochsensibilität ist eine Eigenschaft, die man neben vielen anderen Eigenschaften hat. Du bist mehr als deine Hochsensibilität. So viele Hochsensible, wie es gibt, so viele verschiedene Menschen gibt es auch. Jeder ist einzigartig. Lies die Liste nach diesem Absatz. Vielleicht erkennst du in dir bestimmte Eigenschaften, die ich aufführe, vielleicht auch nicht. Es werden mehr als genug positive Auswirkungen der Hochsensibilität aufgezählt. Du findest sicher selbst noch weitere Punkte. Und du darfst ruhig anfangen, Stolz auf dich und deine Hochsensibilität zu sein. Du kannst anfangen, dich für das zu schätzen, was du wirklich bist und was du kannst. Du wirst schnell genug merken, dass es Menschen gibt, die darauf warten, dass du dich weiter entwickelst, und die auf dein Selbstbewusstsein warten. Das sind die Menschen, mit denen du ohne Probleme in Harmonie leben kannst und die es gerade schätzen, wenn du das, was du in dir hast, zu entfalten wagst.

Die Eigenschaft Hochsensibilität bewirkt, dass Hochsensible:

- ein Auge für Details haben
- die meisten Dinge achtsam und mit Sorgfalt tun
- schnell spüren, ob es zwischen Menschen Sympathien oder Antipathien gibt
- schneller als andere bemerken, wo Probleme und Lösungen liegen
- sich gut in andere einfühlen können, weil sie andere schneller verstehen
- über viele verschiedene Themen mitreden können, selbst wenn es für sie unbekannte Themen sind

- ihre eigene Unverwechselbarkeit respektieren, aber auch ihre Mitmenschen für das, was sie sind, schätzen (und nicht für das, was sie darzustellen versuchen)
- hilfsbereit sind
- Sachverhalte intuitiv spüren
- hellsichtige Fähigkeiten haben, mit denen sie subtilste Details bemerken
- neugierig sind und Forschergeist haben
- künstlerisch interessiert und kreativ sind
- Fragen stellen und Antworten offen lassen können sowie bereit sind, Risiken einzugehen
- Verbindungen sehen (sie denken lieber holistisch als trennend)
- die Welt als Einheit erleben
- ein gut entwickeltes, spirituelles Bewusstsein haben
- auf neue, originelle Gedanken kommen.

Ein anderes Wort für „hochsensibel" könnte sein: „beobachtungsbegabt". Hochsensible haben eine intensive und inspirierte Beziehung zu allem und jedem um sie herum. Ihre Sinnesorgane und ihr Gehirn arbeiten überdurchschnittlich emsig und intensiv. Deshalb bemerken sie mehr als üblich. Das ist eine Gabe. Dieses „Registrieren" kann auf vielen Gebieten zu ihrem Vorteil werden, so dass es als Talent einsetzbar ist.

Johannes (31) ist gegenwärtig Gesprächsleiter bei den Besprechungen in dem IT-Betrieb, in dem er seit kurzem arbeitet. Es war nämlich aufgefallen, dass er die oft uferlosen Diskussionen unterbrach und die Besprechung wieder zu ihren zentralen Punkten zurückführte. Auf die eine oder andere Art brachte er ein angenehmes Verständnis für die verschiedenen Meinungen auf, verlor aber nie den roten Faden. Seine Kollegen schätzten seinen moderierenden Beitrag und baten ihn, fortan die Sitzungen zu leiten. Seitdem dauern die Sitzungen nicht mehr endlos, und es gibt mehr Resultate.

Johannes: „Ich finde es spannend, die verschiedenen Meinungen anzuhören, aber ich möchte auch, dass allen klar wird, dass wir gemeinsam nach Lösungen suchen müssen. Ein Gespräch kann schnell zu einer Diskussion werden, in der die Meinungen aufeinanderprallen. Diskussionen sind gesund, aber nicht immer konstruktiv. Ich sehe es als Herausforderung, alle zufriedenzustellen und eine Antwort zu suchen, in der sich jeder wiederfinden kann. Ich bin davon überzeugt, dass das durch meine Hochsensibilität kommt. Ich zeige viel Respekt und suche ständig einen Konsens."

Ein gut entwickeltes Bewusstsein verlangt danach, Dinge bewusst anzugehen. Genauso wie Johannes spürst du wahrscheinlich frühzeitig, worum es eigentlich geht, und bist dann auf der Suche nach einer Lösung. Du findest es wahrscheinlich unangenehm, unbewusst und oberflächlich zu leben. Im Arbeitsleben und im Privatleben möchtest du Dinge gründlich und sorgfältig tun. Ein Mitarbeitertreffen ist nicht einfach ein Stündchen plaudern, sondern etwas, was Resultate zeigen soll. Mit deinem Lebenspartner hast du auch nicht irgendeine laue Liebesbeziehung, sondern du strebst danach, sie in so vielen Bereichen wie möglich erfolgreich werden zu lassen. Das ist dir wichtig und daran wirst du hart arbeiten. Bewusstsein bedeutet auch bewusstes Genießen. Häufig genießt du sogar Kleinigkeiten. Du freust dich über die Fliege, die sich auf deine Nasenspitze setzt, über die Blumen, die im Frühling blühen, und über einen freundlichen Unbekannten in der Straßenbahn. Du genießt intensiv, und so möchtest du am liebsten jeden Tag leben.

Glücklicherweise hat niemand etwas dagegen, dass du das tust. „Beobachtungsbegabt", eine Bezeichnung, die es eigentlich nicht gibt, beschreibt recht passend die Eigenschaft, um die es hier geht. Sie hilft dir nicht nur, glücklicher und gesünder zu leben, sondern auch, mit Aufrichtigkeit und Einfühlungsvermögen anderen gegenüber zu handeln. Mit dieser Eigenschaft kannst du also etwas Positives in der Welt bewirken – beispielsweise, indem du Suchende ermutigst, näher zu ihrem wahren Wesen zu gelangen. Oder indem du sie auf eine gesündere Lebensweise hinweist. Indem du kreativ arbeitest, Kunstwerke schaffst oder neue Produkte auf den Markt bringst, die der Welt weiterhelfen. Durch ein offenes Ohr, eine helfende Hand, ein mitfühlendes Herz und einen inspirierenden Kontakt.

4.2 Inspiration

„Hochsensible haben etwas, wodurch sie mehr als durchschnittlich inspiriert und spirituell sind", schreibt Elaine Aron. Bei den meisten dieser Menschen, mit denen sie sprach, kamen Worte wie „Seele" und „spirituelles Bewusstsein" regelmäßig vor. Es war fast, als ob das Wissen um das Höhere, das Kosmische oder das Göttliche, viele Hochsensible als solche definiere. Aron sagt dazu: „Immer, wenn ich mit diesen Personen auf Themen wie Glaube, Philosophie, die innere Lebenswelt und Spiritualität zu sprechen kam, war es, als würden ihre Stimmen eine erneute Energie erhalten und als kämen wir im Interview endlich zu den wichtigen Punkten."[21] Aron erfasste den Faktor Inspiration durch vier Aspekte, die ihr im Kontakt mit Hochsensiblen auffielen: (1) die Neigung, regelmäßig eine tiefe – weihevolle – Stille walten zu lassen, (2) das Interesse für ethische Themen, (3) der Hang zu spirituellen Erfahrungen und (4) das Verlangen, alle Aspekte des Lebens auf eine inspirierende Art zu erfahren.[22]

Bei den meisten Hochsensiblen entsteht dieses Verlangen schon früh. Manche berichten von Erfahrungen, die sie bereits als Kind hatten – Erfahrungen von Inspiration, die etwas Kostbares und Fundamentales in ihnen zum Vorschein brachten. Hans (38, Ingenieur und Entwicklungshelfer): „Als Kind war ich häufig auf mich alleine gestellt, weil meine Eltern mit ihrem Geschäft so beschäftigt waren. Ich fand das aber nicht schlimm. Ich zog alleine los oder spielte in meinem Zimmer. In meiner Vorstellung hatte ich einen Spielkameraden, dem ich bedeutungsschwere Briefe schrieb, die ich mit farbenfrohen Zeichnungen ausschmückte. Neben Lebensgeschichten anderer stellten meine Bilder vor allem meine eigene Zukunft dar. Ich zeichnete mich selbst in einer Umgebung, in der ich gerne leben wollte. Ich weiß, dass ich mein tiefes inneres Wesen in diesen Momenten sehr deutlich erlebte. Ganz anders, als wenn ich in der Schule war oder mit meiner Familie. Vielleicht haben mir die Zeichnungen und Gespräche, die ich mit meinem unsichtbaren Freund führte, eine Richtung gegeben. Ich weiß es nicht. Aber das Bemerkenswerte ist, dass letztendlich meine Vorstellungen wahr geworden sind. Ich mache nun genau das, was ich mir damals in diesen Zeichnungen vorgestellt hatte. Ich arbeite in verschiedenen Entwicklungsländern, in Dörfern und Städten, eng mit der örtlichen Bevölkerung zusammen. Dabei findet ein wertvoller Austausch statt. Ich liefere technische Sachkenntnisse und erfahre mit meinen Freunden und Kollegen eine Lebensfreude, die man hier in Westeuropa nicht kennt. Meine Arbeit erlebe ich als befriedigend und sinnvoll. Ich denke häufig zurück an den kleinen Jungen, der seine Zukunft auf Papier zeichnete."

Die meisten Hochsensiblen werden meiner Erfahrung nach nicht gleich von sich aus über ihre tiefsten Erfahrungen sprechen. Meistens muss man erst die richtigen Fragen stellen, um das Gespräch auf Themen wie Glaube oder Spiritualität zu bringen. Vertrauen und die richtige Atmosphäre sind Voraussetzung. Transzendente Erfahrungen sind kostbare Erfahrungen. In unserer westlichen Kultur haben wir noch nicht einmal einen passenden Wortschatz, um offen und ohne Scheu über Spiritualität und damit verbundene Themen zu sprechen. Aus dem einen oder anderen Grund gelingt es Hochsensiblen meistens besser, über ihre Probleme, ihre körperlichen und emotionalen Schmerzen und die Verletzungen, die sie sich zugezogen haben und noch stets zuziehen, zu sprechen, als über die Kraft, die sie in ihrem Inneren haben, die sie antreibt und ihnen ihren Enthusiasmus gibt. Und doch ist diese inspirierende Kraft essentiell für Hochsensible, gerade weil sie ihnen die Stärke schenkt, dann durchzuhalten, wenn es aussichtslos erscheint.

*„Wenn ich verfolgt werde von Schnee, Regen, Wind und
Dunkelheit,
lass mich dann sehen mit den himmlischen Augen klarer
Weisheit."*

TIBETISCHES TOTENBUCH.

Für den einen ist es das Kosmische, für den anderen das Entdecken
des höheren Selbst. Ein Dritter spricht von Gott. Wenn wir inspiriert sind, gelangen wir in einen Zustand, in dem wir uns in etwas
Größeres aufgenommen fühlen und uns gleichzeitig öffnen. Ein
Geschmack, ein Geruch, ein Wort oder ein Klang kann uns jäh ein
ekstatisches Gefühl von Friede und Freude schenken. Wir wissen
dann, ohne dass es uns jemand erklären muss: Das ist es – darum
geht es. Als seien wir zur Essenz des Lebens selbst vorgestoßen
(und vielleicht sind wir das auch). Inspiration ist ein bestimmtes
ekstatisches Gefühl. Es verbindet uns mit dem Sichtbaren wie auch
dem Unsichtbaren. Inspiration kann ebenso gut begeisternd sein
als auch in Stille münden. Sie versüßt das Leben und bringt uns zur
Blüte. Vielleicht verbinden wir uns zu den Momenten der Inspiration
mit dem Strom des Seins, der durch alles Leben fließt, mit dem Atem
des Lebens. Manche Menschen werden sagen, dass sie zu solchen
Momenten mit dem Göttlichen, mit der Ur-Energie zusammenfließen. Andere nennen es ausdrücklich: Liebe. Wieder andere geben
dem eine etwas nüchternere Erklärung. Auf jeden Fall ist Inspiration
für Hochsensible wie die Luft, die sie zum Atmen brauchen. Sie nährt
ihre inneren Bedürfnisse und gibt ihnen neue Kraft, um weiter zu
gehen. Diese Berührung der Seele ist eng verbunden mit Kreativität, und so ist es nicht verwunderlich, dass sie in vielen Künsten
besungen und beschrieben wird.

Inspiration macht für kritische Augen auch den Unterschied
zwischen guter und schlechter Kunst aus. Manchmal merkt man,
dass ein Gedicht oder Musikstück elegant und schön zusammenge-
stellt, aber darüber hinaus inhaltslos ist und einen nicht berührt.

Die Inspiration fehlt, sagt man dann. Auch ein Vortrag kann noch so unterhaltend und wohlklingend sein – wenn er nicht das gewisse Etwas hat, dann berührt er nicht die Seele. Sogar bei Menschen kann man manchmal das Gefühl haben, dass sie schön, angenehm und elegant sind, aber dass ihnen eine gewisse Inspiration fehlt. Wenn du selbst getragen von Inspiration einer Tätigkeit nachgehst, hast du in der Regel keinerlei Zweifel, dass das, was du tust, auch wirklich stimmig ist. Du fühlst es mit deinem ganzen Wesen. Inspiration übersteigt die nüchterne Alltagsrealität.

In der Inspiration können zwei Menschen einander treffen, mit Herz und Seele. Kennst du so einen Wesenskontakt? Das kann dein Lebenspartner sein, ein Familienmitglied oder ein Freund. Weil Hochsensible nach tief berührenden Erfahrungen suchen, haben sie die Neigung, langfristige Beziehungen einzugehen. Manchmal möchten sie sogar bestimmte wertvolle Beziehungen durch Rituale und Symbole bestätigen, um sie zu vertiefen. Dies kann traditionell geschehen, indem man vor Gott tritt, um zu heiraten, oder auf persönliche, auch originelle Art. Hochsensible legen Wert auf gemeinsame Erinnerungen, auf Daten und Erinnerungsgegenstände, die die Beziehung bestätigen. Bei ihnen kann sogar Sexualität eine inspirierende Form haben. Dann führt das Zusammenschmelzen zweier Menschen zur Wahrnehmung einer größeren Ur-Kraft. Letztendlich bedeutet Intimität auch ein Zusammentreffen mit sich selbst – und die Beziehung ist ein Spiegel für das Selbst.

Inspiration ist eine zutiefst individuelle Erfahrung und wird einem nicht von außen beigebracht. Sie definiert die Einzigartigkeit eines Menschen, und jeder beschreibt sie mit anderen Worten. Wir wissen aus Erfahrung, dass vielen Hochsensiblen Dinge beigebracht oder gar aufgezwungen werden, die ihrem Wahrheitsgefühl entgegenstehen. Viele Hochsensible haben Auffassungen und Lebensweisen angenommen, die nicht zu ihnen passen. Dadurch wurden sie entweder abhängig oder widerspenstig. Meistens ist dann ein Teil ihres inneren Wesens in die Enge getrieben. Das kann der spirituelle oder inspirierte Teil sein. Doch da man die Inspiration fast nie zerstören kann, ist dieser Persönlichkeitsanteil vermutlich nur verschüttet. Er ist eine Art Geheimbeziehung zum Selbst eingegangen. Manchmal fühlen sich Hochsensible dadurch in ihren Erfahrungen gespalten: Die Schönheit und Tiefe, die die Seele berührt und die Hochsensible im Kontakt mit dem essentiell Spirituellen erfahren, steht im Kontrast zum Alltag, zur täglichen Kommunikation, zu alltäglichen Begegnungen, Verpflichtungen und Anstrengungen, um zu überleben. Dieser Kontrast kann manchmal so groß werden, dass man es mit einer gespaltenen Persönlichkeit zu tun hat – mit der wirklichen und der unechten Person, dem Selbst und der Maske. Die Aufgabe besteht dann darin, diese beiden Schritt für Schritt wieder zusammenzuführen. Manchmal schafft man das allein, manchmal nur mit Hilfe von Therapie.

Hochsensible Erwachsene und Kinder können Inspiration erfahren – doch wie sieht es bei den anderen Menschen aus, die mit 80 Prozent die Mehrheit bilden. Leider muss das Kreative, Intuitive und Mystische sich in dieser Welt noch immer Kritik aus der konventionellen und der pragmatischen Ecke gefallen lassen. Zusätzlich hat die enttäuschte Abwendung vieler Menschen vom christlichen Glauben dazu beigetragen, dass sich die Mehrheit in trockenem Intellektualismus erstarrt ist. Manche Menschen, darunter auch Hochsensible, verwerfen aufgrund negativer Erfahrungen alles, was mit dem Höheren, Spirituellen oder Heiligen zu tun hat. Doch der beispiellose materielle Wohlstand, den viele Menschen im Westen erreicht haben, bewirkt noch lange nicht, dass sie sich in ihrer Seele befriedigt fühlen. Im Gegenteil, viele Menschen geben an, ein Gefühl von Leere zu empfinden. Menschen sind heute nicht anders als früher; nur die herrschenden Auffassungen über Lebensumstände haben sich gewandelt. Doch aus dem rationalen Zeitalter gelangen wir nun langsam wieder in eine intuitivere Ära. Das ist eine erfreuliche Entwicklung für Hochsensible. Nach Aron haben hochsensible Erwachsene und Kinder ein besonderes Führungspotential, wenn es darum geht, die Menschheit zu ihrer spirituellen, religiösen Erfüllung zu bringen. „Hochsensible", sagt Aron, „sind vorbestimmt,

Ganzheit im menschlichen Bewusstsein zu entwickeln." Allerdings müssen wir berücksichtigen, dass diese Aufgabe nicht leicht ist und an die eines Rufers in der Wüste zu erinnern scheint. Hochsensible sollten sich dadurch jedoch nicht entmutigt fühlen.

Was Inspiration für dich bedeutet, kannst nur du allein bestimmen. Inspiration und Besinnung können sich bei dir als Bedürfnis zum Meditieren äußern oder als Suche nach Kontakt zu Engeln oder anderen geistigen Führern oder als Beschäftigung mit Kunst oder als Wandern in der Natur. Vielleicht gehst du regelmäßig in eine Kirche, um dich geweiht zu fühlen. Es gibt vielfältigste Möglichkeiten, dieser grundlegenden Fürsorge für deine Seele Ausdruck zu verleihen. Meistens findest du im Laufe der Zeit deinen eigenen Weg. Wenn es dir gelingt, diese Inspiration mit anderen zu teilen, kannst du Sinngebung in deinem Leben erfahren. Es ist nicht unser Lebenszweck, uns von der äußeren Welt abzukapseln, uns in die Grotte der Einsamkeit zurückzuziehen mit unserer individuellen spirituellen Erfahrung. In dieser Welt mit anderen zu teilen, bedeutet auch, ein Stück deiner Inspiration weiterzugeben. Du kannst einen Teil deiner Berufung daraus machen, anderen so zu begegnen. Es erfordert Mut und Kreativität, kann dir indes letztendlich ein Gefühl deiner Bestimmung geben.

4.3 Stärke in Sanftmut

Hochsensible ziehen das Verbindende dem vor, was sie von anderen trennt. Die meisten Hochsensiblen suchen lieber das Gemeinsame als die Trennung. Sie werfen lieber das Handtuch, als für ihre Selbsterhaltung zu kämpfen. Sie warten lieber am Wegesrand, wenn andere in den Krieg ziehen. Sie ziehen es vor aufzubauen, statt zu vernichten, und sich aufzuopfern, statt zu profitieren. Sie gedeihen am besten in Harmonie. Die meisten von ihnen werden nach Möglichkeiten suchen, diese Tendenzen umzusetzen. In ihnen lebt die Weisheit, dass Versöhnung nur durch Liebe zustande kommt. Die Kraft der Hochsensiblen ist ihre Sanftmut.

Es ist äußert wertvoll, an dieser Sanftmut festzuhalten, auch wenn die ganze Umgebung dem widerspricht. „Das sanfte Wasser formt den härtesten Stein", ist eine nicht umsonst vielzitierte Weisheit. Wer integer ist, braucht keinen Druck. Sanftmut ist Bescheidenheit, auf schöne und würdige Art. Sie erwartet keine Opfer, obwohl sie meist Geduld und harte Prüfung beinhaltet. Sanftmut bringt als großes Geschenk Würde; ohne Selbstverleugnung kannst du mit ihr große Höhen erklimmen. Bedenke in einsamen Momenten, dass für Vögel mit großen Flügelspannweiten nur in großen Höhen ausreichend Platz ist. Im Instinktiven, im Intuitiven und im Stillen liegt deine große Bedeutung für diese Welt. Zusammen mit Gleichgesinnten formst du das Gegengewicht zu den rationalen, zielgerichteten und aggressiven Kräften, die uns umringen. Die Kraft der Sanftmut ist wie ein Mutterschoß: Mütter sind geduldig mit ihren Kindern, Hochsensible sind geduldig mit der Welt. Selbst wenn das Resultat ihrer Arbeit nur mit der Lupe zu sehen ist, macht sie das glücklich.

Als Hochsensibler findet man es oft verlockend, sich den Erwartungen der herrschenden Kultur anzupassen. Viele werden das anfangs auch tun, bis sie erkennen, dass sie sich damit fortwährend verleugnen. Dann beginnt ein Prozess der Umkehr und des Zurückkehrens zu dem, was sie wirklich sind. Marion, Mutter und Sozialarbeiterin, haben wir schon im letzten Kapitel kennengelernt. Sie sagt in diesem Zusammenhang: „Langsam, langsam wage ich es, meine Hochsensibilität erhobenen Hauptes zu leben." „Erhobenen Hauptes" ist ihre Formulierung für das Gefühl, das sie dabei hat. Statt niedergeschlagen zu sein aufgrund aller möglichen Energien, wie ihr das in der Vergangenheit so oft passierte, kämpft sie nun auf ihre eigene Art und Weise, um ihren Einfluss geltend zu machen. In einer Gesellschaft, die auf Produktionswachstum ausgerichtet ist, versucht Marion, ihre Fürsorglichkeit einzusetzen, weil das ihre ureigene, authentische Stärke ist. Nach 41 Jahren gelingt es ihr immer besser, ihre Sensibilität zu einer Kraft zu machen. Sich als Hochsensibler als schwach anzusehen, ist eine Fehleinschätzung, eine falsche Interpretation des Begriffs. Damit tust du dir selbst unrecht.

Es kann sein, dass du dich derart an deine Umgebung angepasst hast, dass du nicht mehr sanftmütig bist, weil du beispielsweise so oft verletzt wurdest. Vielleicht hast du eine Mauer zwischen deinen Gefühlen und der Welt aufgebaut. Manche Hochsensiblen fühlen kaum noch etwas, höchstens aufgestaute Wut oder Verbitterung. Sie haben ihre Integrität in Aggressivität und Zorn verwandelt. Ihre Sanftmut hat sozusagen Hornhaut bekommen. Oder sie haben es übertrieben mit Rationalität und kaltem Kalkül, die weit entfernt sind von ihrer Sensibilität. Es gibt viele Mechanismen, die man entwickeln kann, um sich gegen schmerzhafte Empfindungen zu schützen und seine Sensibilität tief zu vergraben. In manchen Situationen sind das gute und nützliche Strategien, es bleiben jedoch Schutzmechanismen, die wenig mit der wahren Persönlichkeit zu tun haben.

Neulich noch besprach ich mit meiner Mutter die Schwierigkeiten, die man durch Hochsensibilität erlebt. Wie man doch immer wieder überfordert wird und in bestimmten Situationen zu wenig für sich selbst aufkommt. Wir kamen zu dem Ergebnis, dass die einzige Antwort darauf ist, sich selbst in dieser Situation zu akzeptieren. Versuche dich selbst in dieser Situation nicht an anderen und deren Andersartigkeit zu messen. Denn dann gibst du deine Würde auf. Dann wirst du unfrei.

Für Hochsensible, die sich stark der Norm anderer angepasst haben, kann es schwierig sein, ihre Sanftmut wiederzufinden. Statt sich noch stärker abzugrenzen, sollten diese Menschen lernen, Flexibilität, Offenheit und Sanftmut in sich selbst neu zu nähren. Humor ist dabei oft recht hilfreich. Humor löst und verbindet. Humor macht weich, was verhärtet ist. Humor ist auch ein Aspekt der Erdenergie. In der taoistischen Sicht von Yin und Yang gehört Humor in eine Reihe mit Attributen wie: still, flexibel, aufmerksam und liebevoll. Humor ist eine große Kraft, die durchaus mit Tatkraft und Willenskraft konkurrieren kann. Jeder kennt angespannte Situationen, die durch ein herzliches Lachen aufgebrochen wurden. Jeder mag freudige Spaßmacher, weil sie in verkrampfte und zu ernste Stimmungen Bewegung bringen können. Humor ist eine positive Qualität der sanften Yin-Kraft.

Lache so viel du kannst. Lachen bedeutet: Krankenhauskosten zu sparen. Lachen (genauso wie Weinen) hat einen nachgewiesenen, positiven physiologischen Einfluss auf unsere Gesundheit. Indem du lachst (über dich selbst), trittst du unmittelbar in Verbindung mit der beruhigenden Kraft der Erdenergie. Beim Lachen schüttet das Gehirn Katecholamine aus, die ihrerseits die Abgabe von Endorphinen, einer Art natürlichen Valiums, in Gang setzen. Katecholamine bewirken eine bessere Durchblutung, beugen Entzündungen vor, steigern die Wachheit und fördern Genesungsprozesse. Und indem du lachst, machst du aus einer angespannten Situation eine entspannte.

Wir werden in der Regel viel zu ernst aufgezogen und nehmen unser Leben entsprechend ungemein ernst. Wenn wir imstande sind, über die Dinge, die wir tun, zu lachen, hat das viele Vorteile: Andere finden uns sympathischer und interessanter, Humor bringt Menschen zusammen und ist eine Öffnung für die Liebe, Lachen fördert die Kreativität, es wirkt verjüngend, es befreit uns vom Ernst des Geistes und bringt uns zur Stabilität der Erde. (Für Lachmeditationen verweise ich auf das Buch *Erleuchtung in der Mittagspause*.)

Vielleicht glaubst du immer noch, es ginge dir besser, wenn du dich abhärtest und abgrenzt, Gefühllosigkeit und Unempfänglichkeit anstrebst. Ein hochsensibler, hochbegabter 19-Jähriger schrieb mir: „Ich habe einen guten Freund, der kann sich den Arm brechen, ohne dass er Schmerz dabei fühlt. Ich kann ziemlich gereizt reagieren, wenn Menschen mich kraftlos nennen. Denn das bin ich ganz und gar nicht, ganz im Gegenteil. Doch um ein bisschen mit dem Durchschnitts-Menschen konkurrieren zu können, habe ich meine Belastungsgrenze viel mehr erweitern müssen als meine Altersgenossen."

Wenn man jung ist, sieht man häufig nur eine einzige Möglichkeit. Ich kann mir gut vorstellen, dass Kinder untereinander inzwischen noch gemeiner und härter geworden sind, als sie es zu meiner Zeit waren. Sie sind oft ohne Mitleid. Kindern ist das, was gerade „in" ist, sehr wichtig. In jungen Jahren gibt man sein Bestes, um dazuzugehören. Kinder, die andere beeindrucken, sind meistens attraktiv, schlagfertig und haben ein großes Mundwerk. Hochsensible Kinder können schnell beeindruckt werden vom Imponiergehabe, das andere Kinder in ihrer Tatkraft und Gefühllosigkeit an den Tag legen. Die Mehrheit glaubt nämlich, diese Eigenschaften seien besser als Sanftmut und Mitgefühl. Deshalb bekommen hochsensible Kinder schnell das Gefühl, nicht mitzuzählen. Das ist auch eine kulturelle Erscheinung. Der Riss, der so zwischen Verstand und Gefühl entsteht, drückt sich auf ungesunde Weise in intoleranter Rationalität und sensationslüsterner Emotionalität aus. Diesen zwei Extremen fehlt das Gegengewicht von Sanftmut und Freundlichkeit. Diese Extreme müssen und können durch die Prinzipien, in denen wir uns hervortun, überbrückt werden: durch Versöhnung, durch Kommunikation, durch Einfühlungsvermögen, Ganzheit und Verbindung. „Seine Belastungsgrenzen zu erhöhen", bedeutet, sich selbst zum Narren zu halten.

Auf deiner Suche nach Ganzheit und Einklang wirst du auf deinem Weg nach und nach jene Schrittfolgen finden, die dich am besten voranbringen. Die meisten Hochsensiblen, die es schaffen, in Frieden und Harmonie mit ihrem Wesenskern zu leben, werden zu Vorbildern für andere und inspirieren diejenigen, die diesen verbindenden Kontakt noch nicht gefunden haben. Dass du dafür eine Wegstrecke zurücklegen musst, ist eine Realität, die es zu akzeptieren gilt. Du wirst früh genug erfahren, dass Zeit und Geduld nötig sind, um nach außen wirksam werden zu lassen, was du in dir hast, oder wie Ramon es ausdrückt: „Der Korken sitzt noch auf der Sektflasche. Viel ist in mir, aber es kommt noch nicht heraus." Wenn der Korken einmal herausgezogen ist, strömt es reichlich. Und dann kannst du auch andere an deiner Lebensfreude teilhaben lassen. Auch die weniger Sensiblen kannst du inspirieren und ermutigen. Die Kraft, die du hast, ist anders als die Kraft der Mehrheit. Doch sie ist mindestens ebenso stark. Deine Kraft ist die Kraft der Sanftmut.

Kraft und Sanftmut sind deine Art, dich zu öffnen, ohne dich aussichtslos in etwas zu verlieren. Hochsensible haben die Fähigkeit, jenseits der abgesteckten Pfade zu denken. Sie können sich sozusagen aus einer Situation herausziehen und diese dann aus einigem Abstand betrachten. Obwohl sie die Gabe haben, sich betroffen zu fühlen, können sie auch die entgegengesetzte Fähigkeit einsetzen und die Dinge unbeteiligt und unparteiisch betrachten. Als Seher haben sie die Gabe vorauszuschauen, Gefahren adäquat einzuschätzen und weise Schlussfolgerungen zu ziehen. Wenn sie das Gefühl haben, in einen Kampf gezogen zu werden, in dem sie sich für das verteidigen müssen, was sie sind, dann können sie den Blick der Weisheit einsetzen: sich von der Identifikation mit der Situation und dem Problem lösen. Bevor deine Emotionen zum übermächtigen Chaos werden, kannst du dich freundlich für die Erfahrung bedanken und loslassen. Erinnere dich dann, dass für einen Kampf zwei Menschen nötig sind. Lass dich nicht aus deiner Deckung locken. Die meisten Menschen haben die Neigung, in schwierigen Situationen die Konfrontationen zu suchen. Wenn du den Fehde-Handschuh aufnimmst, ist Streit unvermeidlich. Du kannst deshalb besser einen Schritt zurück treten, tief durchatmen, dich entspannen und deine Würde behalten. Eine Hand allein kann nicht klatschen. Der andere wird dann gezwungen sein, zu passen.

4.4 Schöpferische Tätigkeit, die Kunst der Kreativität

Ein großer Teil der täglichen Kopfarbeit in unserer Kultur besteht aus seriellen oder analytischen Denkabläufen. Wenn A passiert, folgt daraus B. Immer und überall. Das ist nützlich für logische und strategische Planungen. Die meisten Menschen, vor allem die Bürokraten und Realisten, sind dieser Denkweise stark verhaftet. Im Geschäftsleben spricht man von zielgerichtetem Management. Auch andere Gesellschaftskreise haben sich davon inspirieren lassen, so dass zum Beispiel unsere Schulen inzwischen wie Unternehmen geführt werden, mit Zielvorgaben und Effizienzerwägungen. Serielles Denken ist nützlich, wenn man Pläne macht. Ein Problem oder eine Situation wird dadurch in logische Teilbereiche unterteilt, so dass die Kausalbeziehungen zwischen den Teilbereichen verstanden werden und Vorhersagen gemacht werden können. Was man mit dieser Art des Denkens nicht kann, ist angemessen auf unerwartete Geschehnisse reagieren. Serielles Denken bietet keinen Raum für verschiedene Facetten oder für Unsicherheit. Es geht um Ja oder Nein, dies oder das. Das ist in bestimmten Bereichen sehr effizient – doch es funktioniert eben nur innerhalb bestimmter Rahmenbedingungen.

Dem entgegen steht das assoziative Denken, welches die Grundlage unserer emotionalen Fähigkeiten bildet. Es verbindet Gefühle und es verbindet Erfahrungen – auf dieser Basis verbinden wir dann konkret zum Beispiel die Erinnerung an einen Apfel mit dem Gefühl des Hungers, und die Erinnerung an einen gefährlichen Hund mit dem Gefühl der Angst. Dieses assoziative Denken findet auf dem Niveau des Herzens und des Körpers statt. Ein talentierter Sportler kann damit einen Weltrekord aufstellen und ein Pianist kann ein meisterhaftes Konzert geben. Durch dieses Denken bekommen Erfinder neue Ideen und werden Lehrer von ihren Schülern geliebt. Technisch ausgedrückt ist es so, dass sich durch assoziatives Denken neuronale Netzwerke im Dialog mit der Erfahrung verändern. So kann dieses Denken die idealen oder für die Situation optimalen Antworten finden. Das sind häufig Antworten, die wir als kreativ bezeichnen, weil sie neu und unerwartet sind. Sie entstehen eher durch Bilder und Gefühle als durch Logik und Ratio. Während serielle Prozesse eine Sprache haben, die manipuliert und verändert werden kann, sind assoziative oder parallele Prozesse „sprachlos".

Ich finde das ein schönes Wort: „sprachlos". Man kann vor Bewunderung sprachlos sein. Ganz assoziativ fällt mir jetzt ein, dass Kreativität durch Bewunderung und die Fähigkeit, von einer Sache sprachlos fasziniert zu sein, entsteht. Es ist das Vermögen, jenseits altbekannter Vorschriften auf Entdeckungsreise zu gehen. Es bedeutet, einen Brunnen an einem Ort zu graben, an dem noch niemand auf die Idee kam, zu graben.

Hochsensible sind oft originelle Geister, weil sie ein starkes Bedürfnis nach assoziativem Denken haben. Das kommt daher, dass ihr Hirn mehr und tiefer bemerkt und verarbeitet. Sie neigen zur Introspektion und Forschung und tasten gern die Grenzen des Erkennbaren ab. Die meisten Hochsensiblen sind eher phantasiereich, als dass sie gut im Faktenwissen sind. Kreativität ist für viele Hochsensible eine logische Lebensbedingung. Unter Wissenschaftlern und Künstlern befinden sich verhältnismäßig viele Hochsensible.

Für eine Dokumentation über Erfinder interviewte ich vor einigen Jahren Männer und Frauen der Forschungsabteilung von Philips. Ich interessierte mich dabei für die Art, wie sie auf gute Ideen kamen. Bei den verschiedenen Gesprächen hörte ich unterschiedliche Erklärungen, die jedoch auf denselben Grundgedanken zurückgeführt werden konnten. Obwohl diese Menschen auch ausgezeichnet seriell denken konnten, war es vor allem ihr assoziatives Denken, das sie auf die richtigen Ideen und Lösungen brachte. Was mich faszinierte, war ihr kindlicher Enthusiasmus und die Emotionalität, mit der sie über ihr Fachgebiet redeten. Vor mir saßen intellektuell begabte Menschen, die intensiv die Herausforderungen genossen, vor die sie tagtäglich gestellt wurden. Ihre Arbeit schien aus Spielen und Genießen zu bestehen. Darauf konnte man ganz neidisch werden. Obwohl mir damals der Begriff Hochsensibilität noch unbekannt war, sprachen diese Erfinder und Untersucher über eine Reihe von Eigenschaften, die ich heute unter dem Titel „Hochsensibilität" einordnen würde.

Kreative Intelligenz beinhaltet auch, dass man durch Wiederholung gelangweilt wird. Bei einem freimütigen Gespräch sagte mir die hochsensible Anke (aus Kapitel 2): „Der rote Faden in meinem Leben ist, dass ich Routine verabscheue. Ich habe ein starkes Bedürfnis nach Abwechslung und neuen Herausforderungen. Wenn nicht regelmäßig etwas Neues passiert, stumpfe ich ab. Das ist manchmal schwierig. Ich habe schon an vielen kreativen Kursen teilgenommen. Immer mit viel Enthusiasmus, aber nach einiger Zeit brauchte ich doch stets wieder eine neue Herausforderung."

Nicht jeder Hochsensible sucht ständig neue Herausforderungen. Es ist sogar so, dass ein großer Prozentsatz der Hochsensiblen eher zurückhaltend ist. Dies kann in ihrer Persönlichkeit liegen, ist aber häufig auch eine Frage von Erfahrung: Enttäuschungen und Desillusionen fördern eine gewisse Furcht vor neuen Dingen. Vielleicht erkennst du dich in den Worten von Anke oder vielleicht gehörst du zu denen, die lieber das Bekannte beibehalten. Es kann auch sein, dass du bestimmte Aspekte deines Lebens standardisiert hast, zum Beispiel Freundschaften und Kontakte oder deine Tageseinteilung (wann du aufstehst, zur Arbeit gehst, wieder nach Hause kommst und wie du dich abends vorbereitest, um ins Bett zu gehen), um Freiraum zu schaffen, damit du auf anderen Gebieten frei und assoziativ sein kannst. Mein Vater, auch hochsensibel, verrichtet zum Beispiel viele Dinge nach einem festen Muster. Die Woche sieht für ihn fast immer gleich aus. Dies gibt ihm in seinem Beruf die Möglichkeit, als Forscher und Erfinder sehr kreativ und frei zu sein.

Die kreative Art, Dinge zu erfahren, überwindet übliche Grenzen. Doch weil im größeren Ganzen so viele Details bemerkt werden, die eine Rolle spielen, ist es für Hochsensible trotzdem unumgänglich, sich abzugrenzen und Ordnung zu schaffen. Genauso wie Ordnung kann das Setzen von Prioritäten einem Hochsensiblen im Alltagsleben helfen. Weil dir so viel gleichzeitig auffällt, kannst du dich in den Details verlieren. Um zu verhindern, dass die Masse der Details dich überwältigt, musst du lernen, eine Auswahl zu treffen. Andernfalls willst du oft mehr als das, was du bewältigen kannst. Du siehst manchmal zu viele Möglichkeiten. Doch du kannst nicht alles tun und überall gleichzeitig sein. Bei einer einzigen Sache kannst du herausragen. Wenn du aber alles gleichzeitig willst, endest du möglicherweise erschöpft und enttäuscht.

Wenn du dich durchringst, Prioritäten zu setzen, glänzt du in einem oder einigen wenigen Bereichen. Wenn du jedoch deine Aufmerksamkeit auf alles und jeden verteilst, endest du meist ausgemergelt und desillusioniert.

Die meisten Hochsensiblen sind nicht automatisch ordentlich und gradlinig. Das sind Eigenschaften, die eher zum realistischen Menschentyp gehören. Trotzdem geht es den Hochsensiblen bei Ordnung und Übersicht viel besser. Es bringt ihnen die bitter nötige Ruhe. Schon oft haben mir Hochsensible berichtet, wie viel Mühe sie investieren, um ihr Leben zu ordnen.

Karin schreibt mir: „Wenn ich ein Buch auf dem Sofa lesen will, bin ich manchmal zehn Minuten beschäftigt, um erst mal die Störungen in meiner Umgebung zu beseitigen und passende Umgebungsfaktoren zu schaffen. Das Licht darf weder zu hell sein, noch zu dunkel, so dass ich dann nichts mehr sehe. Der Fernseher muss abgeschaltet sein und das Telefon darf nicht unerwartet klingeln. Zudem will ich es auch nicht zu kalt oder zu warm haben, weshalb ich ziemlich viel Zeit brauche, um mich selbst in die richtige Anzahl von Decken einzuhüllen. Enge Kleidung stört mich auch, deshalb muss ich einige Reißverschlüsse und Knöpfe öffnen. Ich will auch gerne zwischendurch etwas knabbern und trinken, also stehe ich wieder auf, um mir entsprechend etwas vorzubereiten. Das muss dann auf dem richtigen Abstand stehen, damit ich danach greifen kann, ohne mich verrenken zu müssen. Durch all das werde ich manchmal müde von mir selbst. Zehn Minuten bin ich beschäftigt und habe noch kein Wort gelesen. Ich fühle mich wie eine Katze oder ein Hund, die hundert Mal um ihr Schlafkörbchen laufen, bevor sie sich endlich hineinlegen." Marian von den Beuken schreibt in *Hochsensibilität als Herausforderung*: „In meinem Kopf Ordnung zu schaffen ist sehr wichtig. Wenn ich zurück aus dem Urlaub komme, denke ich immer: ‚Warum kann das Leben eigentlich nicht immer so einfach sein?' Ich liebe das Zelten sehr. Einer der Hauptanziehungspunkte für mich ist, dass ein Zelt wie ein kleines Häuschen ist, in dem man nur das Nötigste hat. Und alles, was man zu zweit für ein bis vier Wochen benötigt, passt ins Auto. Und dort bringen wir jeden Tag aufs Neue Ordnung hinein."[23]

Ordnen ist auch eine Methode, Dinge zu verarbeiten. Indem man sich künstlerisch und kreativ betätigt und musiziert, malt oder schreibt, kann man den verlorenen Kontakt zu sich selbst, zu seinem inneren Kind wiederherstellen. Kreativität kann man als Mittel zur Heilung anwenden. Man fühlt sich wieder als Schöpfer seiner selbst. Man setzt in sich den kreativen und spielerischen Fluss, der Freude spendet, in Gang. Durch Kreativität kann man auch schlimmen und schmerzhaften Erfahrungen einen Platz geben, ohne andere einbeziehen zu müssen und eventuell zu verletzen. Man kann zum Beispiel dunkle, Angst einjagende Bilder malen, die die eigene Angst und Wut ausdrücken. So wird Kreativität zu einem Hilfsmittel, um eigene Erfahrungen zu ordnen und mögliche Traumata zu verarbeiten.

In der Anthroposophie wird seit langem der Wert von Kreativität im Heilungsprozess anerkannt. Innerhalb dieser Richtung gibt es viele Kenntnisse über die spezifische Wirkung bestimmter Kunsttherapien. Anthroposophen betrachten die Kraft schöpferischer Tätigkeiten als eine Methode, um in sich selbst und in der Welt die Ganzheit wiederherzustellen: „Jeder Mensch kann in sich selbst sein höheres Wesen entdecken, das als Künstler mit an der Schaffung einer neuen Welt wirkt. So kann ein Mensch in Zeiten von Krankheit oder Krise dazu gelangen, den Künstler in sich zu finden und dadurch über die Niederungen des alltäglichen Daseins hinauszuwachsen."[24]

Durch kreative Beschäftigung verbindet man seine Gedanken mit Handlungen. Manchmal ist es heilsam, wenn man Probleme auf symbolische Weise angeht. Durch rituelles Verbrennen alter Probleme kann sich einem manchmal ein neuer Weg öffnen.

Durch Modellieren kann man seinen Emotionen eine Form geben und sie so handhabbar machen. Modellieren hilft, die vitalen Lebenskräfte des Menschen zu regenerieren. Es ist ein Arbeiten mit Materie, das eine bestimmte Willenskraft erfordert.

Strichzeichnen kann zu einer Methode werden, die erhellend und ordnend auf den Menschen wirkt, während Zeichnen nach Vorbild mit allen Schattenverläufen – also Abzeichnen – die Liebe zur Umgebung stärkt.

Singen ist eine sehr direkte Form, um aus dem eigenen Wesenskern heraus in Kontakt zu seiner Seele zu kommen. Man kann sich dabei nicht hinter dem Intellekt verstecken. Es gibt viele verschiedene Methoden, um Kreativität in sich wach zu rufen. Man kann auf diese Art selbstständig sein inneres Wesen erforschen oder man kann sich von einem qualifizierten Therapeuten darin anleiten lassen.

Schreiben war für mich immer eine Methode, um die Dinge, die mich beschäftigten, zu ordnen und zu verarbeiten. Ich habe an manchen Tagen viele Tagebuchseiten gefüllt – während an anderen Tagen die Seiten leer blieben. Die vollen Seiten sind Momentaufnahmen starker Emotionen, die mich zu diesem Zeitpunkt überwältigten. Wenn ich mir das heute noch einmal anschaue, sehe ich, wie meine Gedanken sich langsam veränderten. Von Wut, Enttäuschung oder Verzweiflung zu Verständnis und Selbstvertrauen. Durch das Schreiben verarbeite ich anscheinend die Dinge, die mich aus der Fassung gebracht hatten. Mit den zunehmenden Möglichkeiten des Internets ist jetzt auch so etwas wie Internettherapie entstanden. Ein unsichtbarer Therapeut hilft dir aufgrund dessen, was du ihm per E-Mail schickst. Er stellt Fragen und du antwortest. Das scheint oft recht effektiv zu sein. Das Schreiben zwingt dich, deine Gedanken präziser zu formulieren als beim Sprechen. Es ist ein schöpferischer Prozess und ein Zusatzgewinn durch Kreativität. Es gibt auch eine therapeutische Methode, bei der man mit der nicht-dominanten Hand schreibt. So zu schreiben führt einen noch leichter zu seinen Gefühlen und zu seinem inneren Kind. Wenn du das ausprobieren willst, solltest du damit rechnen, dass möglicherweise starke Emotionen nach oben kommen. Die Beschäftigung mit Träumen ist auch eine Methode heilender Kreativität. Auf die Träume selbst hast du zwar wenig Einfluss, doch die Art, wie du mit den Träumen umgehst, kann dir weiterhelfen. Wenn du viel träumst, möchtest du vielleicht mehr darüber wissen. Es gibt Kurse und Bücher, die dir weiterhelfen können. Das Schöne an Kreativität ist, dass letztlich all deine Gedanken kreativ und schöpferisch sind. Durch Gedanken kannst du deine Zukunft schaffen. Selbst die Vorstellungen, an die du anfangs nicht glaubtest, werden, wenn du ihnen nur treu bleibst, letztendlich Wirklichkeit werden. Das ist eine Erfahrungstatsache. Wenn du das nicht glaubst, solltest du diesen Gedanken einfach einmal eine Zeitlang probeweise akzeptieren. Ich möchte wetten, du änderst deine Ansicht!

4.5 Intuition und paranormale Begabung

Kreativität ist ein wichtiges Mittel, um die Verbindung zu unserer Intuition zu stärken, und anders herum wirkt es auch: Wir setzen unsere Intuition häufig ein, um etwas zu „kreieren". Beides ist also eng miteinander verbunden. Unsere Intuition ist die Quelle unserer Erkenntnis. Intuition ist eine Kombination von Fühlen und klarem Wissen – einem gefühlsmäßigen Wissen, das wir durch Einsichten und Ideen erlangen. Im Bruchteil einer Sekunde kommen wir so manchmal auf eine Antwort, ohne dass wir genau wüssten, wie. Manchmal gibt es dafür keine logische Begründung. Die Information ist plötzlich da, ohne dass dazu deduktive Prozesse nötig waren. Als Priester, Heiler und Seher hatten Hochsensible ursprünglich die Aufgabe, der Gesellschaft, zu der sie gehörten, den rechten Weg zu weisen. Künstler machen mit Hilfe ihrer Intuition aus Nebensächlichem Bemerkenswertes. Dank ihrer gut entwickelten Intuition verfügen Wahrsager über einen sechsten Sinn.

Wer seiner Intuition folgt, spürt, wie sich Ereignisse ankündigen. Es scheint, als hätte er magische Fähigkeiten.

Jeder hat im Prinzip Zugang zu seiner Intuition. Trotzdem handeln manche Menschen intuitiver als andere. Es gibt verschiedene Erklärungen dafür. Manche denken, dass jeder bis zum dritten Lebensjahr vollkommen intuitiv und für außersinnliche Wahrnehmungen offen ist, aber dass die meisten diese Verbindung im Laufe des Lebens verlieren. Hochsensible scheinen weniger Schwierigkeiten zu haben, den Kontakt mit dem intuitiven, klaren Wissen beizubehalten oder wiederherzustellen. Dieses intuitive Wissen ist in der Regel für andere schwer zu begreifen. Die Erkenntnisse sind direkt. Es ist häufig schwierig, eine Antwort darauf zu geben, wie man auf diese Erkenntnisse gekommen ist.

Du kannst diese Intuition für dich und andere einsetzen, um Verbesserung und Veränderungen zu bewirken. Wenn du gut zentriert bist und somit gut in dir selbst verankert, kannst du dich mit deinem inneren, höheren Wissen verbinden. Je stärker deine Individualität, desto vollkommener der Kontakt zu deiner inneren Stärke, wie in Kapitel 2 besprochen. Intuition hilft dir, die Richtung zu bestimmen, in welcher Situation auch immer du gerade bist. Wahrscheinlich fühlst du dich zu manchen Zeiten intuitiver als zu anderen. Manchmal zeichnet sich eine solche Periode durch eine Aufeinanderfolge von Momenten großer Erleuchtung und Inspiration aus, oft auch durch Kontakt mit deinen geistigen Führern und Begleitern. Dies sind besondere Momente, die du nutzen kannst (und die vielleicht auch dazu gedacht sind), um dein Leben in Ordnung zu bringen, indem du es auf ein höheres, weiseres oder gesünderes Niveau transformierst.

Klares Wissen kann sich in vielen verschiedenen Formen äußern. Manche hören Stimmen, andere spüren etwas in ihrem Körper, wieder andere wissen nur einfach. Manche erhalten Informationen in Träumen. Manche Erwachsene oder Kinder sehen Auren oder Geister. Marie-Lousie: „Als Kind dachte ich, dass jeder ‚Verbindungsfädchen‘ habe. Ich selbst verstand die Welt nicht, weil die gesprochenen Worte häufig diametral dem entgegenstanden, was ich an Gefühlen und Gedanken wahrnahm. Wenn ich ebenfalls versuchte, so zu reden, erschien es mir, als würde ich lügen. Meine Erziehung war streng christlich, was meine Verwirrung nur noch vergrößerte. Auch jetzt noch, wo ich doch schon 52 bin, erstaunt es mich, wie viel ich beschreiben muss, wie viel Zwischenschritte ich machen muss, um jemandem, der nicht besonders intuitiv ist oder sein will, deutlich zu machen, was sich für mich gut anfühlt oder gut ist. Als ich klein war, hatte ich die Verbindung zu einem geistigen Postboten.

In mir zeigte sich das Bild eines Postboten, der von draußen ins Haus kam. Er brachte mir ein Brieflein, in dem stand, welche Stimmung jeder einzelne Hausbewohner hatte. Außerdem stand dort geschrieben, was von den einzelnen Familienmitgliedern auf keinen Fall vergessen werden durfte."

Menschen, die an all dies nicht glauben, äußern vielfach Skepsis. In unserer heutigen Gesellschaft wird nichts höher bewertet als Rationalität. Unsere Wirklichkeit hat beweisbar und sichtbar zu sein. Es ist andererseits schon interessant, dass unsere größten Denker häufig der Ansicht sind, dass man mehr als Rationalität brauche, um auf dem guten Weg zu bleiben und zu erneuernden Einsichten zu kommen. Große Wissenschaftler wie Einstein erkennen die Kraft ihrer Intuition an (und dass Ruhe und Entspannung nötig ist, um damit in Verbindung zu treten). Laotse sagte vor Tausenden von Jahren: „Der Weise richtet sich nach Dingen, die die Menge nicht sieht." Geistige Führer wie Buddha und Christus waren intuitiv. Sie gaben den Menschen Richtung und Glauben. Sie wussten, wohin der Mensch gehen musste, und zeigten die Schritte, mit denen sie und ihre Schüler zu Erleuchtung und Freiheit gelangten – und heute noch gelangen. Ihre tiefen, erleuchteten Einsichten und Fähigkeiten stehen außer Zweifel. Missverständnisse und Skepsis gegenüber intuitiven Einsichten und hellseherischen Fähigkeiten gibt es dessen ungeachtet. Doch wenn man bedenkt, dass jeder fortwährend auch unbewusst handelt – aufgrund von Gefühlen, die ohne Ratio zustande kommen – nähern wir uns einem Verständnis dieser Fähigkeiten. Es gibt zahlreiche Beispiele, die zeigen, dass außersinnliche Eindrücke uns leiten in den Entscheidungen, die wir fällen. Schon in der Wahl unserer Freundschaften und Liebespartner handeln wir aufgrund einer unsichtbaren, energetischen Ausstrahlung. Man kann sagen, dass wir eine Nase dafür haben, Dinge zu spüren, die uns gut tun. Logik können wir darauf nicht anwenden.

Eine Mutter telefoniert gerade mit ihrer eigenen Mutter. Im Wohnwagen vor ihrem Haus spielt ihr kleinster Sohn. Plötzlich fühlt die Mutter Beklemmungen. Sie greift sich instinktiv an die Kehle und fühlt, wie ihr der Atem stockt. Sie lässt den Telefonhörer aus der Hand fallen. Etwas hat sie alarmiert. Sie weiß nicht, was. Irgendetwas in ihr sagt ihr, etwas ist mit ihrem Kind passiert. So schnell sie kann, ist sie draußen und findet dort ihren Sohn, auf dem Rücken liegend, in Erstickungsgefahr. Schnelles Handeln rettet das Leben des Kindes. Doch woher und wie erreichte sie diese Information?

Unsere Intuition ist in vielen Situationen von unschätzbarem Wert. Um richtige Entscheidungen zu fällen oder um Informationen zu einem bestimmten Problem zu erhalten, sollte man sich mit der inneren Weisheit verbinden. Du hast als Hochsensibler wahrscheinlich noch viel Kontakt mit dieser inneren Stimme – daraus kannst du einen Vorteil für dich ziehen. Wenn du fähig bist, dein Denken, Wollen und Handeln zur Ruhe zu bringen und eine tiefe Aufmerksamkeit in dir zu schaffen, wirst du merken, dass es leichter wird, dich wieder mit diesem Wissen zu verbinden. Weil du in der Regel tiefgründige Fragen über das Wie und Warum stellst, neugierig bist und zur Intensivität neigst, ist deine Chance groß, die richtigen Wege zu finden. Weil du einen Widerwillen gegen Oberflächlichkeiten hast, wirst du zuerst deine innere Weisheitsquelle fragen, wie du sinnvoller leben kannst. Durch deine Beobachtungsbegabung wirst du dich feinstofflichen Energien öffnen können, die dir die Antworten bringen.

Leider haben viele Hochsensible verlernt, ihrem eigenen Wissen zu vertrauen; als Folge davon haben sie Schwierigkeiten, zu sich selbst zu stehen. Wir kennen Rose aus vorangegangenen Kapiteln. Sie sagt mir: „Der intuitive Kontakt an sich ist nicht schwierig. Er ist immer da. Das Schwierige für mich ist, zu lernen, auf die Einsichten, die ich empfange, zu vertrauen. Das kommt, weil ich aus meiner Kindheit starke Verletzungen mitgebracht habe. Deshalb ist es für mich so wichtig, dass ich lerne, wieder auf diese Stimme zu vertrauen. Es ist ein Prozess voller Rückschläge, bei denen man es trotzdem weiter versucht. Wenn ich Einsichten erhalte, dann teste ich diese bei Menschen meiner unmittelbaren Umgebung, denen ich vertraue. Ich überprüfe, ob diese oder jene Einsicht auch tatsächlich stimmt, und versuche dann, danach zu handeln. Das Ergebnis oder die Reaktion auf dieses Handeln gibt mir wieder ein Feedback, ob die Sache gut war oder ob sie ein anderes Resultat ergab als das, was ich wollte." Auch Sylvia, die wir aus dem zweiten Kapitel kennen, die Drogen nahm, um ihre starke Sensibilität zu betäuben, testet an der Wirklichkeit die Informationen, die sie seit ihrer Kindheit in voraussagenden Träumen erhält. Meistens stellt sie fest, dass sich ihre Träume präzise bewahrheiten.

Dieses Testen bleibt wichtig. Es ist eine Realitätsüberprüfung, die man sich selbst auferlegen sollte. Manche Menschen haben die Neigung, in einer ungesunden Art von Spiritualität übers Ziel hinauszuschießen. Es erfordert Realitätssinn, die Informationen, die zu dir kommen, korrekt einzuschätzen und mit dem Leben, das du hier und jetzt führst, zu verbinden. Durch zu große Öffnung und zu geringe Erdung ist es für Hochsensible relativ einfach, aus sich selbst heraus zu treten. Anadea Judith sagt zu Recht: „Für manche Menschen wird Spiritualität zu einer Versklavung. Weil sie bestimmten schwierigen Lebensaufgaben ausweichen möchten, laufen sie einem Guru hinterher oder stellen sich an die Straßenecke und rattern die Bibel herunter oder rennen von einem Retreat zum nächsten oder nehmen Zuflucht zu psychedelischen Drogen, um spirituell ‚high' zu werden. Spirituelle Reinheit ist eine weitere Form, in der sich diese Versklavung zeigen kann. Durch Gelübde von Armut, Keuschheit und Gehorsam bleiben die ersten drei Chakras unterentwickelt. Fasten, Askese, Selbstverleugnung und endlose Selbstaufopferung können einen Glorienschein großer und das Ego streichelnder Rechtschaffenheit nähren."[25]

Es ist verlockend, Wahrsagereien, Horoskope und frühere Leben wichtiger zu finden als die Realität des Hier und Jetzt. Manchmal entsteht durch das Verlangen einer überweltlichen oder jenseitigen Wahrheit eine große Abhängigkeit gegenüber anderen. Hochsensible tun gut daran, ihrer eigenen Intuition zu lauschen und kritisch gegenüber den Meinungen und Ratschlägen anderer gutmeinender (oder auch nicht so gutmeinender) Helfer zu bleiben. Sogar Psychosen können entstehen als Folge einer Kombination zu geringer Erdung und Überschätzung eigener spiritueller Fähigkeiten. Indem man die Bindung an die Erde und die Wirklichkeit verliert, kann eine krankhafte Störung im Kontrollsystem entstehen. Die nach oben gehende Energie wird dann so groß, dass ein Mensch Stimmen hört, Halluzinationen und Wahnbilder bekommt. Das sind Gefahren, denen Hochsensible stärker als Normalsensible ausgesetzt sind, gerade weil sie so intuitiv und spirituell begabt, aber häufig schlecht geerdet sind.

Um in einen guten Kontakt mit unserer Intuition zu kommen, müssen wir gut geerdet sein. Wir dürfen auch in unserer Vergangenheit nicht zu sehr verwirrt oder verletzt worden sein.

Wenn starke Emotionen als Folge von Traumata unvollkommen verarbeitet sind, kann dies im späteren Leben Schwierigkeiten dabei bereiten, in Kontakt zur eigenen Intuition zu gelangen. Neben Angst kann ein krankhaftes Verlangen nach Sicherheit und Anhaftung vorhanden sein. Auch Schuld- und Verantwortungsgefühle führen einen vom Wesentlichen weg. Manchmal ist auch keine dieser Ursachen wirksam, und dennoch hat man Schwierigkeiten, bei sich selbst zu bleiben und für sich selbst zu entscheiden. Bernadette, eine 30-jährige Hochsensible, schreibt mir: „Ich habe in meinem Leben jetzt den Punkt erreicht, wo ich endlich für mich selbst entscheiden will. Das beinhaltet auch, dass ich Verantwortlichkeiten, die ich bisher übernommen habe, anderen wieder zurückgeben muss. Doch ich bin am liebsten für andere da. Ich fühle ihren Schmerz und nehme ihn in mich auf. Zu wissen, das mein Vater unter Schmerz und Wut leidet, und doch zu sagen wagen: ‚Nein, das gehört nicht zu mir‘, finde ich unglaublich schwierig. Das schafft eine enorme Spannung in meinem Energiefeld. Letztens ist dadurch der Kopfteil meiner Aura in die astrale Welt geschossen. Um meinen Kopf herum habe ich jetzt keine Aura mehr. Von meinem Hals bis zu meinen Füßen habe ich einen dicken Ring, der voll steckt von der Energie anderer. Das nennt man ein beschädigtes Aurafeld.“

Intuition ist ein unentbehrlicher Richtungsweiser für Hochsensible, gerade weil sie so offen für andere und deshalb so stark beeinflussbar sind. Es ist auch nicht immer der selbstverständliche Weg, der für sie der richtige ist. Bernadette, einige Monate später: „Mir geht es jetzt richtig gut. Ich habe mich selbstständig gemacht als ‚Bernadettes Photographiewerkstatt' und bereite gerade meine erste Ausstellung vor. Kurz gesagt, wenn man wagt, für sich selbst zu entscheiden, kann das gute Früchte tragen. Durch einen Kurs, den ich gemacht habe, habe ich gelernt, zu erkennen, wer ich in Beziehung zu anderen bin. Meine Hochsensibilität bedeutet für mich, dass ich jeden Tag für meinen eigenen Platz kämpfen muss und meine Eigenart nicht ‚verwässern' lassen darf durch Energien, die andere mitbringen. Dieser Kampf wird sicher nach einiger Zeit zu einer natürlichen Haltung werden. Ich glaube, dass meine Sensibilität mir bei der Kommunikation mit anderen noch viel helfen wird. Nach langer Zeit fange ich wieder an zu erleben, wie herrlich es ist, sich in eine Welt voller Impulse zu begeben und gleichzeitig zu wissen, wo die eigenen Grenzen sind."

4.6 Das Gefühl von Verbindung

Ich sprach schon einige Male das Bedürfnis von Hochsensiblen an, eine tiefe Verbindung zu empfinden. Marian van den Beuken beschreibt es in ihrem Buch *Hochsensibilität als Herausforderung*: „Die Tatsache, dass ich Schwierigkeiten habe, klare Grenzen zu setzen, erscheint in einem anderen Licht, wenn ich verstehe, dass ich vor allem Verbindung fühle. Und das ist es auch, wonach ich ständig verlange. Ich habe ein größeres Bedürfnis, mich mit anderen zu verbinden, als mich abzutrennen. Kein Wunder, dass ich manchmal das Gefühl habe, mein Ich-Gefühl sei so schwach. Wenn ich einem Vortrag zugehört habe und andere normalerweise mit Kritik kommen, spüre ich erst einmal nach, was mit meiner inneren Weisheit in harmonischer Übereinstimmung ist."[26]

Viele hochsensible Kinder und Erwachsene fallen auf, weil sie zwischen sich und anderen keine Unterschiede machen. Auf einem bestimmten Niveau gibt es auch keine Unterschiede. Auf transzendentem Niveau besteht alles aus derselben Substanz und jeder ist mit jedem verbunden. Auf physischem Niveau ist das natürlich nicht so. Wir sind voneinander durch Grenzen getrennt. Durch unsere Haut und durch den Raum, der zwischen den Menschen ist. Wir können nicht zaubern und wir können uns selbst nicht in einen anderen verwandeln.

Einheit und Verbindung zu erfahren ist schön, wenn wir das in ein gesundes Bewusstsein der eigenen Individualität zu integrieren wissen. Wenn wir unsere Einzigartigkeit jedoch unvollkommen berücksichtigen, leiden wir, wenn wir nicht aufpassen, unter dem Drang, uns zu verbinden. Wir möchten dann zu viel und zu eng mit anderen zusammen sein. Intimität ist prima, solange man sich selbst nicht verliert. Für Menschen, die intensiv fühlen und sich unbegrenzt fühlen, ist es von größter Wichtigkeit, dass sie lernen, sich mit den Grenzen zu verbinden, die das Selbst umgeben. Das ist auf körperlichem Niveau die Haut. Eine gute Lernhilfe ist hier das Geben und Empfangen von Massagen. Auf energetischem und emotionellem Niveau sind diese Grenzen weniger sichtbar. Gleichwohl ist es essentiell, auch auf diesen Ebenen die Abgrenzungen zu begreifen.

Die Natur gehört zu den Orten, an denen wir uns mit unserer Intuition und unserem höheren Wissen verbinden können. Sie ist die beste Umgebung, um die Seele zu reinigen und zu nähren. Vor einiger Zeit ging ich in einem Wald spazieren, der am Rand eines großen Sees liegt. Diesen Wald suchte ich regelmäßig auf. Er war nicht weit von meinem damaligen Wohnort entfernt – und noch wichtiger, er fühlte sich gesund an, etwas, was ich nicht von jedem Wald sagen kann. Es gibt viele Birkengruppen in diesem Wald; das ist eine Baumart, die mir reinigend und weise erscheint. Ich begab mich oft dort hinein, um mich aufzuladen, um über das eine oder andere Problem nachzudenken, oder einfach, um die „Elektrizität" loszuwerden, die mich im täglichen Leben, das ich führte, unter

Spannung gesetzt hatte. Indem ich kräftige Schritte machte, tief die saubere Luft einatmete, dem Vogelgezwitscher, dem Rauschen der hohen Platanen und dem raschelnden Birkenlaub lauschte, konnte ich die Spannungen in meinem Organismus wieder lösen. Nicht selten ließ ich in dieser Zeit meinen Tränen freien Lauf. Ich war müde und enttäuscht in meinem Leben. Ich suchte eine Wende, kämpfte für Veränderung, aber die Realität hielt mich in einem Status quo gefangen, mit dem ich nicht glücklich war. So schritt ich durch den Wald, verzweifelt und in mich zurückgezogen. Die wenigen anderen Spaziergänger, die meinen Weg kreuzten, kamen mir bedrohlich vor. Besonders in so einer friedvollen Umgebung fühlte ich ihre Ausstrahlung stärker als sonst. Manche Leute fühlten sich richtig unheimlich an, andere hatten eine etwas ruhigere Wirkung auf meinen Organismus. Aber jeder entgegenkommenden Person sah ich mit Widerwillen entgegen. Erst als ich anfing, die Menschen als Kinder zu betrachten, sozusagen meiner Wahrnehmung ein Schnäppchen schlug, konnte ich deren Anwesenheit besser verkraften. Es war, als fühlte ich mich dann stärker.

Doch nun wieder zu diesem einen Mal. Ich wanderte in diesem Wald, am Rande eines offenen Feldes. An der anderen Seite des Feldes standen Birken, Weiden und eine einzelne Tanne. Ich sang ein Lied, das ich als Kind gerne sang. Es handelte von Geduld und einer Schnecke, die als Kind ganz ungeduldig war, aber im Laufe ihres Lebens durch Erfahrungen Geduld lernte. Das Lied hielt mir vor Augen, dass ich keine kurzzeitigen Wunder erwarten solle, sondern sich Veränderungen vollziehen werden, wenn ich nur Geduld habe. Als ich es gesungen hatte, wandte ich mich zum Wald, weil ich dort ein merkwürdiges Geräusch gehört hatte. Ich drehte meinen Kopf und sah einen grauen, feuchten Baumstamm, über den sich langsam ein Prachtexemplar von Schnecke bewegte. Als ich genauer hinschaute, sah ich eine zweite und eine dritte und plötzlich zeigten sich vor meinem erstaunten Blick, ganz viele, ja Hunderte von Schnecken. Jeder Baumstamm war damit überladen.

Eines der Themen, über die ich Hochsensible wieder und wieder reden höre, ist die Erfahrung ihrer intensiven Verbundenheit mit der Natur. Die Natur gibt Kraft, Ruhe und Zeit zur Besinnung. Sie bietet die wertvolle Erfahrung des Kontakts mit dem Größeren, mit Gottes Schöpfung, mit dem All, mit dem Kosmos. Sie macht still im Bewusstsein, welches Mysterium die Welt doch ist, und welches wir als Menschheit sind. In der Perfektion der Natur sehen wir das Vorbild, wie das Leben idealerweise ist. Dies macht Hochsensible häufig zu Vorkämpfern für die Umwelt und für gesellschaftliche Veränderung. Glücklicherweise gibt es also Menschen, die sich um unseren Garten Eden kümmern, denn es gibt schon genügend andere, die mit den natürlichen Reserven Missbrauch treiben und die Schöpfung unbekümmert ausplündern.

Wenn ich draußen bin und spazieren gehe oder mich auf andere Art durch die unerschöpfliche Pracht der Natur fortbewege, spüre ich das Fließen der Zeit in der Wahrnehmung der Jahreszeiten. Die Jahreszeiten bringen mich in Kontakt mit meinem eigenen Lebensrhythmus. Mit dem Fallen der Herbstblätter werde ich daran erinnert, Dinge im Leben loszulassen. In der Stille der winterlichen Felder und Wälder sehe ich mein eigenes Bedürfnis nach Einkehr und Ruhe. Von den ersten Frühlingsblumen und dem erwachenden Leben des neuen Jahres werde ich inspiriert, das Leben neu anzugehen und meinem eigenen Schöpfungsdrang eine Form zu geben. Der Sommer ist intensiv, lebendig und erwärmend, wie auch ich es sein kann. Die Natur ist eine gute Hilfe, um zur passenden Lebensweise und den richtigen Weg zu finden. Und stets trägt die Natur besonders die Qualität der Erde in sich. Bäume und andere Pflanzen nennen die Taoisten das natürliche Yin, die Stadt hingegen steht für Yang. Die Stadt ist aus hartem, trockenem Stein gebaut. Natur und Gärten dagegen entsprechen der Erde, dem Wasser des Teichs, Brunnens oder Sees der nährenden Erdqualität. Der Garten ist der Ort von Ruhe und Empfänglichkeit, die Stadt der Ort von Aktion und Bewegung.

Für Hochsensible ist es unbedingt erforderlich, die Erdqualitäten in sich selbst zu nähren, wie in Kapitel 2 besprochen. Da Hochsensible häufig durch künstliche Umgebungen überreizt werden, finden sie in der Natur die Möglichkeit, ihren Organismus, ihre Nerven und Sinnesorgane zur Ruhe zu bringen. Körperliche Beschwerden wie Kopfschmerzen, Magenschmerzen oder allgemeine Nervosität lösen sich auf. Die Natur bietet Nahrung, Verbindung und Entspannung. Manchmal werden diese Aufenthalte in der Natur so lebensnotwendig, dass Hochsensible deshalb umziehen. Sie ziehen aufs Land, kaufen einen alten Bauernhof. Viele Hochsensible leben lieber auf dem Land als in der Stadt. (Andere hingegen wählen bewusst die Stadt, weil es dort viele künstlerische Möglichkeiten gibt.)

Sylvia fand es schon in ihrer Jugend herrlich, sich in der Natur aufzuhalten. Sie geht jetzt täglich mit ihrem Hund auf die Heide. Und wenn ihr alles zu viel wird, zieht es sie nach draußen auf lange Wanderungen, und sie sucht sich ein stilles Fleckchen, an dem sie in der Einsamkeit die Zeit findet, sich wieder aufzuladen. „Dann komme ich zur Ruhe und zu mir selbst und fühle auch die Einheit und Ganzheit, die von Natur aus in der Welt besteht. Ich beschäftige mich mit inneren Fragen und kann mich entspannen. Ich fühle mich eins mit den Bäumen und Blumen. Das hatte ich schon als Kind. Auch mit meiner Hündin fühle ich mich stark verbunden. Sie ist mein Alles. Sie ist wenigstens treu und gibt keine Kommentare. Sie spürt gut, wie es mir geht, und tröstet mich, wenn ich traurig bin.“

Hochsensible fühlen nicht nur mit der Natur Verbindung, sondern ebenso mit anderen Menschen. Sie sind enttäuscht, wenn andere diese Verbindung nicht so stark fühlen.

4.7 Achtsamkeit und Intensität

Ich stellte Sophie schon in Kapitel 1 vor. Sie ist sehr sensibel. Nach einer Krise als Folge ihrer Hochsensibilität, die in ihrer Kindheit – geprägt durch gefühllose Erziehung – nicht bemerkt wurde, hat sie ihr Leben wieder in die eigene Hand genommen. Sie ist jetzt als

Quereinsteigerin Lehrerin in einer Schule für lernbehinderte Kinder. Für Sophie ist achtsam zu leben unabdingbar geworden. „Intensität und Tiefgang sind für mich genauso wichtig wie Nahrung und Sauerstoff", sagt sie. Früher war das anders und sie war sich selbst entfremdet. Das Essentielle liegt für sie in den vielen kleinen Dingen. Wenn sie die Wäsche aufhängt, will sie das in Ruhe tun. Sie möchte den Geruch der frischen Wäsche genießen und den Wind, der mit den Stoffen spielt. Alles, was sie tut, will sie in ihrem eigenen Tempo tun, ohne durch Druck, den andere machen, gestört zu werden. Aus Erfahrung klug geworden, hat sie gelernt, darauf zu achten, dass ihr die Dinge nicht zu viel werden. Alles braucht seine eigene Zeit – und diese Zeit verschafft sich Sophie nun gern. „Wenn ich nichts hastig abarbeiten muss, dann bin ich glücklich", sagt sie.

Es ist nicht einfach, in dieser Welt etwas sorgfältig und mit voller Aufmerksamkeit zu tun. Unsere Umwelt ist geprägt von Hetze und Konsumorientierung. Wir alle gemeinsam haben unzählige Pseudo-Bedürfnisse und -Wünsche geschaffen, denen wir nachjagen. Es ist schwierig geworden, natürliche von künstlich geschaffenen Bedürfnissen zu unterscheiden. Wir vergessen schnell, dass die meisten Produkte, die uns in Reklamebotschaften angepriesen werden, eigentlich überflüssig sind. Wir verschwenden viel Zeit, um alles Mögliche anzusammeln und zu konsumieren. Wir spüren, dass das Leben schneller und schneller läuft – und das treibt uns alle nur noch stärker an.

Die meisten Hochsensiblen haben glücklicherweise ein gesundes Verständnis dafür, dass es wichtigere Dinge gibt als ein Leben in materiellem Reichtum. Hochsensible sind darin wirklich anders als Normalsensible.

„Die ewige Weisheit ist die ewige Stille", sagt Musset. Hochsensible wissen das. Sie nutzen die stillen Momente, um zu sich zu kommen. Sie wissen, dass es letztlich nicht um das Ziel geht, sondern um den Weg, der dahin führt. Diesen Weg achtsam und gewissenhaft zu gehen, ist das Talent der Hochsensiblen. In stillem Wasser setzt sich die Essenz. Aufgewühltes Wasser, das zur Ruhe kommt, wird wieder klar. Marian van den Beuken (55) schreibt: „Eigentlich möchte ich im Innern jedes Moments wohnen. Von jedem Moment die Tiefe und das Mysterium erfahren. Ich liebte es immer, langsam zu leben. Deshalb fühlte ich mich schon als Kind zwischen auf Schnelligkeit dringenden Menschen unwohl. Da ich nun etwas älter bin, fühle ich mich in meinem Leben mehr zu Hause. Älter zu sein, passt einfach besser zu mir. Ich kann es mir jetzt erlauben, den Lebensstil zu wählen, der zu mir passt."[27]

Die Neigung, auf Qualität statt auf Quantität zu achten, bewirkt, dass Hochsensible über viele Dinge intensiv und gründlich nachdenken. Ihre Eigenschaft, unzählige Dinge zu bemerken, führt dazu, dass sie sich selbst viele Fragen stellen. Sie haben eine philosophische Natur. Sie möchten die Dinge des Lebens ergründen – und sie finden oft Antworten, die nicht auf der Hand liegen. Die meisten Hochsensiblen haben auf diese Art eine erstaunliche Selbstkenntnis erworben in Bezug auf geistiges, körperliches, spirituelles und emotionales Wohlbefinden. Sie sind nicht nur Heiler und Künstler, sondern auch Wissenschaftler und Priester.

Andererseits sind Hochsensible auch gut geeignet für dienende Führungspositionen. Diese Bezeichnung kam in den 1980er Jahren in Amerika auf – für eine Führungsperson, die sich von ethischen Werten leiten lässt und in ihrer Führungsverantwortlichkeit bewusst diesen Werten dient.[28] Nach asiatischer Auffassung ist ein dienender Führer jemand, der die Quelle von Sinngebung und Werten kennt. Weil er mit den grundlegenden Lebenskräften des Universums im Einklang ist, wird er ganz selbstverständlich seine Kollegen, seinen Betrieb, seine Familie oder welche Gemeinschaft auch immer dienend leiten, das heißt, im tiefen Bewusstsein von Geben und Nehmen.

Gleichgültig, ob du eine Führungsposition inne hast oder am Rande der Gesellschaft stehst – wer sorgfältig ist, möchte für etwas sorgen. Hochsensible sind häufig für die Nöte anderer empfänglich und können deren Leid nicht ertragen. Sie achten auf die Bedürfnisse anderer. Sie können oft nicht anders: sie bemerken das Unwohlsein anderer einfach rasch. Sie sind, sofern mit sich selbst im

Gleichgewicht, aufmerksam. Bei der Mehrheit der Hochsensiblen sitzt das Herz am rechten Fleck. Ein Hochsensibler kann deshalb zu einer echten Mutter Theresa werden. Es gibt so viel Leid in der Welt und um so viel Fürsorge wird gebeten. Wenn ein Hochsensibler einmal eine derartige Aufgabe auf sich nimmt, macht er sich selbst unentbehrlich. Fürsorge hat zutiefst mit Menschlichkeit zu tun. Hochsensible geraten häufig in Pflegeberufe. Wenn es dir so geht, wenn du mit Herz und Seele für diejenigen, die weniger haben in unserer Gesellschaft, sorgen willst und kannst, ist das eine herrliche Sache. Von deiner Art Menschen wird es immer zu wenig geben.

Es gibt jedoch einige Fallstricke, vor denen du dich in Acht nehmen solltest. Erstens bist du häufig perfektionistisch und willst alles zu gut tun. Doch Fehler zu machen, ist menschlich. Du leistest wahrscheinlich schon Überdurchschnittliches. Fordere also nicht noch mehr von dir. Sei dir stattdessen dessen bewusst, dass du nicht der ganzen Welt helfen kannst. Bevor du enttäuscht wirst, setze Prioritäten. Trenne bewusst zwischen dem, was wirklich wichtig ist, und dem, was nur Zusatz ist. Dein Perfektionismus und dein Streben, das Beste aus allem zu machen, sind schöne Eigenschaften, so lange du weißt, Prioritäten zu setzen. Wenn du dich hingegen in allem hervortun willst, dann läufst du Gefahr, an dir selbst vorbeizulaufen, mit dem Risiko, dich zu verausgaben. Ich habe mit mehreren Hochsensiblen gesprochen, die ihre Ermüdung, Burn-out und sogar das chronische Erschöpfungssyndrom in Zusammenhang brachten mit ihrer Sensibilität und der Neigung, alles perfekt machen zu wollen. Rose: „Wenn ich etwas mache, dann hundertprozentig. Zur Not zweihundertprozentig. Das ist einer der Gründe, warum ich jetzt Arbeitsunfähigkeitsrente erhalte. Selbst wenn ich etwas tue, was gar nicht zu mir passt und mich nur Energie kostet, tue ich es mit ganzer Kraft. Hier scheitere ich dann letztendlich. Doch während ich selbst ständig das Gefühl hatte, bei meiner Arbeit unvollkommen zu sein, schien mein Einsatz doch geschätzt worden zu sein. Anscheinend habe ich einen guten Eindruck hinterlassen, denn ich könnte immer noch zurückkommen. Das erstaunt mich. Ich selbst hatte keineswegs das Gefühl, gut zu funktionieren, und doch schätzten sie mich!"

Paradox ist, dass Hochsensible häufig so intensiv leben, dass die vielen Aktivitäten mit ihnen durchgehen. Die meisten Hochsensiblen erkennen sich in dem Muster wieder, zu intensiv zu werden und dadurch die Kontrolle zu verlieren. Durch zu viele hin und her jagende Gedanken werden sie verwirrt, oder sie führen in aller Eile verschiedenste Pläne durch, die sie kaum noch überblicken. So geraten sie mit sich selbst in Konflikt. Der extravertierte und der introvertierte Persönlichkeitsanteil arbeiten gegeneinander. Es gibt keine Ruhe mehr. Die Aktivitäten werden zum Selbstläufer. Sie wollen alles Mögliche, und das wollen sie auch intensiv und zu einem guten Ende bringen. Sie haben viele Ambitionen, aber ihre Energie ist begrenzt. Anita sagt: „Ich bin voller Träume, Ambitionen, Liebe. Ich will (und tue) alles Mögliche, aber für mein Gefühl lebe ich nur die Hälfte meines Lebens. Alles dauert bei mir doppelt so lange, weil ich mich immer wieder erholen muss von dem, was ich tue. Ich kämpfe mit dieser Frustration und das macht mich traurig. Mich selbst zu akzeptieren, geht so lange gut, bis ich aus meinem Schneckenhaus herauskomme und mit meinen Begrenzungen konfrontiert werde."

Für Hochsensible besteht die Herausforderung darin, Dinge, Wünsche, Sorgen, Pläne zur rechten Zeit loszulassen. Auf jeden Fall für so lange, bis sie wieder ruhig und geerdet sind. Im Laufe der Zeit wirst du lernen, darauf zu vertrauen, dass das, was ein echter Teil deines Weges ist, bei dir bleibt und sich ausdrücken wird. Indem du Momente der Stille einbaust, kannst du besser erkennen, was relevant ist und was nicht. So sparst du Zeit und Energie. Mache eine Gewohnheit daraus, dich selbst zur Ordnung zu rufen und dich zu fragen: „Tue ich, was essentiell für mich ist? Tue ich das, was ich auch wirklich will? Tue ich das, was wirklich einen Unterschied bewirkt?" Manche werden sich übrigens die Fragen eher umgekehrt stellen müssen: „Tue ich nicht zu wenig? Stelle ich mich nicht zu sehr außerhalb der Gesellschaft? Tue ich das, wofür ich eine innere Berufung empfinde?" Jeder muss für sich den optimalen Punkt suchen, zwischen dem In-der-Welt- und dem Außerhalb-der-Welt-Stehen.

Meistens funktioniert dein Warnsystem (*Pause-to-check*-System) ausreichend, um frühzeitig anzuzeigen, wenn du zu viel von dir gefordert hast oder zu wenig berücksichtigt hast, dass du alles in Ruhe verarbeiten musst. Doch manchmal funktioniert es nicht und ernsthafte Gesundheitsschäden sind dann möglicherweise die Folge. Daphne leidet unter chronischem Erschöpfungssyndrom und Fibromyalgie, einer Krankheit, bei der in Muskeln und Bindegewebe Schmerzen auftreten. Sie ist 26 Jahre alt und vor sieben Jahren zeigten sich die ersten Beschwerden, die auf chronische Erschöpfung hinwiesen. Bevor eine klare Diagnose gestellt wurde, vergingen Jahre. Jahre, in denen sie depressiv wurde, weil es keine Erklärung für ihre Schmerzen gab. Heute sieht Daphne den Zusammenhang zwischen ihren Krankheitserscheinungen und der Hochsensibilität. Ein kinesiologischer Heilpraktiker hilft ihr inzwischen, die positive Seite ihrer Sensibilität zu sehen und daraus Kraft zu schöpfen, indem sie meditiert und sich mit ihrem Körper abstimmt. Für sie ist mittlerweile klar, dass ihre Schmerzen und Erschöpfungsbeschwerden auf ihre Weigerung zurückzuführen sind, ihre Hochsensibilität zu akzeptieren. Indem sie sich nach außen anders darstellte, als sie tief im Inneren eigentlich sein wollte. Hierdurch beging Daphne, wie sie es nun selbst sagt, Raubbau gegenüber ihren körperlichen Kräften. Ihre Gabe wurde zu einer Last und schließlich einer Krankheit. Das ist bedauerlich. Es kann ein Leben ruinieren. Man sollte es nicht so weit kommen lassen. Sei also wachsam und vor allem dir selbst gegenüber fürsorglich.

4.8 Zusammenfassung

Hochsensible Menschen sind inspirierte Menschen. Sie verbinden sich gern mit der Schöpfung und dem Leben. Ihre Herausforderung besteht darin, sich neben ihrem spirituellen Interesse auch gut zu erden, damit sie das Leben im Hier und Jetzt ausreichend bewältigen.

Die besondere Qualität der Hochsensiblen ist ihre Sanftmut. Diese Sanftmut entsteht aus der weiblichen Yin-Kraft und hängt zusammen mit der aufnehmenden Eigenschaft der Erde, mit Flexibilität und Integrität. Hochsensible bilden das Gegengewicht zu den rationalen, zielgerichteten und aggressiven Kräften. Die Kraft der Sanftmut gleicht einem lebensspendend-gütigen Mutterschoß. Mütter haben Geduld mit ihren Kindern. Hochsensible, geerdete Menschen sind geduldig mit der Welt. Die Herausforderung für Hochsensible ist, diese Sanftmut nicht als Schwäche zu sehen und sich nicht einer ausschließlich auf Ratio, Leistung und Tempo ausgerichteten Welt anzupassen.

Hochsensible sind kreativ und künstlerisch begabt. Sie schätzen Originalität und das Betreten neuer Wege. Sie sind Künstler und Wissenschaftler. Eine Herausforderung liegt für sie darin, ausreichend Ordnung in ihr Leben zu bringen.

Hochsensible sind häufig intuitive Persönlichkeiten. Intuition ist der Lotse auf dem Lebensweg eines Hochsensiblen und kann für viele wichtige Entscheidungen eine Orientierungshilfe sein. Hochsensible sind häufig hellsehend, -wissend und -hörend. Eine Herausforderung für diese intuitiven Menschen liegt darin, sich nicht in der Energie anderer zu verlieren und die eigenen Grenzen ausreichend zu hüten.

Hochsensible sehen Einheit und Verbindung zwischen den Menschen und dem Kosmos. Die Natur wirkt reinigend auf Hochsensible und führt sie wieder zu ihrem Gefühl der Ganzheit und Verbundenheit. Sie haben ein ethisches Bewusstsein und sind häufig Vorkämpfer für die Belange der Umwelt. Es ist wichtig, dass ein Hochsensibler nicht aus dem Auge verliert, dass er ein begrenztes Wesen ist, und dass auf stofflichem und körperlichem Niveau sehr wohl deutliche Grenzen zwischen ihm und anderen bestehen.

Hochsensible lieben es, gewissenhaft und achtsam zu leben. Sie sind häufig anderen gegenüber aufmerksam und für dienende Führungspositionen geeignet. Sie lieben es, für andere zu sorgen. Sie können sich so für andere einsetzen, dass sie sich selbst entfremden. Die Herausforderung liegt dann darin, Prioritäten zu setzen und ab und zu Pläne und Ideen für kurze Zeit loszulassen.

4.9 Übungen

Mache eine Gewohnheit daraus, deine innere Stimme bei kleinen Entscheidungen zu befragen. Willst du heute Abend mit deiner Freundin ins Kino oder fühlt sich das nicht so gut an? Hast du genug Energie für das Treffen mit deiner (Schwieger-)Mutter? Bist du heute ausreichend in dir selbst verankert? Spüre, ob du einen Unterschied erkennst zwischen deinen Gedanken und deinen Gefühlen und lerne, mit beiden in Verbindung zu kommen. Strebe danach, eine gute Balance zwischen beiden zu halten.

Versuche, die Kraft der Erde in dir selbst zu finden, indem du still, ruhig und andächtig bist. Entwickle die Kraft der Sanftmut in dir, indem du dich traust, das zu sein, was du bist. Lass dich bei der nächsten Meinungsverschiedenheit nicht aus der Reserve locken. Menschen haben die Neigung, in schwierigen Situationen die Konfrontation zu suchen. Wenn du den Fehde-Handschuh aufnimmst, ist Streit unvermeidlich. Versuche nächstes Mal, einen Schritt zurück zu machen. Atme tief durch, entspanne dich und halte deine eigene Würde aufrecht. Bedenke: Eine Hand allein kann nicht klatschen.

Lausche dem morgendlichen Vogelgezwitscher. Rieche den Duft der Dämmerung und schaue die Schönheit der untergehenden Sonne. Fühle den nassen Regen auf deinen Wangen und verstecke dich nicht zwischen deinen Schulterblättern. Sei aufmerksam und offen. Schenke dir Freude mit kleinen Dingen.

Fördere deine Kreativität durch Entwicklung von Hobbys. Singen, Tanzen, Malen, Modellieren sind Methoden, um deine Kreativität wiederzufinden und deinen Emotionen Form zu geben. Indem du dich kreativ betätigst, kannst du dich selbst mit dem intuitiven, kreativen Wesen verbinden, das du in Wirklichkeit bist.

Nimm dir die Zeit, die du brauchst, um Dinge zu tun, die du wichtig findest. Setze Prioritäten in deinem Leben, denn mit deiner sorgsamen Lebensweise wirst du nicht alles tun können, was du möchtest. Wenn du dich traust, Entscheidungen zu fällen, wirst du merken, dass du gut bist in den Dingen, die du tust. Lass den Rest andere machen. Wenn du versuchst, perfekt in allem zu sein, wirst du dich selbst enttäuschen.

5 Hochsensible Kinder

Benny, der Sohn von Karin und Bernd, ist drei Jahre alt und leidet fast ständig unter Wutanfällen, die ungewöhnlich heftig sind. Er ist dauernd abgelenkt und stört sich an allem. Er ist auch sehr perfektionistisch und Kleinigkeiten können ihn maßlos ärgern: die Etiketten in seiner Kleidung, das Kratzen seiner Socken, das Lachen seiner beiden Schwestern und seine eigene Erkältung. Er ist beinahe durchgängig erkältet und schläft sehr unruhig. Karin (38): „Ich merke an Benny, wie sensibel er gegenüber den Dingen ist, die um ihn herum passieren. Er fängt alle möglichen Emotionen und Stimmungen auf. Als Baby war er recht pflegeleicht, ruhig und zufrieden. Nun stört ihn alles, und ich merke, dass er darum so wütend wird. Ich habe schon versucht herauszufinden, ob er gegen bestimmte Dinge allergisch ist, aber wenn ich ganz ehrlich bin, liegt es meiner Ansicht nach an seinem Charakter. Ich denke, dass er hochsensibel ist, genauso wie mein Mann."

Hochsensible Menschen werden hochsensibel geboren. Hochsensibilität ist eine erbliche Eigenschaft. Man kommt damit also auf die Welt. Die meisten Aspekte der Hochsensibilität, die schon in den vorangegangenen Kapiteln besprochen wurden, beziehen sich auch auf hochsensible Säuglinge und Kinder. Dass heutzutage so viel über Kinder und die Probleme, die sie gegenwärtig haben, gesprochen und geschrieben wird, zeigt, wie groß das Bedürfnis an Information über Hochsensibilität bei Kindern ist. Deshalb werde ich in diesem Kapitel speziell auf Kinder und Hochsensibilität eingehen.

Erst im Jahr 2000 machte Elaine Aron die Bezeichnung „Hochsensibilität" populär. Davor wurde in der Psychologie und Pädagogik kaum ein klarer Unterschied gemacht zwischen mehr oder weniger sensiblen Kindern und Erwachsenen. Es gab zwar die Bezeichnungen „introvertiert" und „extravertiert", aber die deckten, wie sich jetzt zeigt, die Fakten unvollkommen ab. Bis vor kurzem wurden also Hochsensible nicht als solche erkannt und 15 bis 20 Prozent der Erwachsenen fühlten sich mehr oder minder unverstanden. Häufig verstanden sie sich selbst auch nicht richtig. Glücklicherweise verändert sich die Situation derzeit.

Die meisten hochsensiblen Erwachsenen, mit denen ich sprach, konnten sich an frühere Erfahrungen erinnern, die sie im Nachhinein als typische Hochsensiblen-Reaktionen erkannten. Das sind neben angenehmen bisweilen unangenehme und ab und zu wirklich traumatische Erinnerungen. Die meisten dieser Erwachsenen wurden als Kind von ihren Eltern „schüchtern", „introvertiert" oder „still" genannt. Und manche Eltern fanden ein solches Kind besonders pflegeleicht. Es war, als hätten sie überhaupt kein Kind. Inzwischen erinnern sich diese heute Erwachsenen an viele schwierige Situationen in der Schule oder zu Hause, beim Besuch von Onkeln und Tanten, an Schwimm- oder Turnstunden, bei Geburtstagsfesten und/oder bei Schulausflügen; sie fühlten damals Scham, Angst oder große Unsicherheit – doch sie hatten gut gelernt, ihre wahren Gefühle zu verbergen.

Nicht alle hochsensiblen Kinder haben einen zurückhaltenden Charakter. Manche entwickeln sich ganz im Gegenteil zu sehr hektischen Individuen, und zwar zur Irritation der Eltern, die nicht mehr wissen, wie sie ihr Kind handhaben können. Manche Hochsensiblen erzählten mir von der schwierigen Beziehung zu ihren Eltern, von denen sie von Anfang an nicht richtig verstanden wurden. Diese Eltern gaben ihnen von klein auf das Gefühl, nichts zu taugen. Das sind natürlich Ausnahmen. In den meisten Fällen gab es eine gute Eltern-Kind-Beziehung. Höchstens fanden diese Eltern ihr hochsensibles Kind etwas „ungewöhnlich".

5.1 Ein besonderes Kind

Welche Kinder sind nun hochsensibel? Wie erkennt man sie und wie geht man mit ihnen um? Sowohl für Lehrkräfte als auch für Eltern wird es von Nutzen sein, etwas über diese speziellen und talentierten Kinder zu erfahren.

Zuerst möchte ich die auffallendsten Kennzeichen ansprechen. Hochsensible Kinder bemerken mehr als andere von dem, was um sie herum passiert, und denken mehr über das nach, was sie sehen und hören. Genau wie bei hochsensiblen Erwachsenen arbeitet ihr Nerven- und Sinnessystem besonders rege und intensiv. Dadurch bemerken sie sehr viele Details. Als Folge davon werden sie tiefer und mehr über das nachdenken, was sie erleben und lernen. Sie stellen mehr Fragen und versuchen, selbstständig Probleme zu lösen. Da gibt es keinen Unterschied zwischen Jungen und Mädchen. In beiden Geschlechtern kommt Hochsensibilität gleich häufig vor. Das heißt aber keineswegs, dass die Umgebung auf hochsensible Jungen und Mädchen gleich reagiert. Sensibilität wird in der Regel bei Mädchen eher geschätzt. Kreativität und Forschergeist, zwei typische Eigenschaften von Hochsensiblen, werden dagegen bei Jungen ebenfalls sehr geschätzt.

Hochsensible Kinder bemerken so viele Details, dass man als Erwachsener ihrer unentwegten Kommentare manchmal müde wird: der Käse stinkt – der Mann hat aber einen komischen Schnurrbart – die Schokostreusel sind nicht dieselben wie gestern – das Etikett in meinem Pullover kratzt. Manchmal kommentiert ein hochsensibles Kind wirklich alles. Aber nicht alle hochsensiblen Kinder sind sich dieser kleinen Unterschiede so bewusst, und nicht alle stören sich so daran. Es gibt auch Kinder, die einfach wenig reden. Sie leben am liebsten in ihrer eigenen Phantasiewelt und werden höchstens durch laute Geräusche und helle Lichter aufgeschreckt. Wieder andere haben vor allem ein spezielles Gebiet, über das sie ständig etwas anzumerken haben. Sie sind entweder bezüglich des Essens sehr wählerisch und heikel, oder sie machen sich große Sorgen über den

Eindruck, den sie auf andere machen. Wie lästig und übertrieben ihre Reaktionen auch erscheinen können, es sind immer Details, an denen sie sich tatsächlich stören. Wenn du selbst hochsensibel bist, kannst du das wahrscheinlich besser verstehen. Nicht-Hochsensiblen erscheint ein hochsensibles Kind manchmal als ein zimperlicher Nörgler.

Hochsensible Kinder sind fast immer sehr sozial. Die Welt um sie herum ist ihnen wichtig, weil sie so aufmerksam sind. Doch wo das eine hochsensible Kind vor allem Stimmungen und Emotionen anderer spürt, ist sich das andere hochsensible Kind vor allem der Welt als solcher und des Unrechts in der Welt bewusst. Es kann sein, dass es seine Eltern dazu bringen will, ein Kind aus der Dritten Welt zu adoptieren oder alle streunenden Hunde im Haus aufzunehmen. Das soziale Bewusstsein dieser Kinder bewirkt auch, dass sie schneller ängstlich reagieren und sich schneller verletzt fühlen, wenn sie oder andere geärgert werden. Im Umgang mit anderen können sie reserviert oder schüchtern sein. Sie fühlen sich schnell überwältigt, beispielsweise wenn Onkel oder Tanten sie festhalten, um ihnen einen Kuss zu geben.

Hochsensible Kinder sind fast ausnahmslos sensibel gegenüber sozial gewünschtem Verhalten. Sie spüren Mamas und Papas Erwartungen einwandfrei. Sie spüren es auch gut, wenn ein anderer kein Interesse für sie aufbringen kann. Wenn man einem solchen Kind nicht mit voller Aufmerksamkeit zuhört (wenn es versucht, etwas Schwieriges oder Intimes zu erzählen), ist es schnell gekränkt. Es wird sich im Kontakt unwiderruflich verschließen. Genau wie hochsensible Erwachsene sind hochsensible Kinder keine echten Helden in Gruppen. Sie blühen mehr im Eins-zu-eins-Kontakt auf. Sie haben darum eher eine beste Freundin, einen besten Freund, mit dem sie viel unternehmen.

Weil sie so viel bemerken und verarbeiten, können sie in ihren Emotionen sehr intensiv sein. Hochsensible Kinder erleben Freude, Leid, Angst und Wut tiefer als nicht hochsensible Altersgenossen. Etwa 30 Prozent dieser hochsensiblen Kinder äußern diese Emotionen recht heftig – beispielsweise indem sie wütend oder gereizt werden oder hektisch oder auf andere auffallende Weise die Aufmerksamkeit auf sich ziehen oder indem sie anfangen, zu weinen. Die anderen 70 Prozent haben eher die Neigung, ihre Emotionen nicht nach außen hin zu zeigen. Sie verarbeiten diese lieber für sich in der Stille.

Je mehr diese Kinder aber ermutigt werden, sich zu äußern, desto mehr gewöhnen sie sich daran, Gefühle zu zeigen. Eltern, die ihre Kinder ermutigen, sich zu äußern, werden, zumindest in den ersten Jahren, eine harte Nuss zu knacken haben durch die Gefühlsäußerungen ihrer Kinder. Lernt allerdings das Kind, dass Gefühle da sein dürfen, dann lernt es auch, dass es in Zukunft keine Angst zu haben braucht vor eigenen Gefühlsäußerungen und den Gefühlen anderer. Bei einigen wenigen hochsensiblen Kindern gelingt es aber nicht, dass sie dies lernen. Ihre Gefühle bleiben innen. Und das sind dann die typischen Menschen, die ihre Gefühle nach innen fressen.

Weil hochsensible Kinder sich leichter überwältigt fühlen durch Dinge, die andere Kinder noch nicht einmal bemerken, sind sie manchmal etwas zurückhaltend und abwartend. Vor allem mit Veränderungen und neuen Situationen haben sie häufig Schwierigkeiten: der erste Schultag, ein Wohnungsumzug, eine Geburtstagsparty, ein Schulausflug. Manchmal sind sie wochenlang, sogar Monate zuvor damit beschäftigt. Diese Art „großer Geschehnisse" machen auf hochsensible Kinder einen überdurchschnittlichen Eindruck.

Diese Empfindlichkeit gegenüber Veränderung bedingt auch, dass sie eher aus dem Gleichgewicht geraten, wenn die Dinge nicht so laufen, wie sie sie erwarten oder wie sie immer gelaufen sind. Unter anderem deshalb benötigen die meisten hochsensiblen Kinder Klarheit und Regelmäßigkeit. Mit einem Überraschungsfest braucht man ihnen nicht zu kommen. Und plötzlichen Besuch finden sie möglicherweise erdrückend und unangenehm. Ebenso wenig sind sie darüber erfreut, wenn sie für Besucher etwas zum Besten geben müssen. Es macht sie nervös, wenn sie plötzlich im Mittelpunkt der Aufmerksamkeit stehen und andere ihnen zuschauen.

Hochsensible Kinder erreichen schneller ihre Belastungsgrenze. Mit einem kleinen Besuch bei Oma und einmal Einkaufengehen haben sie mehr als genug Eindrücke für den Tag. Wenn man sie länger irgendwo hin mitnimmt, werden sie häufig lästig, quengelig, weinerlich und im Extremfall lassen sie sich auf den Boden fallen und schlagen wütend mit den Beinen oder dem Kopf gegen den Boden. Dann ist eindeutig ihre Belastungsgrenze überschritten, denn im Prinzip sind hochsensible Kinder nicht so aufbrausend oder stressig. Überreizung ist eine tägliche Bedrohung für jedes hochsensible Kind. Als Eltern sollte man deshalb beachten, dass man die Lebenswelt seines hochsensiblen Kindes nicht unnötig vollstopft mit Spielsachen, Fernsehen, Besuchen, Streitereien, Einkaufengehen und langen anstrengenden Urlaubsreisen. Für ein hochsensibles Kind kann selbst ein normaler Tag schnell zu viel sein.

5.2 Verarbeitungsprozesse

Was diese Kinder bemerken, wird entweder bewusst oder unbewusst weiterverarbeitet. Bei der bewussten Weiterverarbeitung kann es vorkommen, dass ein hochsensibles Kind dafür unglaublich lange braucht. Es reagiert scheinbar träger als andere Kinder. Der Grund dafür ist, dass gleichzeitig so viel anderes in seinem Kopf passiert und es so viel untersuchen möchte und noch so viel anderes zu verarbeiten ist … Du merkst dann, dass dein Kind Schwierigkeiten hat, Entscheidungen zu fällen. Welche Schuhe soll ich heute anziehen …? Welche Geschichte soll Papa vorlesen …? Möchtest du dein Ei hart oder weich gekocht …? Die Geduld der Eltern kann ganz schön auf die Probe gestellt werden, wenn nach einem langen Moment immer noch keine Antwort kommt. Die Informationsverarbeitung eines hochsensiblen Kindes ist ziemlich komplex, da es Dinge gedanklich sehr differenziert einsortiert. An jeder Frage hängt eine Welt von Möglichkeiten, von Vergangenheit und Zukunft, von Ängsten und Erwartungen. Das Verrückteste, was man sich vorstellen kann, es passiert im Kopf eines hochsensiblen Kindes.

Unbewusste Verarbeitungsprozesse hingegen – also Prozesse, bei denen die Informationen außerhalb des bewussten Nachdenkens verarbeitet werden – können bei hochsensiblen Kindern rasend schnell vor sich gehen. Wie auf andere auch, strömen auf diese Kinder den lieben langen Tag Informationen ein, die sie mit bestehendem Wissen verbinden müssen. So ziehen sie Schlussfolgerungen. Dieser Prozess, aus neuen Informationen in Kombination mit bestehendem Wissen Schlussfolgerungen zu ziehen, verläuft bei hochsensiblen Kindern und Erwachsenen besonders schnell. So schnell, dass man sich manchmal erstaunt fragt, wie das Kind bloß wissen konnte, wo man seine Schlüssel vergessen hat. Woher es wusste, dass es Streit zwischen den Eltern gegeben hat, oder wie es so schnell die Antwort auf seine Rechenaufgabe wissen konnte. Ein hochsensibles Kind fällt häufig auf, weil es Dinge gesehen und verstanden hat, die andere übersehen. Da zeigt sich die rasend schnelle Verarbeitung auf intuitivem Niveau. Hochsensible Kinder erscheinen oft naseweiß und besonders geistreich für ihr Lebensalter. Sie haben die Erklärung der Lehrerin unmittelbar verstanden. Sie haben Antennen für Metasprache und Körpersprache. Sie spüren haargenau, wenn andere doppeldeutige Botschaften aussenden.

Vielleicht wird deshalb Hochsensibilität häufig in einem Atemzug mit Hochbegabung genannt. Dein Kind hat natürlich in der Schule Vorteile durch diese rasante Informationsverarbeitung. Einem hochsensiblen Kind braucht man meistens die Dinge nicht zweimal zu erklären. Es begreift schon mit der halben Erklärung, oft ganz ohne Erklärung, was der Sinn einer Aufgabe ist. Sein Verständnis ist umfassend und schnell. Es bemerkt auch – bewusst und unbewusst – das Energiefeld seines Gegenübers. Dass der Lehrer Sorgen hat oder sich krank fühlt beispielsweise, oder dass ein anderes Kind zu Hause misshandelt wird. Das alles funktioniert aber nicht in einer hektischen, unruhigen, lärmenden Umgebung. Dann kann es gut sein, dass bei dem Kind nichts mehr hinein- oder herauskommt. Wie gesagt, die Gefahr der Überreizung besteht immer. In einer ruhigen, ausgeglichenen Umgebung, in der es sich sicher fühlt, kann ein hochsensibles Kind seine wahren Talente entfalten. Sein Einfühlungsvermögen, seine Intelligenz, seine soziale Betroffenheit, seinen Eifer und seine Genauigkeit.

Hochsensibilität bedeutet für Erwachsene und Kinder im Prinzip dasselbe. Wenn du selbst hochsensibel bist und dieses Kapitel liest, wirst du wahrscheinlich viel wiedererkennen. Vielleicht kommen vergessene Erinnerungen wieder hoch – Schamgefühle, weil du geärgert wurdest oder weil du deine eigene Hochsensibilität nicht verstanden hast. Wenn du als Elternteil oder Lehrkraft dieses Kapitel liest, aber selbst nicht hochsensibel bist, wird es dich Mühe kosten, dich in die Erlebniswelt eines hochsensiblen Kindes zu versetzen. Um zu verhindern, dass du zu schnell deine Schlussfolgerungen ziehst, werden wir Schritt für Schritt einige wichtige Aspekte in Bezug auf die Entwicklung und Erziehung hochsensibler Kinder durchgehen.

Erziehung spielt eine große Rolle bei Hochsensibilität. Wer die vorangegangenen Kapitel gelesen hat, hat regelmäßig auf seine eigene Vergangenheit zurückgeblickt und vielleicht feststellen müssen, dass manche Erziehungsstrategien im Nachhinein nicht so glücklich waren. Wir wissen heute relativ sicher, dass Erziehung und genetische Anlage zu jeweils etwa 50 Prozent verantwortlich sind für die Entwicklung eines Kindes zum Erwachsenen. Das gilt für jedes Kind, doch bei einem hochsensiblen Kind müssen wir tatsächlich viel bewusster mit der Erziehung, die wir ihm geben, umgehen. Ein hochsensibles Kind zieht einen besonders großen Nutzen aus einer adäquaten, perfekt auf ihn ausgerichteten Erziehung.

Fachleute nehmen inzwischen an, dass Menschen entweder hochsensibel sind oder nicht. Es scheint kein Zwischenmaß zu geben. Es scheint nicht so zu sein, dass der eine ein wenig hochsensibel ist und der andere ein wenig mehr. Doch die Umgebung hat einen großen Einfluss – zur Hälfte etwa – auf die Art, in der sich die Hochsensibilität entwickelt und schließlich im Verhalten sichtbar wird. Hochsensibilität allein beschreibt einen Menschen noch nicht ausreichend. Was man von seinen Eltern gelernt hat, die Erfahrungen, die man in der Schule gemacht hat, und der Einfluss von Freunden und Freundinnen sind also genauso wichtig. Aufgrund dieser Erlebnisse kann sich ein hochsensibles Kind zu einem ängstlichen und unsicheren Menschen entwickeln. Oder zum genauen Gegenteil: wenn das hochsensible Kind weiß, dass es eigentlich nichts zu fürchten hat.

Hochsensible Kinder sind, wie gesagt, soziale Kinder. Sie sind stark auf die Interaktion zwischen sich und anderen ausgerichtet, auch wenn das im ersten Augenblick nicht sichtbar ist. Kommunikation und Einfühlung sind besondere Stärken der meisten dieser Kinder. Gleichzeitig sind sie in diesem Punkt sehr verletzlich. Wenn die Umgebung anders auf sie reagiert als sie es erwarten oder als sie es benötigen, werden sie schneller gekränkt sein als Nichthochsensible. Sie ziehen sich dann zurück und lernen sich anzupassen auf eine Art und Weise, die ihrem Wesen nicht gerecht wird. Sie wissen nämlich instinktiv besonders gut, was ein anderer braucht. Ein hochsensibles Kind spürt beispielsweise, dass seine gestresste Mutter nicht gestört werden möchte, und es wird mit ganzem Herzen diesen Wunsch berücksichtigen. Doch was ist dann mit den Bedürfnissen des Kindes? Häufig drängt das Kind diese dann zurück.

Es ist wichtig, sich als Erwachsener der besonderen Verletzlichkeit eines hochsensiblen Kindes bewusst zu sein. Bevor ungünstige Verhaltensmuster entstehen, die schwierig zu ändern und später vielleicht nur noch durch Therapie behandelbar sind, sollte man als Elternteil oder Erzieher versuchen, sich in die Erlebenswelt hochsensibler Kinder einzufühlen und sich davon berühren zu lassen. Aus dieser Perspektive kann man Ratschläge und Verhaltensrichtlinien entwickeln, mit denen man dem Phänomen Hochsensibilität begegnen kann. Damit kannst du deinem hochsensiblen Kind helfen, sich optimal zu entwickeln.

5.3 Probleme hochsensibler Kinder

Es gibt viele positive Dinge, die über hochsensible Kinder gesagt werden können. Alles, was in Kapitel 4 steht, gilt im Großen und Ganzen auch für Kinder. Es gibt beispielsweise – genau wie gegenüber Erwachsenen – ein Verständnisproblem. Hochsensible Kinder werden bislang oft noch ungenügend verstanden. Eltern und Lehrkräfte sehen häufig nur einen Aspekt eines solchen Kindes und beschreiben es dann dementsprechend als zu intensiv, zu schüchtern oder zu fordernd. Hochsensibilität braucht wirklich kein Problem zu sein, man muss nur wissen, wie man mit diesen Kindern umzugehen hat. Die Hauptschwierigkeit ist, dass in der Schule und zu Hause andere Eigenschaften geschätzt und stimuliert werden als die Eigenschaften dieser Kinder. Darum haben sie es häufig schwer. Sie sind im tiefsten Inneren von der Härte und Gefühllosigkeit anderer schockiert. Sie begreifen nicht, warum andere so wenig nachdenken und so unbewusst agieren.

Man sollte jedoch nicht alle Kinder über einen Kamm scheren und die Unterschiede unter den hochsensiblen Kindern nicht aus dem Auge verlieren. Neben Hochsensibilität haben diese Kinder noch viele andere Temperamentseigenschaften, die größtenteils genetisch bedingt sind. Ein Beispiel einer solchen anderen Eigenschaft ist das Energieniveau eines Kindes. Springt das Kind ständig herum oder sitzt es eher ruhig in einer Ecke und spielt? Selbstregulation ist ebenfalls solch eine Eigenschaft. Kann das Kind gut selbstständige Entscheidungen fällen aufgrund von Erfahrungen, die es gemacht hat? Oder macht es immer wieder dieselben Fehler? Kann das Kind sich gut durchsetzen oder lässt es sich schnell entmutigen? Wird es schnell abgelenkt oder kann es sich gut konzentrieren? Neben Hochsensibilität gibt es noch so viele andere Eigenschaften, die ein Kind durch das Verschmelzen von Eizelle und Samenzelle mit auf den Weg bekommt. Diese Eigenschaften sind die Grundlage seines Temperaments. Tatsache ist aber, dass hochsensible Kinder auf die eine oder andere Art Dinge gründlicher bemerken und tiefer und intensiver erfahren als Durchschnittskinder. Und deshalb sind sie auch in Gefahr, sich schneller zu verausgaben.

Wenn hochsensible Kinder sich verausgaben, wählen sie verschiedene Strategien, um nicht völlig erschöpft zu werden. Manche beginnen zu jammern: Es ist zu heiß, zu kalt, zu hektisch, zu wild, zu dunkel, es juckt, es ist dreckig. Sie verlieren ihre Haltung, weinen und haben Angst. Andere hochsensible Kinder lernen, diesen Gefühlen zuvorzukommen. Sie ziehen es deshalb vor, alleine zu spielen oder sich in Videospielen oder Büchern zu verlieren, so dass ihre Erlebniswelt klein und übersichtlich bleibt. Sie können tagträumen und haben eine reiche Phantasie. Wieder andere entscheiden sich bewusst dafür, im Haus zu bleiben statt draußen mit anderen Kindern zu spielen. Manche hochsensible Kinder entscheiden sich, übertrieben kooperativ zu sein. Konflikte anzugehen, bedeutet nämlich auch, das Risiko von Reizüberflutung und Stress einzugehen. Glaube also nicht, dein Kind sei wirklich immer so leicht zufriedenzustellen. Vielleicht leidet es mehr unter einer bestimmten Situation als du denkst, aber es hat sich entschieden, Konflikten aus dem Weg zu gehen. Wieder andere hochsensible Kinder werden stattdessen widerborstig und exzentrisch, um deutlich zu machen, dass sie etwas auf eine bestimmte Art haben wollen. Manches überreizte hochsensible Kind entwickelt auf diese Art ein äußerst unruhiges Verhalten, so dass es vielleicht zu Unrecht als ADHS-Kind diagnostiziert wird.

5.3.1 ADHS

Gelegentlich fragen Eltern und Lehrkräfte sich, ob hochsensible Kinder nicht schlicht Kinder mit ADHS sind. ADHS steht für Aufmerksamkeits-Defizit-Hyperaktivitäts-Störung; ADHS wird als unheilbare Krankheit angesehen. Die Diagnose wird für Menschen aller Altersklassen gestellt, obwohl sie hauptsächlich mit Kindern in Verbindung gebracht wird. Gegenwärtig ist ADHS die am häufigsten diagnostizierte Störung im Kindesalter. Mehr als drei Prozent aller Kinder sind davon betroffen. Trotzdem kann ADHS nicht durch EEG

(Elektroenzephalogramm) oder andere auf das Gehirn ausgerichtete Diagnoseverfahren festgestellt werden. ADHS wird anhand einer Symptomliste diagnostiziert. Weil Symptombeschreibungen subjektiv sind, besteht immer die Gefahr des Wildwuchses derartiger Diagnosen.

Die bekanntesten Symptome von ADHS sind Konzentrationsstörungen (Vergesslichkeit, nicht zuhören können, schnell abgelenkt sein), Impulsivität (handeln und erst danach überlegen, vorlaut reden, ohne zu warten, bis man an der Reihe ist), Hyperaktivität (ein ständiges Gefühl von Unruhe, viel herumfummeln, aufstehen und sich bewegen, endlos lange reden, körperlich verspannt sein) und Störungen in der Zeitwahrnehmung (Schwierigkeiten, pünktlich zu sein). Erwachsene mit ADHS sind typischerweise ständig auf der Suche nach Herausforderungen. Sie suchen immer Spannungen und Sensationen, was ihre innere Unruhe widerspiegelt.

Hochsensible Kinder können, wenn sie lange Zeit unter Druck stehen, unruhig werden, Stress-Symptome entwickeln und körperlich hektisches Verhalten zeigen. In solchen Fällen fühlt sich das hochsensible Kind in die Enge getrieben und überreizt. In manchen Familien sind die Umgangsformen ruheloser als in anderen Familien. Ein hochsensibles Kind wird sich an die Umgebung anpassen. Doch selbst in ruhigen Familien kann ein hochsensibles Kind schwer handhabbar werden, Schreikrämpfe bekommen und hysterische Anfälle haben. Das ist allerdings eher die Ausnahme als die Regel. Im Allgemeinen sind hochsensible Kinder ruhige, anstellige und kooperative Kinder. Es gibt also Übereinstimmungen mit ADHS, aber auch deutliche Unterschiede. Ein wichtiger Unterschied ist das Maß, in dem sich diese Kinder konzentrieren können, wenn sie nicht abgelenkt werden. ADHS-Kinder können auch in einer reizarmen Umgebung nur schwer für längere Zeit bei einem Thema bleiben. ADHS-Kinder fallen vor allem deshalb auf, weil sie ständig abgelenkt werden. Von ihrer Umgebung werden sie „Stümper", „Pfuscher", „Panikmacher", „Hektiker", „Chaot", „Trottel", „übergeschnappt" genannt. Hochsensible Kinder hingegen können sich sehr intensiv mit etwas beschäftigen und die Welt dabei vergessen. Sie fallen eher auf, weil sie übertrieben eifrig und klug sind oder in sich zurückgezogen, schüchtern und ängstlich.

Elaine Aron schreibt: „Bei ADHS-Kindern konnte in Tests gezeigt werden, dass eine erhöhte Blutzufuhr in die linke Gehirnhälfte stattfindet. Bei hochsensiblen Kindern hingegen ist die Blutzufuhr in die rechte Gehirnhälfte erhöht. Das ist die Hälfte, die mit sozialen und emotionalen Fertigkeiten verbunden ist. Beide Typen können schnell abgelenkt werden, weil ihnen wenig entgeht. ADHS ist allerdings eine Krankheit. Bestimmte Steuerungsfunktionen arbeiten nicht richtig, nämlich: Entscheidungen fällen, planen, reflektieren und sich konzentrieren. Wenn ein hochsensibles Kind nicht überwältigt ist, ist es gerade in diesen Dingen sehr gut. Aus unbekannten Gründen können ADHS-Kinder schlecht Prioritäten setzen und die Aufmerksamkeit längere Zeit auf das richten, womit sie beschäftigt sind. Dieses Problem haben hochsensible Kinder normalerweise überhaupt nicht."[29]

5.3.2 *Neue-Zeit-Kinder / Indigo-Kinder*

Manche Menschen fragen sich, ob hochsensible Kinder dasselbe sind wie Neue-Zeit-Kinder oder Indigo-Kinder. In der Tat gibt es auffallende Übereinstimmungen. Vieles von dem, was über diese Neue-Zeit-Kinder gesagt und geschrieben wurde, passt auch zu hochsensiblen Kindern. Über Neue-Zeit-Kinder wird gesagt, dass sie äußerst intuitiv und sensibel sind. Dadurch können sie Schwierigkeiten haben, ihr Leben zu organisieren. Manchmal zögern sie Entscheidungen endlos hinaus. Sie haben die Tendenz, rücksichtslos zu sagen, was sie denken. Sie sind schnell abgelenkt und können Konzentrationsprobleme entwickeln. Es sind Kinder, die häufig tagträumen, die kreativ und intuitiv in Bildern denken, häufig hoch begabt sind, aber sehr ungeduldig sein können und eine niedrige Frustrationsgrenze haben. Manchmal sind sie impulsiv, machen sich schnell Sorgen und fühlen sich schnell unsicher und verängstigt. Es sind Kinder, die starke Stimmungsschwankungen haben können, die unter Depressionen, Ruhelosigkeit, Suchtgefahr und einem problematischen Selbstwertgefühl leiden können. Das Besondere aber ist nach Meinung der Fachleute, dass diese Kinder eine auffallende Weisheit besitzen, die nicht in Übereinstimmung mit ihrem Lebensalter steht. Viele von ihnen haben paranormale Gaben.

Wenn man die Erfahrungen von hochsensiblen Erwachsenen vergleicht mit den sogenannten Neue-Zeit-, Indigo- oder auch Sternen-Kindern, dann gibt es evidente Übereinstimmungen. Die meisten Hochsensiblen erkennen viel von sich wieder in den Beschreibungen, die Carla Muijsert van Blitterswijk in ihrem Buch *Neue-Zeit-Kinder* gibt. Hochsensible Erwachsene sind ebenso sehr intuitiv und aufgrund ihrer Sensibilität durch negative Impulse aus der Umgebung verletzbar. Viele der hochsensiblen Erwachsenen haben in der Schule oder anderen sozialen Umgebungen vergleichbare Probleme gekannt wie die heutigen Neue-Zeit-Kinder. Was in den bisherigen Kapiteln besprochen wurde, gilt zum größten Teil auch für Neue-Zeit-Kinder.

Ich möchte allerdings eine Anmerkung zu diesen Vergleichen machen. Menschen, die von Neue-Zeit-Kindern sprechen, meinen, dass jetzt immer mehr dieser Kinder geboren werden. Die Bezeichnung Neue-Zeit-Kinder legt nahe, dass eine neue, eine andere Zeit angebrochen sei, die die Menschheit in eine liebevollere, spirituelle Welt führe. Nach Ansicht derjenigen, die diese Bezeichnung erdacht haben, haben diese Kinder ein anderes Bewusstsein und sind auf die Erde gekommen mit dem besonderen Ziel, die Welt auf ein höheres spirituelles Niveau zu bringen. Das ist natürlich ein schöner Gedanke. Lasst uns hoffen, dass dem so ist. Beweisen kann man das allerdings nicht.

Werden nun tatsächlich mehr besondere Kinder geboren – oder sind nur die Reize im Allgemeinen an Häufigkeit und Heftigkeit gewachsen, so dass viele Kinder und vor allem Kinder mit erhöhter Sensibilität mehr leiden? Wenn man den Lebensstil von Erwachsenen und Kindern betrachtet, dann gibt es große Veränderungen in den vergangenen Jahrzehnten. Kinder haben heutzutage volle

Terminkalender, weil ihre Eltern volle Terminkalender haben. Ihre Lebenswelt ist durch die neuen Medien grenzenloser und voll neuer Möglichkeiten, aber auch sehr viel komplexer geworden. Für Kinder gibt es ungleich mehr Ablenkung. Sie haben mehr Spielzeug und mehr Spielmöglichkeiten. Sie fahren viel häufiger und viel weiter weg in die Ferien. Das alles macht das Leben von Kindern unruhig und bisweilen chaotisch. Sogar das Lautstärkeniveau der Krankenwagensirenen ist inzwischen über das Gehörschädigungsniveau gestiegen, weil man sonst die Sirenen nicht mehr hört. Das gibt einem doch zu denken. Allerorts nehmen Geräusch-, Geruchs- und visuelle Reize zu. Kurz gesagt: Die Lebenswelt von Erwachsenen und Kindern ist komplexer, hektischer und aufdringlicher geworden. Es ist für jeden und besonders für hochsensible Kinder schwierig, sich von dieser Entwicklung abzuschirmen.

Das Fernsehen ist ein anderes Beispiel für diese Veränderungen. In den vergangenen Jahrzehnten sind extrem viel Sender und Programme hinzugekommen. Außerdem hat das Tempo der Filme zugenommen. Die Programme sind aggressiver geworden. Sie zeigen offener Gewalt und Sex. Da ich selbst in der Fernsehwelt gearbeitet habe, weiß ich nur zu gut, wie verführerisch dieses Medium ist, und wie groß sein Einfluss auf unser aller Leben, ganz zu schweigen vom Einfluss auf Kinder.

Wenn wir Elaine Arons Theorie akzeptieren, dann ist Hochsensibilität etwas, was es immer schon gab. Dass wir es erst heute berücksichtigen, hängt mit anderen Faktoren zusammen. Neben den beschriebenen Veränderungen in der kindlichen Lebenswelt können wir das scheinbar erhöhte Aufkommen von hochsensiblen Kindern (oder Neue-Zeit-Kindern) aus der Tatsache erklären, dass immer mehr Erwachsene die Grenze des für sie Erträglichen erreicht haben. So entdecken sie zum ersten Mal, dass sie Toleranzgrenzen haben, und damit entdecken sie ihre Sensibilität. Automatisch entsteht dann auch mehr Verständnis für Kinder und deren Sensibilität. Als Reaktion auf die Verhärtung, Versachlichung und den Materialismus der Gesellschaft suchen diese Menschen nach

Alternativen. Und als mögliche Alternativen bieten sich die geschilderten Eigenschaften, die manche Kinder besitzen, besonders an.

5.4 Was brauchen hochsensible Kinder?

Wenn man die Notwendigkeit einer adäquaten Erziehung oder sagen wir einmal Betreuung von hochsensiblen Kindern betrachtet, stellt sich die Frage: Was brauchen sie? Hochsensibilität ist eine schöne Eigenschaft, die dem Kind viel bieten kann. Die Gabe, viel wahrzunehmen, kann das Kind in kreativen, intuitiven oder sozialen Aktivitäten umsetzen. Im späteren Beruf können diese Aspekte von immensem Nutzen sein. Das Genießen und Entdecken der Welt, der Natur und der menschlichen Kontakte ist etwas Positives. Das braucht man nicht weiter zu betonen. Dass diese Kinder tief nachdenken können, manchmal auf erstaunliche Ideen kommen und sich leidenschaftlich in ein Hobby oder Interessengebiet einleben können, ist eine Gabe. Sie sind dadurch kleine künftige Wissenschaftler. Manche haben gar hellsichtige Fähigkeiten oder hellsichtige Träume und erfassen dadurch besonders viel von dem, was um sie herum passiert. Dennoch kann das Leben für ein hochsensibles Kind schwierig sein. Bei näherer Betrachtung fallen folgende Problembereiche auf:

Hochsensible Kinder:

- sind schneller müde und erschöpft von der Fülle der Eindrücke
- fühlen sich schneller von Menschen überrumpelt
- bemerken negative Emotionen anderer schneller
- können ihre eigenen intensiven Emotionen nicht immer kontrollieren
- sind in neuen und spannenden Situationen eher abwartend und zurückhaltend
- erfahren Dinge so intensiv, dass sie sich bedrängt fühlen

- sind über unerwartete Dinge und Überraschungen nicht so froh
- zeigen bessere Leistungen, wenn sie nicht beobachtet werden
- können schnell in Verlegenheit gebracht werden
- finden unsensible und rohe Menschen schwierig
- glauben schnell, dass sie etwas verkehrt gemacht haben
- sind perfektionistisch
- sind sehr schmerzempfindlich, auch Schmerzen anderer gegenüber.

Kann man aufgrund dieses Wissens hochsensiblen Kindern etwas bieten, das ihnen gut tut? Was könnte das sein?

5.4.1 *Liebe und Bestätigung*

Weil hochsensible Kinder so viel wahrnehmen, bemerken sie auch so viel an sich selbst. Das macht sie zu ziemlichen Selbstkritikern. Sie zeigen selten die Tendenz, sich zu überschätzen. Sie haben eine ziemlich realistische Selbsteinschätzung. Dadurch platzen sie nicht gerade vor Selbstvertrauen. Natürlich sind manche unter ihnen selbstsicherer als andere. Das liegt an den Erfahrungen, die sie gemacht haben. In der Regel benötigen hochsensible Kinder aber Unterstützung, um sich in dieser komplexen, fordernden und kritischen Welt gut in ihrer Haut zu fühlen.

Dazu kommt, dass sie genau bemerken, was andere über sie denken. Aus den Reaktionen anderer spüren sie unbeirrbar ihre eigene Andersartigkeit. Sowohl ausdrücklich als auch unterschwellig können Erwachsene diese Andersartigkeit herausstellen, indem sie beispielsweise sagen, das Kind sei schüchtern, indem sie es zwingen, mit den anderen zu spielen, oder indem sie erstaunt fragen, warum dieses Kind wohl so viel Bücher lese, oder indem sie das Kind wegen einer Ungeschicklichkeit auslachen. Weil Kindern diese Art gut oder schlecht gemeinter Bemerkungen nicht entgeht, unterdrücken sie schnell ihre ureigenen Wesenseigenschaften und versuchen, sich – so gut oder schlecht es geht – den von anderen aufgestellten Normen anzupassen, oder sie ziehen sich mehr und mehr aus sozialen Situationen zurück.

Eltern und Lehrkräfte können, wenn sie es wollen, viel zum Selbstvertrauen eines hochsensiblen Kindes beitragen. Das gelingt am besten, indem sie ihm viel Liebe und Bestätigung schenken. Ein hochsensibles Kind muss einfach extra viel geliebt werden aus dem einzigen Grund, dass es da ist. Das Gefühl, da sein zu dürfen, gibt ihm das Selbstvertrauen, von dem es zu wenig hat. Gerade, weil es oft merkt, dass es anders ist als andere, ist es wichtig zu verhindern, dass es sich weniger wert als andere fühlt. Es gehört schließlich zu einer Minderheit von 15 bis 20 Prozent der Kinder. Bestätigen, loben und bewundern; mache es so viel wie möglich und beginne damit so früh wie möglich. Ein hochsensibles Kind wird nicht schnell hochmütig werden. Wenn sie auf etwas stolz sind, sind hochsensible Kinder darin meistens realistisch. Und dann dürfen sie doch auch stolz sein. Selbstvertrauen zu fördern, ist eine wichtige Aufgabe von Erziehern, weil hochsensible Kinder fast immer ein beschädigtes Selbstvertrauen haben.

Eine hochsensible Frau sprach zu mir einmal über die Erziehung, die sie rückblickend gerne genossen hätte: „Im Nachhinein denke ich, dass ich das Willkommensgefühl stark vermisste. Damit meine ich das Wissen, dass man da sein darf in der Art und Weise, die zu einem passt. Einfach so wie man ist. Dass man nicht beurteilt wird, sondern dass eine Haltung von Offenheit und Akzeptanz da ist. Was kann man als Eltern schließlich mehr tun, als dem Kind Selbstvertrauen zu geben, damit es entdeckt, was es will und wie es die Dinge angehen möchte. Man sollte dem Kind den Raum geben, Dinge auf seine eigene Art zu tun. Das beinhaltet für mich auch, das Kind nicht zu zwingen, höflich und freundlich jedem gegenüber zu sein. Damit lehrt man das Kind, unaufrichtig zu sein und auch seinem eigenen Gefühl gegenüber untreu zu sein, während es gerade wichtig ist, das Kind zu stimulieren, seinem eigenen Gefühl und seinen eigenen Einsichten zu folgen und seiner eigenen Wahrheit zu vertrauen."

Liebe gibt man durch Körper-, Blick- und seelischen Kontakt. Es sind Kommunikationsformen, die für alle Kinder wichtig, aber für hochsensible Kinder ganz besonders wichtig sind. Weil hochsensible Kinder so gut darin sind, zu bemerken, was bei einem anderen vor sich geht, sind sie für kleine Aufmerksamkeiten so empfänglich. Das gilt auch für Abweisungen und Kritik, wie subtil diese auch sein mögen – selbst wenn derjenige, der sie gibt, das gar nicht bemerkt. So etwas kann ein hochsensibles Kind ganz durcheinander bringen. Diese Kinder sind Meister in subtiler Kommunikation. Um ihnen das Gefühl und das Vertrauen zu geben, dass sie so sein dürfen, wie sie sind, benötigen intuitive und sensible Kinder besonders viel Bestätigung in Form kleiner, liebevoller Ermutigungen. Dinge wie Wortwahl, Körperhaltung und Tonfall bedeuten himmelweite Unterschiede für hochsensible Kinder. Nimm dir Zeit, um dem Kind zuzuhören und etwas zusammen mit ihm zu machen. Schaffe eine angenehme Umgebung, indem du die Wohnung warm und freundlich einrichtest. Stelle eine Vase mit Blumen auf den Tisch. Lache zusammen mit deinem Kind. Umarme es und zeige eine liebkosende Geste. Gerade mit kleinen Gesten kann man hochsensible Kinder besonders für sich gewinnen. Regelmäßigkeit, Rhythmus und Ruhe sind ebenfalls wichtig, aber Erziehung ist mehr als straffe Handhabung der Tageseinteilung. Spontaneität hingegen schätzen diese Kinder nicht so sehr wie Rhythmus und Regelmäßigkeit. Wenn man aber zu streng mit den Hausregeln umgeht, verliert man schnell die Lebensfreude. Hochsensible Kinder verlangen nach dem Mysterium des Wunderbaren. Sie sind spirituell bewusst und möchten das mit dir teilen.

Hochsensible Kinder können durch die wenig feinfühlige Art, wie unsensible Menschen gelegentlich miteinander verkehren, abgeschreckt werden. Sie haben häufig Schwierigkeiten mit Menschen, die eine grobe Sprache gebrauchen, die tratschen oder derbe Witze erzählen. Dem hochsensiblen Kind muss man erklären, dass diese

Sachen nicht böse gemeint sind, und dass das Kind den anderen weniger ernst nehmen sollte, als es die Tendenz hat. Schließlich ist nicht jeder so subtil und sensibel wie das Kind. Man kann ihm erklären, dass manche Menschen Dinge sagen, die sie eigentlich nicht wirklich meinen, oder dass sie sich gern auf eine Art äußern, bei der ihnen eigentlich gar nicht richtig bewusst ist, was sie genau sagen. Das alles bedeutet noch lange nicht, dass diese Menschen lieblos sind. Sie zeigen ihre Liebe nur auf andere Art.

Bei Harmonie und Liebe gedeihen hochsensible Kinder am besten. Und es werden dankbare Kinder, weil sie die Welt gerne im Gleichgewicht sehen. Es sind von Natur aus liebevolle Kinder. Wenn jedoch ihre Umgebung das nicht ist, selbst wenn es nur kleine Störungen gibt, reagieren hochsensible Kinder mit diffusen psychosomatischen Beschwerden. Sie haben zum Beispiel Bauchschmerzen, allergische Reaktionen oder entwickeln Schlaf- und Essprobleme. Sie können sogar Depressionen entwickeln oder sich in Süchte flüchten, wenn sie sich lange Zeit an ein Leben anpassen müssen, das nicht zu ihnen passt. In diesen Fällen kann man von einer ernsthaften Problematik ausgehen. Glücklicherweise haben nicht alle hochsensiblen Kinder derartige Probleme. Je mehr Verständnis man für sie hat, desto besser kann man sich auf ihre spezifischen Bedürfnisse einstellen.

Jonas ist zehn und sehr sensibel. In der Schule wird er regelmäßig geärgert. Er ist schwermütig und möchte manchmal lieber tot sein. Seine Mutter ist sehr besorgt, weil es ihm häufig nicht gut geht. Durch ihre Besorgtheit verliert sie allerdings immer mehr den Kontakt zu ihm. Schließlich kommt er zur Therapie bei Sandra Vonk. Sie hilft ihm, seine Gefühle in den Griff zu bekommen. Sandra lehrt auch seine Mutter, dass Kinder selbstständig durch ihre Gefühle, Worte oder Bilder angeben, was sie brauchen. Nach einigen Behandlungen wird Jonas kommunikativer. Er ist jetzt seltener allein in seinem Zimmer. Seine Mutter merkt, dass sie mit Jonas mehr über Dinge sprechen kann und dass er positiv reagiert, wenn sie ihm von Zeit zu Zeit ihre volle Aufmerksamkeit schenkt. Zusammen besprechen sie beispielsweise, ob er nicht lieber zu einer anderen Schule gehen möchte, wo er nicht so geärgert wird.

Als hochsensibles Elternteil bemerkst du wahrscheinlich viel von dem, was in deinem Kind vorgeht. Du hast wahrscheinlich gute Antennen für seine Bedürfnisse und Unsicherheiten. Das ist für dein Kind natürlich ein großer Vorteil. Du wirst ihm, wenn du aus Liebe handelst, jederzeit beistehen und es so akzeptieren, wie es ist. Doch wenn du als Elternteil selbst in einer emotional schwierigen Familie aufgewachsen bist, kannst du blockiert sein in deinen Gefühlen von Liebe und Selbstwert. Vielleicht hast du als Kind zu hören bekommen, dass Gefühle nicht geäußert werden dürfen. Vielleicht wurde dir unterschwellig signalisiert, du taugtest nichts und seiest überflüssig. Es kann also sein, dass du selbst ungenügend Nestwärme und Liebe empfangen hast, diese aber deinem Kind jetzt geben möchtest. Dann ist wichtig, dass du dir klar darüber bist: Du wurdest durch deine eigene Erziehung geformt und diese bringst du mit in die Erziehung, die du selbst deinen Kindern gibst. Die Gefahr von Projektion besteht immer. Wahrscheinlich möchtest du Dinge ganz anders tun. Das ist positiv – doch nicht du selbst bist dein Kind. Und du bist auch nicht dein Elternteil. Vergiss das nicht. Dein Kind hat andere Bedürfnisse und Freuden als du. Es ist ein einzigartiges Wesen mit eigenen Wünschen, das seinen eigenen Weg zu gehen hat. Die Liebe, die dir fehlte, kannst du wohl deinem Kind geben, aber du musst dich selbst ebenso mit der Liebe und Anerkennung umgeben, die du brauchst.

Erziehung kann eine ziemliche Herausforderung sein. Manchmal wirst du gut daran tun, erst einmal auf dich selbst zu hören, damit du dich danach unbefangen, vorurteilsfrei deinem Kind zuwenden kannst.

Vergiss nicht, dass du selbst zu einer Generation gehörst, in der Hochsensibilität noch ein unbekanntes Phänomen war. Es kann gut sein, dass die Erziehung, die du erhalten hast, nicht mit dem übereinstimmte, was du nötig hattest (selbst wenn deine Eltern es gut meinten). Es ist durchaus eine Kunst, jetzt als Erzieher das zu tun, was für dein hochsensibles Kind das Richtige ist. Inwieweit dir das gelingt, hängt von dem Maß ab, in dem du deine Traumata überwunden und verarbeitet hast.

Wie ein hochsensibles Kind aus einer gefühllosen, unausgeglichenen Erziehung ins Erwachsenenalter kommt, hängt von den präzisen Umständen und dem Charakter des Kindes ab. Als Elaine Aron ihre Untersuchungen an hochsensiblen Erwachsenen begann, entdeckte sie zwei Gruppen. Eine Gruppe erklärte, dass sie mit einem negativen Selbstbild zu kämpfen habe, mit Depressionen und Ängsten. Die andere Gruppe berichtete, dass sie keine signifikanten Probleme habe. Die Unterschiede zwischen beiden Gruppen waren ziemlich deutlich. Erst später entdeckte Aron, dass hochsensible Erwachsene mit Depressionen und Angstproblemen ohne Ausnahme aus problematischen Familien kamen; normalsensible Erwachsene mit vergleichbaren Jugendproblemen hatten längst nicht so viele Depressionen und Angststörungen.

Du hilfst deinem Kind, wenn du deine eigene Vergangenheit begreifst, die Fallstricke auf deinem Weg erkennst und die negativen Erfahrungen zu Lektionen von Weisheit transformierst. Als Elternteil brauchst und kannst du nicht perfekt sein. Die Erziehung, die du gibst, ist das Resultat der Lektionen, die du gelernt hast. Wenn es dir gelingt, mit Mut und Willenskraft auch nach Rückschlägen Schwierigkeiten zu verarbeiten, wird dein Kind dich respektieren für das, was du bist. Auf beiden Seiten entsteht so Raum für die jeweiligen Eigenarten. Deine Feinfühligkeit kann ein Vorteil sein beim Wiederentdecken von Liebe und Sanftheit. Erziehung kann ein herrliches Abenteuer werden. Kinder halten dir den Spiegel vor. Zusammen könnt ihr den rechten Weg suchen, den Weg des Zusammenlebens in gegenseitigem Verständnis und Geborgenheit.

5.4.2 Ermutigung

Manche hochsensiblen Kinder sind erkundungsfreudig und lieben Herausforderungen. Es sind ungefähr dreißig Prozent, die ein stark entwickeltes *Go-for-it*-System haben. Sie werden auch *Thrill*- oder

Sensation-Seekers genannt (diese Kinder ähneln noch am meisten den mit ADHS diagnostizierten Kindern). Der größte Prozentsatz hochsensibler Kinder ist hingegen eher zaghaft und wartet erst einmal ab, wie der Hase läuft (*Pause-to-check*-System). Es ist für diese Kinder wichtig, dass sie sich nicht zu extrem ängstlichen Kindern entwickeln, die jeder neuen Situation von vornherein aus dem Weg gehen. Sie brauchen besondere Ermutigung und Unterstützung und vor allem das Gefühl, dass es für sie sicher ist, Dinge näher zu untersuchen.

Betrachten wir noch einmal diesen letzten Aspekt. Sicherheit hat vor allem mit Bindung zu tun. Eine der wichtigsten Voraussetzungen, durch die ein hochsensibles Kind ein Gefühl von Sicherheit entwickelt, ist das Vertrauen, dass jemand es auffängt, wenn es fällt. Hier sind die Erzieher, also meistens Vater und Mutter gefragt. Wenn ein hochsensibles Kind weiß, dass seine Mutter, sein Vater oder andere vertraute Beschützer hinter ihm stehen, ihm sozusagen den Rücken stärken, wird es sich trauen, mehr von den Dingen zu erkunden. Es ist logisch, dass die erste Bindung einem Säugling das Gefühl von Sicherheit gibt, von dem er den Rest seines Lebens zehrt. Diese erste Periode ist also außerordentlich wichtig, trotzdem nicht allein und ausschließlich bestimmend. Manche Kinder sind von sich aus waghalsig, andere Kinder sind einfach von sich aus ängstlicher. Manchmal muss man seinem hochsensiblen Kind einen kleinen Schubs geben, damit es etwas wagt. In mehreren Untersuchungen zeigte sich jedenfalls, dass hochsensible Kinder, die in neue stressreiche Situationen kommen, sich gut fühlen, solange sie in den Händen einer Person sind, die sich um das Kind kümmert. Ist das nicht der Fall, fühlen sie sich sehr schnell gestresst und in Gefahr. Solche aufmerksamen Personen sind nicht nur die Eltern, sondern auch die Lehrkräfte. Da Kinder viel Zeit in der Schule verbringen, ist die Haltung der Lehrkraft wichtig. Hochsensible Kinder haben einen besonderen Gewinn von einer liebevollen und aufmerksamen Lehrkraft. Eltern tun gut daran, dies bei der Wahl der Schule und der Versetzung zu berücksichtigen.

Als Elfjährige fühlte ich mich sehr unwohl beim Gedanken an die traditionelle Klassenfahrt, die zum Ende des Schuljahres anstand. Allein der Gedanke bereitete mir schon Herzklopfen. Viele schlaflose Nächte folgten und meine Mutter musste mich ständig trösten. Bereits ein Jahr vor dem Ereignis vergoss ich literweise Tränen und die Idee allein überwältigte mich vor Angst. Ich stellte damit meine Mutter vor ein fast unlösbares Problem. Sollte sie mich zu Hause behalten, um mich zu beschützen, oder sollte sie mich eher ermutigen, doch mitzufahren?

Eines der schwierigsten Probleme, mit dem Eltern von hochsensiblen Kindern sich konfrontiert sehen, ist die Frage: Sollen sie ihr Kind beschützen – oder sollen sie es motivieren, eine beängstigende Situation anzugehen? Die meisten hochsensiblen Kinder schrecken vor neuen Situationen zurück. Alle möglichen Geschehnisse in der Schule können sie als bedrohlich erleben. Mit besonderem Schrecken sehen sie Ereignissen entgegen, die außergewöhnlich festlich, gesellig und einfach nur nett gemeint sind. Das liegt nicht daran, dass die Kinder langweilig oder schüchtern wären, sondern einfach an der Menge der (unbekannten) Reize, die dann über sie hereinbricht. Eltern werden sich regelmäßig zwischen den Alternativen entscheiden müssen, das Kind zu motivieren oder es zu beschützen.

Auch dabei sollte man sich als Erwachsener vor Projektion in Acht nehmen – vor allem, wenn man als Elternteil oder Erzieher selbst hochsensibel ist. Wenn du als Kind gezwungen wurdest, Dinge zu tun, die du nicht wagtest, kannst du jetzt die Neigung haben, dein Kind übertrieben zu beschützen, indem du es von bedrängenden Situationen fernhältst. Du erinnerst dich noch zu gut, wie unglücklich du dich fühltest, als du Dinge tun musstest, die dir zu viel wurden und denen du dich noch nicht stellen wolltest. Du erinnerst dich an den Schmerz, die Unsicherheit, die Angst und die Überreizung. Wenn wir aber hochsensiblen Kindern die schwierigen Situationen immer vorenthalten, fehlt ihnen die Chance, Mut und Durchsetzungsvermögen zu entwickeln. So können sie zu sozial gehemmten Menschen werden, die nur ein halbes Leben leben, weil sie ungenügend gelernt haben, für sich selbst einzustehen. Wie schwierig du es auch findest, du kannst ängstliche und sensible Kinder nicht immer gegen die böse Außenwelt beschützen. Mit Unterstützung und Verständnis kannst du sie auf sanfte Art motivieren, kleine Schritte zu gehen, damit sie auf Dauer zunehmend selbstständiger wagen, Dinge anzugehen. Meine Mutter beschloss, dass ich den Schulausflug mitmachen sollte, gab mir aber die Versicherung, dass sie mich abholen würde, wenn ich es zu fürchterlich fände. Mit der Lehrkraft wurde abgemacht, dass sie stets ein Auge auf mich haben würde, vor allem nachts. Davon merkte ich nicht viel, wie ich mich heute erinnere. Ich fühlte mich ziemlich allein gelassen. Ich erinnere mich auch nicht, dass irgendetwas Schönes an der Fahrt war. Trotzdem hatte ich eine große Angst überwunden und konnte danach mit den anderen Kindern über die Klassenfahrt reden. Ich brauchte der wichtigsten Veranstaltung des Jahres nicht fernzubleiben, und die Erfahrung an sich stärkte meinen Mut und mein Durchsetzungsvermögen.

Eine hochsensible Mutter schreibt mir: „Mein fünfjähriger Sohn ist sehr sensibel. Ich merke das an allen möglichen Dingen. Ich bin selbst hochsensibel und erkannte mich schon früh in ihm. Ihm ist immer klar, wie andere Leute sich fühlen. Leider ist er ständig überreizt und kann ganz schlecht laute Geräusche ertragen. Neue Dinge und Veränderungen bereiten ihm Schwierigkeiten. Letztes Jahr besuchte seine Kindergartengruppe eine Theatervorstellung mit Musik. Die Kinder wurden von den Kindergärtnerinnen wochenlang darauf vorbereitet. Mein Sohn fand die Sache sehr aufregend und sah mit mulmigem Gefühl dem Ereignistag entgegen. Eigentlich wollte er an diesem Tag lieber nicht zum Kindergarten. Ich stand vor der Entscheidung, ihn entweder zu Hause zu lassen oder selbst mitzugehen oder die Kindergärtnerin zu bitten, ihn gut auf die Veranstaltung vorzubereiten. Letzteres habe ich gewählt. Zu Hause zu bleiben, fand ich keine gute Lösung. Dann hätte er beim nächsten Mal wieder zu Hause bleiben wollen. Ich habe lange nachgedacht, ob ich nicht am besten mitgehen sollte, aber kam zur Schlussfolgerung, dass er dann tendenziell ängstlich an mir hängen könnte, wenn es doch gerade gut für ihn wäre, zu lernen, dass er Dinge selbst bewältigen kann. Deshalb habe ich die letzte Möglichkeit gewählt. Ich wollte auch, dass er lernt, neue positive Erfahrungen zu machen. Mit der Kindergärtnerin vereinbarte ich, dass er an diesem Tag neben ihr sitzen durfte. Ich habe ihm erklärt, dass ich verstehe, wie schwierig er das Ganze findet, und dass die Kindergärtnerin bei ihm bleiben wird. Schritt für Schritt haben wir uns zu diesem Tag hingearbeitet. Ich versuchte, viel Respekt für seine Gefühle zu zeigen. Ich habe seine Ängste nicht bagatellisiert. Trotzdem habe ich versucht, ihn zu überzeugen, dass er viel mehr kann, als er denkt, und darauf nur zu vertrauen braucht. Als der Tag schließlich da war, war es auch für mich sehr schwierig, denn am liebsten hätte ich mein Kind vor allen heiklen Erfahrungen bewahrt und vor der Außenwelt beschützt. Doch ich bin froh, dass ich es nicht getan hab, denn schließlich hat er den Tag genossen und später nichts Gegenteiliges dazu gesagt. Es kamen noch weitere derartige Gelegenheiten auf ihn zu: Nikolaus, Weihnachten, Karneval, Erntedankfest, der erste Schwimmunterricht. Jedes Mal ging es besser. Er fand immer mehr Vertrauen zu sich selbst. Und dieses Jahr hat er sogar, auf dieser Grundlage aufbauend, einen Vers zum Nikolaus aufgesagt. Das hätte ich letztes Jahr nicht zu träumen gewagt."

Mindestens genauso wichtig wie Ermutigung ist es, Respekt zu zeigen und ruhig anzuhören, was das Kind beängstigend findet. Es kommt auf eine gesunde Mischung an: Einerseits Verständnis für Ängste zu zeigen, die das Kind hat, und ihm andererseits den Mut zu geben, die Ängste zu überwinden. Wichtig ist auch, dass man als Elternteil die Initiativen und die Impulse des Kindes willkommen heißt. Ein hochsensibles Kind ist schnell verunsichert, wenn es aus sich selbst heraus etwas Spontanes tut. Anerkennung und Bewunderung für scheinbar kleinste Nebensächlichkeiten helfen dem Kind, sein Selbstvertrauen zu stärken. Ermutigung für seine besonderen Charaktereigenschaften empfinde ich als eines der geeignetesten und schönsten Dinge, die Eltern ihren Kindern geben können. Statt Erwartungen zu hegen, zeigt man Respekt, wenn man sein Kind in seinem eigenen Wert lässt, auch wenn es Interesse an Dingen hat, die man selbst irrelevant oder uninteressant findet.

Es gibt einige besondere Momente, in denen man hochsensible Kinder ermutigen sollte. Zu den stärksten Auslösern von Angst (und Depression) bei hochsensiblen Kindern gehören Veränderungen, vor allem, wenn diese unerwartet und abrupt sind. Ein neuer Babysitter, ein Wohnungsumzug, eine unerwartete Überraschung, ein neues Brüderchen oder Schwesterchen. Manche hochsensiblen Kinder möchten immer genau dieselbe Kleidung tragen, immer genau dasselbe essen, mögen es nicht, dass jemand zu Besuch kommt, und vermeiden Kontakt mit Fremden. Doch Kinder haben mit so viel Veränderung in ihrem Leben zu tun, dass sie wohl oder übel lernen müssen, damit umzugehen. Das wird ihnen im späteren Leben helfen, Strategien zu entwickeln, mit stressreichen Situationen umzugehen, die nun einmal nicht zu vermeiden sind. Eine Ermutigung, geduldig und ganz sanft gegeben, kann dem hochsensiblen Kind gerade die Hilfe bieten, die es benötigt. Gehe nicht immer davon aus, dass es klug und erwachsen genug ist, um eine Situation richtig einzuschätzen, auch wenn ein hochsensibles Kind sich manchmal so gibt. Bedenke, dass es wahrscheinlich mehr Zeit als üblich benötigt. Geduld ist etwas, was du bei der Erziehung eines hochsensiblen Kindes wirklich brauchst. Hilfreich ist es auch, wenn du dein Kind geistig und körperlich auf Dinge vorbereitest. Wenn es fit ist, ausgeschlafen, gegessen hat und ruhig ist, kann es neue Situationen besser bewältigen.

Als ich Kind war, zog meine Familie nach Amerika um. Das hatte enorme Auswirkungen auf mich. Ich reagierte mit Schlafproblemen und entsetzlichen Ängsten. Ich kann mich noch besonders gut daran erinnern, wie bange ich war, wenn meine Mutter abends weg musste. Ich stand heulend am Fenster und hatte die wildesten Phantasien über Unglücke. Ein neues Land bedeutet, eine neue Sprache zu lernen, in eine neue Schule zu gehen und neue Freunde zu finden.

Für mich als hochsensibles Kind war das nicht so einfach. Die ersten Monate waren schmerzlich und traurig. Ich wurde nicht sofort akzeptiert und wurde geärgert. Ich musste um Freundschaften kämpfen. Man könnte sagen, dass das zu viel für ein hochsensibles Kind sei. Doch wenn ich zurückblicke, bin ich dankbar, dass meine Eltern damals die Emigration mit vier Kindern gewagt haben. Im Nachhinein gehört dies zu meinen wertvollsten Erinnerungen. Es war hart, aber ich lernte, mich selbst aus eigener Kraft durch Schwierigkeiten durchzukämpfen. Nun, da ich in mein Ursprungsland zurückgekehrt bin, profitiere ich von den Erfahrungen, die ich als Kind gemacht habe.

Sei dir als Elternteil der Intensität bewusst, mit der ein hochsensibles Kind Dinge erlebt. Hochsensible Kinder sind meist stark mit ihrer Umgebung verbunden. Sie kennen die Bäume und Pflanzen beinahe persönlich. Sie haben eine inspirierte, von tiefen Gefühlen gekennzeichnete Beziehung zu der Umgebung, in der sie aufwachsen. Ein Umzug ist deshalb auch ein emotionelles und spirituelles Geschehen. Ein Kind muss Abschied nehmen von vielen Dingen, die du vielleicht übersiehst, zum Beispiel vom Apfelbaum im Garten und von den Schnecken zwischen den Pflanzen. Man kann den Umzug mit symbolischen Handlungen begleiten und sollte auf jeden Fall Verständnis zeigen für die beinahe sakralen Handlungen, die das Kind durchführt, um den Umzug zu verarbeiten. Weil ein Umzug meistens ein stressreiches Ereignis ist, wird ein hochsensibles Kind die Nervosität seiner Eltern besonders spüren. Überlade dein hochsensibles Kind vor allem nicht mit deinen eigenen Ängsten und Sorgen. Es bemerkt sowie so schon viel zu viel und würde dann nur noch mehr zurückschrecken.

Neben Angst vor neuen Gegebenheiten haben manche hochsensiblen Kinder besondere Angst vor fremden Menschen. Wenn dein Kind Angst vor Fremden hat, hilf ihm von klein auf an so viel wie möglich im Kontakt mit anderen. Dies verhindert einigermaßen, dass es im späteren Leben zu einem typischen Einzelgänger wird. Letztendlich leidet dein Kind mehr unter der Tatsache, ausgeschlossen zu sein, als darunter, die Schwelle überwinden zu müssen, um Kontakte anzugehen, wie schwierig und spannungsreich das auch sein mag. Das beinhaltet unter anderem, dass du dein Kind nach dem ersten Lebensjahr zum Kontakt mit anderen kleinen Kindern ermutigen solltest. Für ein hochsensibles Kind ist es sicher keine schlechte Erfahrung, in eine Kindergruppe zu gehen, solange dort ein gewisses Verständnis für den speziellen Charakter deines Kindes vorhanden ist. Am besten wäre es, das Kind täglich nur einige Stunden dort hinzubringen, statt vielleicht ein oder zwei ganze lange Tage und danach wieder einige Tage nicht, denn diese Veränderung ist für das Kind viel größer.

Der erste Tag wird nicht einfach sein. Am besten gehst du zusammen mit deinem Kind dorthin. Bleib einige Male bei deinem Kind, bis es selbst wagt, die Umgebung zu erkunden. Du ziehst dich dann jedes Mal einen Schritt weiter zurück. Gebe deinem Kind die Möglichkeit, dich die ersten Male wiederzufinden, wenn die Situation für des Kind zu bedrängend wird. Wenn du merkst, dass sich dein Kind in der Gruppe eingelebt hat und zufrieden fühlt, kannst du weggehen. Vielleicht bringst du es auch schon etwas früher hin, bevor alle anderen Kinder kommen. Aber achte auch darauf, dass dein Kind nicht erschöpft wird, weil es am längsten bleibt. Später, wenn es etwas älter ist, könnt ihr zusammen üben, was dein Kind im Kontakt mit neuen Menschen sagen kann. Ziehe eventuell andere Erwachsene als Hilfe hinzu und auch andere Kinder, denen du diese Hilfe zutraust. Sprich schließlich mit Betreuern und Lehrkräften über dein Kind. Sorge auf jeden Fall dafür, dass seine Hochsensibilität positiv gesehen wird. Du wirst schnell genug merken, ob das akzeptiert wird oder nicht.

Jede Situation ist einzigartig. In jeder Situation musst du aufs Neue entscheiden, was das Beste für dein Kind ist. Es hat keinen Sinn, ein Kind mit harter Hand zu zwingen, Dinge zu tun, für die es zu verletzlich ist. Mit Worten, wie „Nun komm doch!", „Stell dich nicht an!" leugnet man die Besonderheit des Kindes. Ein Kind, das hochsensibel ist, wird sein ganzes Leben so bleiben. Du wirst das

Kind nicht verändern können, indem du es abhärtest oder gefühlloser machst. Damit verliert es nur einen Teil seiner Echtheit. Du zwingst es, sich anders zu zeigen, als es seinem Wesen nach ist.

5.4.3 *Ruhe*

Mindestens bis zum dritten Lebensjahr ist jedes Kind, ob hochsensibel oder nicht, ganz und gar Sinneswahrnehmung. Alles strömt ungefiltert hinein ins aufnehmende Bewusstsein. Viele Menschen denken, dass dieser Zustand etwas Paranormales hat, weil Kinder in dieser Phase auch viele subtile Energien bemerken. Ein kleines Kind ist noch nicht im Stande, Filter wie beispielsweise die Ratio oder die Logik als Puffer zwischen sich und die Welt zu setzen. Eltern und Erzieher haben die Aufgabe, das Kind vor einem Übermaß von Reizen und Informationen zu beschützen. Ein hochsensibles Kind wird etwas mehr Ruhe und Schutz benötigen. Für Säuglinge kann dies ein besonders stiller Schlafplatz sein und für Kleinkinder ein eigenes Eckchen, wo sie ungestört in ihrer Phantasie aufgehen können.

Hochsensible Eltern sind wahrscheinlich auch fähig, sensibel und einfühlsam zu erziehen. Sie werden das Bedürfnis an Ruhe und Privatsphäre des Kindes zu respektieren wissen. Das liegt daran, dass sie selbst dieses Bedürfnis ebenfalls kennen. Eltern und Kinder, die hochsensibel sind, spüren, dass Ruhe und Stille so lebenswichtig sind wie Atmen und Schlafen. Andererseits haben Hochsensible gelegentlich relativ große Schwierigkeiten, ruhig zu bleiben, weil sie die Unruhe anziehen wie der Staubsauger den Staub. Manche Eltern sind auch nicht selbstsicher und ausgeglichen genug und können sich schlecht von äußerer Hektik abschirmen. Das kann sich dann auf die Kinder übertragen.

Im Allgemeinen gibt es wenig Stille im Leben von Kindern. Je unruhiger die Umgebung, desto ruheloser meistens das Kind. Kinder sind ein Spiegel dessen, was sie erleben. Ratschläge, Richtlinien, Lektionen oder Ermahnungen, wie gut auch gemeint, erzeugen eher Unruhe als Ruhe und Klarheit. Einem Kind, das mit Reizen überfüttert wird und innerlich unruhig ist, zu sagen, dass es still zu sitzen hat oder den Mund halten soll, ist völlig sinnlos. Überlege doch einmal selbst, wie schwierig es beispielsweise ist, das Denken anzuhalten oder nichts mehr zu wollen. Man benötigt viel Übung und Geduld, um zu lernen, loszulassen und in sich selbst die Stille zu finden. Nicht umsonst ist es schwierig, zu meditieren und die Unruhe, die man aus der Umgebung aufgenommen hat, wieder loszuwerden. Kinder kopieren Verhalten. So arbeitet ihr Lern- und Entwicklungssystem normalerweise.

Wie können wir also erwarten, dass unsere Kinder ruhig und ausgeglichen sind, wenn wir selbst überdreht herumrasen, hektisch sind, stets alles Mögliche müssen und wollen und selten einfach nur da sein können? Ruhelosigkeit kann als eigentliche Krankheit dieser Zeit betrachtet werden. Sie gleicht übrigens stark einer Sucht, die die Seele langsam, aber beständig aushöhlt. Es ist traurig zu sehen, dass manche Kinder schon von klein auf von Ruhelosigkeit geplagt werden. Aktivität wird nicht mehr durch Ruhe gedämpft. Tatendrang hat sein Gegengewicht verloren, nämlich die ausgleichende, beruhigende Energie. Dadurch geht schon bei den Kleinsten das essentielle Gleichgewicht verloren.

Stell dir vor, du bist mit einer Hausarbeit beschäftigt wie Abwaschen oder Kochen, oder du sitzt einen Moment einfach so am Tisch oder auf dem Sofa. Beide Male bist du vollständig im Hier und Jetzt. Das bedeutet, dass du nicht in Beschlag genommen wirst von Gedanken an etwas anderes, an Geschehnisse in der Vergangenheit oder Zukunft. Gleichgültig, ob du gerade etwas tust oder nicht — deine Aufmerksamkeit ist im Hier und Jetzt. Denken und Wollen sind so gut wie nicht aktiv. Du bist in einem Zustand von „Nur einfach sein". Wenn dir dies gelingt, fühlst du eine friedvolle, ruhige Offenheit. Du stehst nicht unter Druck. Du wirst nicht von ängstlichen, unruhigen, ärgerlichen, schuldbewussten oder anderen Empfindungen bedrängt. Du schmiedest keine Pläne und erwartest auch nichts von jemand anderem. In diesem Zustand spürst du, was essentiell ist. Du bist in einem intuitiven Zustand.

Es spricht für sich, dass du erst einmal selbst lernen musst, ruhig und geerdet zu sein, bevor du dies von den Kindern in deiner Umgebung verlangst.

Ein hochsensibles Kind braucht durchweg mehr Privatsphäre. Normalsensiblen Eltern kann es merkwürdig vorkommen, wenn ihr Kind keine Lust auf Geselligkeit und Aktivitäten hat. Manche Eltern nehmen das persönlich und glauben, dass ihr Kind sie nicht leiden kann. Doch ein hochsensibles Kind ist weder unfreundlich noch abweisend. Es braucht einfach nur mehr Zeit für sich allein, um die sinnliche Wahrnehmung einzudämmen und die Eindrücke des Tages zu verarbeiten. Vor allem Schulkinder werden mit Reizen überfüttert. Wenn die Eltern das verstehen, werden sie ihrem Kind die nötige Zeit und den nötigen Raum bieten.

Zu Hause gelingt es dem Kind meistens, sich wieder zu fassen. In der Schule hingegen ist das viel schwieriger. Das heutige Schulsystem bietet hochsensiblen Kindern zu viel Unruhe und zu wenig Zeit, um sich von Reizen zu erholen. Eingepfercht in großen Gebäuden bei ununterbrochenem Geschrei, Gekreische, Geziehe und Geschubse geraten hochsensible Kinder schnell in Erregung und Überreizung. In manchen Klassen ist die Toleranz der Lehrkräfte zu hoch für das ertragbare Maß eines hochsensiblen Kindes. So manche Lehrkraft lässt ständiges Dazwischenquatschen, Geärgere oder Getrieze einfach durchgehen. Ständig ist etwas los. Ständig muss etwas getan und geleistet werden und die subtile Botschaft ist, dass jeder an diesem aktiven Prozess teilzunehmen hat. Und als wäre das alles nicht genug, bekommen die Kinder auch noch Schulaufgaben mit nach Hause. Hochsensible Kinder ermüdet das völlig. Kinder haben zwar mehr Energie als Erwachsene, glücklicherweise, sonst würden sie es ja überhaupt nicht aushalten – doch hochsensible Kinder haben zu sehr die Neigung, sich anzupassen, auch wenn sie darunter leiden.

Vergiss nicht, dass Kinder schon sehr jung ermutigt werden, ständig Leistung zu erbringen. Da hochsensible Kinder sehr pflichtbewusst sind und alles fehlerfrei machen möchten, werden sie den geforderten Leistungsdruck äußerst ernst nehmen. Außerdem werden Kinder in zunehmend jüngerem Alter danach gefragt, was sie denn wollen. Dabei geht es um alle möglichen Sachen: Was sie anziehen wollen, neben wem sie sitzen wollen, was sie gerne essen wollen usw. Das ist natürlich ein Zeichen von Respekt, aber bedeutet manchmal auch eine anstrengende Menge an Entscheidungen, die das Kind fällen muss. Weil ein hochsensibles Kind jede Frage äußerst ernst abwägt, kann diese ganze Fragerei dann auch zu viel des Guten sein.

Wenn man hochsensible Kinder zu stark unter Druck setzt, zu sehr zwingt, sich an das schnelle Tempo und die harten Umgangsformen der weniger Sensiblen anzupassen, kann es vorkommen, dass Kinder anfangen zu protestieren. Meistens jedoch werden sich hochsensible Kinder zurückziehen. Wenn sie sich zu stark zurückziehen, leiden auf Dauer ihre sozialen Fertigkeiten. Sie werden schüchtern und sozial gehemmt. Nur ein kleiner Prozentsatz von ihnen wird rebellisch und fällt möglicherweise durch lautstarkes Verhalten auf, das eigentlich so gar nicht zu seinem Wesen passt. Doch diese Kinder passen sich nur dem Chaos an, das sie um sich herum spüren. Dann markieren sie vielleicht den Klassenclown und ziehen die Aufmerksamkeit auf sich.

Antoinette war in der Grundschule ein ruhiges und ernstes Kind. Als sie zur Oberschule kam, kannte sie kaum andere Kinder und hatte es anfangs sehr schwer. Sie war zurückhaltend, eine Haltung, die seitens ihre Klassenkameraden nicht besonders geschätzt wurde. Sie triezten und neckten Antoinette. Häufig kam sie weinend nach Hause, erzählt ihre Mutter Johanna. Trotzdem hatte Antoinette genug Selbstvertrauen, um die Mitschülerinnen zu besuchen, die sie gerne mochte. Schließlich hatte sie etliche Kontakte und es lief eine Zeit lang ganz gut für Antoinette. In der Schule klappte es, und sie machte ihre Hausaufgaben brav. Auch bei den Schulnoten gab es nichts Auffälliges. Johanna bemerkte aber etwa nach der Hälfte des Schuljahrs eine Verhaltensänderung bei ihrer Tochter. Diese wurde immer unzugänglicher und hektischer. Sie verhielt sich unberechenbarer und kam häufig mit den Worten nach Hause, dass der Lehrer sie aus der Klasse geworfen hätte. Johanna fand, dass dieses Verhalten gar nicht zu Antoinette passte. Sie befragte ihre Tochter dahingehend, bekam aber kaum Antworten oder gar eine Erklärung für diese Veränderung. Während eines Elternabends sprach die Klassenlehrerin das Thema an. Weil diese Lehrerin ein Herz für Kinder hatte und auch ein gutes Wahrnehmungsvermögen – Johanna meint im Nachhinein, dass sie sicher auch hochsensibel sei – kam sie mit einer Erklärung, die Johanna eigentlich recht einleuchtend fand. Antoinette hatte sich nämlich in den letzten sechs Monaten zum Spaßvogel der Klasse entwickelt. Sie hatte die Lacher auf ihrer Seite, und obwohl ihre Späße gegenüber den Lehrern noch recht unschuldig waren, störte sie den Unterricht doch ab und an so sehr, dass die Lehrkräfte eingreifen mussten. Nach Auffassung der Klassenlehrerin hatte sich Antoinette diese Haltung angewöhnt, weil sie die Unruhe der Klasse in sich aufgenommen hatte. Sie war tatsächlich durch all die neuen Eindrücke überreizt worden.

Im Laufe der Zeit ließ das unruhige Verhalten von Antoinette wieder nach. Sie fand ihren Platz in der Klasse, ohne dass sie sich verstellen musste, und die Schule machte ihr richtig Spaß. Johanna entdeckte, dass sie ihrer Tochter gar nicht so viele Vorgaben zu machen brauchte. Johanna zeigte vor allem Verständnis für ihre Tochter und erfreute sich daran, wie sie sich in diesem Jahr emotional entwickelte. Sie hatte volles Vertrauen zu ihrer Tochter, die selbst auch zu wissen schien, wie sie die Situation wieder in gute Bahnen leiten konnte.

Will man zu viel gute Ratschläge geben und macht man zu viele Pläne, dann wird man nur auf Widerstand stoßen. Kinder und besonders hochsensible Kinder sind viel ausgeglichener, als man denkt. Sie sind intuitiv und zeigen, was sie brauchen. Wenn man sie nicht zu sehr ihren Gefühlen entfremdet, wissen sie sehr gut, was sie wieder ins Gleichgewicht bringt. Das kann zum Beispiel mehr Privatsphäre sein, mehr Zeit, mehr Aufmerksamkeit oder mehr Ruhe. Die Kunst ist, darauf zu hören und ihr subtiles Verhalten richtig zu interpretieren. Manchmal ist es nötig einzugreifen, manchmal nicht. Meistens kommt man selbst dahinter, wenn man die Dinge aufmerksam beobachtet.

Sandra Vonk, die eine Praxis für Bewegungstherapie hat und sowohl Kinder als auch Erwachsene behandelt, berichtet Folgendes über ihren kleinen Patienten Jonas: „Als Jonas' Mutter es schaffte, in einen Zustand von Ausgeglichenheit und Ruhe zu kommen, wofür ich aber all meine Tricks aus der Schublade holen musste, merkten wir zu unserem Erstaunen, dass ihr Sohn sich unmittelbar danach offenbar gut in seiner Haut fühlte. Es war, als hätte er zu dem Zeitpunkt gedacht: ‚Hallo Mama, jetzt begreifst du endlich, worum es geht.' Mehr noch, endlich schien er wieder die Anwesenheit seiner Mutter zu schätzen. Er wurde lieb und ruhig und bekam sogar rote Bäckchen. War er bis dahin immer völlig hektisch und konnte nicht ruhig sitzen bleiben, ruhte er jetzt ganz in sich selbst und setzte sich gerne zu uns. Er behielt zwar seinen eigenen Kopf, aber es fiel uns auf, dass er stark an seiner Mutter hing und nicht so sehr auf mich als Therapeutin achtete. Diese Erfahrung lehrte mich aufs Neue, dass ich besser mit den Eltern arbeiten sollte, statt mit den Kindern, denn so ist der Effekt am größten."

Wenn du mit deinen Kindern zusammen bist,
sei eins mit ihnen.
Lass Entspannung in deinen Körper einkehren,
damit er so locker ist wie der deines Kindes.
Lass alle Erwartungen
und Befürchtungen dahinschmelzen,
so dass du klar sehen kannst.

Liebe sie, so wie sie sind,
jetzt, in diesem Augenblick,
ohne irgendetwas ändern zu müssen.
Ist das Leben deiner Kinder von Sorgen erfüllt,
dann lass den Ereignissen ihren Lauf,

ohne zu drängen oder dich anzustrengen.
So wirst du ein klares Verständnis
deiner Rolle gewinnen.

Du nährst sie, ohne sie zu besitzen.
Du führst sie, ohne sie zu kontrollieren.
Du hilfst ihnen, ohne dich zu sorgen.

Mit Kindern verbrachte Zeit
kann wie eine Meditation sein.
Wenn du das nächste Mal
mit deinem Kind zusammen bist,
vergiss die Vergangenheit,
vergiss die Zukunft,
und lass deinen Geist und dein Herz dorthin kommen,
wo dein Körper ist.[30]

5.4.4 Aufrichtigkeit in der Kommunikation

Die Tatsache, dass hochsensible Kinder kleine Details bemerken, zusammen mit ihrer Fähigkeit, Emotionen intensiv zu erfahren, bewirkt, dass sie sich der Gefühle anderer bewusst sind. Das ist an sich eine wunderbare Eigenschaft. Wenn sie gut angeleitet werden, entwickeln sie sich zu empathischen Erwachsenen, die verstehen, wann und wie sie anderen Hilfe und Unterstützung geben können. Außerdem werden sie zu guten Kennern der eigenen Psyche und haben gute kommunikative und soziale Fähigkeiten. Doch dafür gibt es einige Bedingungen. Das Grundvertrauen dieser Kinder darf nicht verletzt worden sein, denn sonst entstehen Schamgefühle, Misstrauen, Angst und Schuldgefühle. Wir dürfen nicht vergessen, dass Kommunikation in der Säuglingszeit beginnt. Ein Baby schaut zu seiner Mutter, interpretiert deren Gesichtsausdruck und fühlt sich sicher und geliebt. Kleine Kinder sind ganz und gar intuitiv. Sie können noch nicht mit Worten kommunizieren. Sie erfahren die Welt hauptsächlich durch die Mutter und lernen durch Mutters Gesichtsausdruck, Körpersprache und die Energie, die sie unbewusst ausstrahlt. Hochsensible Kinder kommunizieren im späteren Leben immer noch so. Sie ziehen subtile Kommunikation lautstarkem verbalen Kontakt, strengen Regeln, Drohungen und Verboten vor. Es hat sich gezeigt, dass ihre rechte Gehirnhälfte, also die Hälfte, die soziale und emotionale Impulse verarbeitet, besser durchblutet ist als die linke.

Es ist äußerst wichtig, zu erkennen, dass hochsensible Kinder viel von dem, was unbewusst kommuniziert wird, bemerken. „Ein normales Kind kommt morgens in die Küche und bereitet das Frühstück vor. Ein hochsensibles Kind bemerkt, dass die Jacke des Vaters nicht auf dem normalen Haken hängt. Es sieht am Rücken seiner Mutter, dass diese angespannt ist. Es fragt sich, warum hinter der Tür eine Tasche steht, als wäre diese hastig versteckt worden."[31] Ob es will oder nicht, es interpretiert alles, was es sieht und hört. Größtenteils sind seine Schlussfolgerungen scharfsinnig und treffend. Aber manchmal übersteigt die Information sein Auffassungsvermögen. Dann interpretiert das Kind falsch. Aus dem einen oder anderen Grunde ziehen hochsensible Kinder es vor, sich selbst die Schuld für den Streit zwischen Papa und Mama zu geben.

Kinder, und hochsensible Kinder umso mehr, haben feinste Antennen für unaufrichtiges, geheucheltes Verhalten. Sie erfassen unaufrichtige Liebesäußerungen wie niemand sonst. Sei darum einfach unverstellt, wie du bist. Kinder spüren nämlich eine Verstellung definitiv. Auch wenn du einen Fehlschlag hattest oder durch irgendetwas verunsichert bist, hilfst du deinen Kindern nicht, wenn du das kaschieren willst. Deine eigene Verletzlichkeit zu zeigen, ist ein besseres Vorbild. Wenn du versuchst, deine Kinder vor Fehlschlägen zu beschützen, wenn du so tust, als würden Fehler und Fehlschläge nicht bestehen, entwickeln sie Angst vor Fehlschlägen. Sie werden dann ihrerseits versuchen, viel zu verbergen und Fehlschläge zu vermeiden. Das erzieht sie zu ängstlichen Kindern, die sich schließlich nichts trauen. Wenn Angst zur Motivation wird, wählt ein Mensch Schutz und Sicherheit. Das ist eine Überlebensstrategie, die jedoch wenig damit zu tun hat, aus voller Kraft zu leben.

Hochsensible Kinder sehen so viel, dass sie nicht verstehen, warum andere das nicht auch sehen. Das frustriert sie bisweilen. Nicht jeder weiß außerdem, was er ausstrahlt. Es kann sein, dass eine bestimmte Person die eigenen Gefühle verkennt (beispielsweise aus Scham oder weil sie einfach nicht gelernt hat, diese Gefühle zu fühlen). Hochsensible Kinder werden verwirrt, wenn die gesprochenen Worte einer Person sich stark von dem unterscheiden, was sie intuitiv bei dieser Person spüren. Das kann die Kinder aus dem Gleichgewicht bringen und an sich selbst zweifeln lassen. Älteren hochsensiblen Kindern kann man beibringen, dass die Gefühle, die sie bei anderen Personen so schnell bemerken, nicht unbedingt bedeuten, dass diese andere Person diese Gefühle auch mitteilen möchte. Indem du viel darüber redest und es erklärst, kannst du deinem Kind helfen, diese intuitive Gabe handhabbar zu machen.

Nicht immer können Erwachsene ehrlich sein. Sie können jedoch danach streben, besonders im Umgang mit hochsensiblen Kindern. Über die Dinge zu reden hilft mehr, als zu schweigen und etwas vorzutäuschen. So nutzt es wenig, seinem hochsensiblen Kind zu sagen: „Stell dich nicht so an, niemand achtet auf dich!" Das Kind fühlt zu Recht, dass Menschen ziemlich viel aufeinander achten und sich miteinander vergleichen und so weiter. Zufällig hat dein Kind vielleicht gerade die richtige Bemerkung oder Beobachtung gemacht. Es wird dann nur noch mehr verwirrt, wenn du solche sozialen Interaktionen als bedeutungslos abtust.

Lass die Dinge, die du tust, selbstverständlich und ungekünstelt sein. Nichts ist wichtiger als die Integrität, die du ausstrahlst. Sei tolerant gegenüber dir selbst und deinen Kindern. Eine hochsensible Frau schrieb mir über die Erziehung, die sie intuitiv ihren beiden Kindern gab und von denen sich später zeigte, dass sie hochsensibel waren: „Ich denke, dass es wichtig ist, Milde gegenüber sich selbst als Elternteil walten zu lassen und sich zuzugestehen, dass man Fehler machen darf. Ein Kind steckt so einiges weg, wenn es sich nur geliebt fühlt. Gebe deine Fehler einfach zu, zeige, dass du manchmal auch nicht Bescheid weißt und dass ihr die Dinge zusammen herausfinden könnt. Es ist die ehrliche, herzliche Haltung, die Kinder an dir schätzen. Wenn du als Elternteil nicht vollkommen bist, braucht dein Kind das auch nicht zu sein, und das ist ein schönes Gefühl für beide. Ich habe versucht, meine Kinder bedingungslos lieb zu haben und habe ihnen ihr Recht auf ihre Eigenarten gegönnt. Dadurch habe ich ihnen, glaube ich, sehr geholfen. Ich merke nun, dass sie in ihren Gefühlen nicht all zu sehr geschädigt sind."

Manche hochsensiblen Kinder fallen einfach auf, weil sie anders sind. Sie verhalten sich ungewöhnlich, sind verbal begabt, sind hoch begabt, sind zurückgezogen oder sozial gehemmt. Es muss nicht immer so sein, aber manchmal zeigen hochsensible Kinder ein eigenartiges Verhalten. Wenn hochsensible Kinder sich geliebt fühlen, wissen sie, dass sie so sein dürfen, wie sie sind, mit Talenten und Fehlern. Es ist ein Jammer, wenn diese Kinder zu sehr gezwungen werden, sich anders zu verhalten, als sie sind. Dadurch verlieren sie Selbstvertrauen. Scham und Zwang haben häufig den gegenteiligen Effekt dessen, was du bewirken wolltest. Wenn du Glück und Zufriedenheit ausstrahlst, fühlt dein sensibles Kind sich von Glück und Zufriedenheit umgeben. William Martin sagt in *Das Tao Te King für Eltern*: „Kinder sind keine Tonklumpen, die darauf warten, durch deine geschickten Hände geformt zu werden. Sie sind eine Manifestation der Energie des Universums und können nur zu dem werden, was in ihrer Seele angelegt ist. Sie sind heilige Geschöpfe. Wenn du versuchst, sie zu formen, werdet ihr beide unglücklich sein."

5.4.5 *Grenzen und Struktur*

Manche hochsensiblen Kinder können uferlos sein. Sie sind wie breite Flüsse. Sie treten schneller als andere Kinder über ihre Ufer. Carla Muijsert von der Arbeitsgruppe Neue-Zeit-Kinder ist der Meinung, dass sensible oder intuitive Kinder Schwierigkeiten haben, eine Unterscheidung zwischen sich selbst und anderen zu machen (z.B. bei Emotionen), weil sie sich kaum getrennt vom großen Ganzen sehen. Sie kommen auf die Erde mit einem spirituellen Verständnis, wie die Welt und die Menschheit funktionieren, und sie können Schmerz genauso erleben, wenn ein anderes Kind oder ein Tier leidet, wie wenn ihnen selbst etwas zustößt. Obwohl es für hochsensible Kinder wichtig ist, dass sie sie selbst sein dürfen, bedeutet das nicht, dass sie kein Bedürfnis an Grenzen und Struktur haben. Erdungsübungen sind für sie ebenso sinnvoll und hilfreich wie für hochsensible Erwachsene, denn Uferlosigkeit führt zur Überflutung und das Fehlen von Struktur zum Chaos.

Ruhe, Regelmäßigkeit und Reinheit – die drei „R's" – waren die Richtlinien, nach denen holländische Kinder jahrzehntelang erzogen wurden. Auch wenn wir heute denken, dass diese Erziehungsnormen aus Großmutters Zeit stammen, sind sie in unserer Kultur noch immer gegenwärtig. Elaine Aron spricht ihre Bewunderung dafür in einer Untersuchung aus, in der die niederländische Erziehung mit der amerikanischen verglichen wird: Offensichtlich ist diese altholländische Erziehungsstrategie verantwortlich dafür, dass niederländische Kinder durchschnittlich zwei Stunden länger schlafen als ihre amerikanischen Altersgenossen. Das ist etwas, was besonders hochsensiblen Kindern gut tut. Die Untersucher fanden auch, dass niederländische Kinder in der Regel ruhiger waren, weil sie weniger stimuliert und herausgefordert wurden als die amerikanischen Kids. Sie wurden während des Tages weniger von den Eltern hochgenommen, weniger mit Spielen unterhalten und mehr in Ruhe gelassen. Niederländische Babys und Kleinkinder stehen im Vergleich zu amerikanischen Kindern weniger im Zentrum der Aufmerksamkeit. Es wird eher erwartet, dass sie wohlerzogen anwesend sind – und nicht so sehr, dass sie beispielsweise ihren Willen kundtun wie etwa amerikanische Kinder. Dazu kommt noch die Neigung der Niederländer, an den meisten Abenden einfach zu Hause zu bleiben, was den Kindern Regelmäßigkeit und die nötige Ruhe gibt. Für hochsensible Kinder scheint also die niederländische Erziehungsmethode günstiger zu sein als die amerikanische.

Es ist selbstverständlich, dass vor allem für unruhige Kinder Regelmäßigkeit und das Setzen von Grenzen äußerst wertvoll sind. Ihre Energie ist durch Wagemut gekennzeichnet. Sie haben ihr Innerstes nach außen gekehrt, um zu zeigen, wie unruhig es in ihnen ist. Trotzdem ist ihr Empfindungsvermögen genauso sensibel wie das von ruhigen Kindern. Man wird nichts Gutes erreichen, wenn man sie mit harter Hand und Strenge maßregelt. Wer denkt, ein hochsensibles Kind disziplinieren zu können, indem er es straft, kurzhält oder missachtet, verletzt unwiderruflich eine Kinderseele. Was ein hochsensibles Kind am meisten schmerzt, ist, wenn es in seiner Integrität verletzt wird. Hochsensible Kinder benötigen absolut keine harte Hand, keine zwingenden Ermahnungen, und man braucht ihnen keine Lügen zu erzählen. Vor allem ein Kind, das in Panik ist oder vor Wut durchdreht, hat keinen Nutzen davon, bestraft zu werden. Seine Raserei auslaufen zu lassen, kann helfen. Schläge auszuteilen, ist nutzlos. Ein hochsensibles Kind hat seine Grenzen weit überschritten, wenn es so außer sich ist. Statt durch Bestrafung oder Missachtung hilft man dem Kind, zur Ruhe zu kommen, durch Zuhören voll Aufmerksamkeit und durch Anerkennung seiner Gefühle, indem man diese beispielsweise in Worte fasst. Auch zu viele Fragen und Ratschläge können das Kind weiter überschwemmen und erzeugen nur noch mehr Unruhe.

Wenn hochsensible Kinder nicht gut zuhören, kann dies Unwille sein; aber es kann auch daran liegen, dass sie zu sehr abgelenkt werden durch ihre eigene innere Erlebenswelt. Sie hören dann einfach nicht, was du ihnen sagst. Sogar Erwachsene haben das manchmal noch nicht abgelegt. Ich denke da nur an die Verzweiflung meiner Mutter meinem Vater gegenüber, der hochsensibel ist. Margot Klompmarker von der Arbeitsgemeinschaft Neue Zeit-Kinder gibt folgenden Ratschlag: „Mein Sohn wirft häufig seine Jacke auf den Boden. Wenn ich ihn bitte, sie aufzuhängen, passiert nichts. Wenn ich ihn darauf anspreche, sagt er: ‚Ich hab sie aufgehängt.' ‚Nein', sag ich dann, ‚da liegt sie doch noch.' Ich frage mich, was in seinem Kopf passiert, wenn ich ihn um so etwas bitte. Es scheint mir, dass bei dem Wort Jacke seine Gedanken in alle möglichen Richtungen gehen. Vielleicht sieht er in seiner Vorstellung jemanden auf der Straße mit einer Jacke laufen. Oder er sieht Jacken in der Garderobe hängen. In seinem Kopf passiert wohl viel, aber nichts Konkretes. Ich habe inzwischen gelernt, dass ich ihn erst bitten muss, mich anzuschauen und sich zu konzentrieren, und dann sage ich ihm ganz klar, was ich möchte. Ich denke dann: ‚Komm doch mal eben aus deinem Kosmos zurück ins Hier und Jetzt.‘"

Abschließend: Vor allem, wenn du selbst hochsensibel bist, wird es dir nützen, die Bedürfnisse für Regelmäßigkeit, Ruhe und Abgrenzung zu berücksichtigen. Kindern Grenzen zu setzen, bedeutet vor allem, die eigenen Grenzen kennen und schätzen zu lernen. Diana Koornstra, Heilpraktikerin, sagt dazu treffend: „Grenzen setzt man für sich selbst. Eigentlich legst du nicht so sehr die Grenzen für das Kind fest, sondern für dich selbst, wenn du sagst: ‚Das finde ich noch akzeptabel, aber das nicht.‘ Grenzen zu setzen, gibt dem Kind Sicherheit. Es weiß besser, woran es ist."[32] Eine Mutter beschreibt es mir so: „Ich respektiere die Kinder, aber ich will selbst auch respektiert werden. Ich akzeptiere ihre Andersartigkeit, aber ich mache schon klar, wo für mich die Grenzen liegen, und die Kinder wissen genau, wenn ich etwas wirklich meine. Dann akzeptieren sie es auch."[33]

Als hochsensibles Elternteil, aber auch als hochsensible Lehrkraft (!) können deine Grenzen erheblich auf die Probe gestellt werden. Ein hochsensibler Mensch gelangt einfach schneller an seine Grenzen als ein weniger sensibler Mensch. Hiermit umzugehen, kann knifflig werden. Es kann schnell passieren, dass die Unruhe der Kinder und die ununterbrochene Aufmerksamkeit, die sie von dir fordern, dir zu viel werden. Darum ist es so wichtig, dass du deine eigenen Grenzen zu respektieren weißt. Das ist nicht immer einfach, aber es ist ein Muss für alle hochsensiblen Eltern oder Lehrkräfte. Caroline, eine hochsensible Mutter, sagt dazu: „Was ich schon schwierig finde, ist, dass ständig etwas von mir gefordert wird; ständig wird um mich herum gequasselt und gewuselt, während ich doch so ein Bedürfnis an Ruhe und Harmonie habe. Von der ganzen Unruhe im Haus bin ich schnell überreizt, müde und genervt. Das ist manchmal schwierig zu handhaben. Mein Kind ist sehr extravertiert. Ich hingegen bin introvertiert. Es redet also den ganzen Tag und sucht meine Reaktionen darauf. Ich finde es noch immer schwierig, damit umzugehen. Ich muss lernen, meine eigenen Grenzen zu respektieren und sie meinem Kind deutlich zu machen. Das ist eine ziemliche Aufgabe. Einen ganzen Tag alleine mit meinem Kind zu verbringen, zum Beispiel in den Ferien, wird mir zu viel. Das ist nicht der Hauptgrund, aber wohl einer der Gründe, warum ich nicht mehr als ein Kind bekommen habe. Wie schwierig ich es auch noch immer finde, dass ich nicht mehr Kinder habe ... mehr Kinder hätte ich absolut nicht verkraftet."

5.4.6 *Inspiration im Schulunterricht*

Geist, Körper und Seele sind gleich wichtig für die Entwicklung eines Kindes. Schulen sind sehr gut darin, Lehrmethoden für die Entwicklung des Verstandes anzubieten. Sie fügen dann noch ein paar Stunden Sport hinzu und glauben, dass ein Kind, wenn es zwölf, dreizehn Jahre lang derartigen Schulunterricht genossen hat, auf die Zukunft vorbereitet sei. Für manche Schüler mag das stimmen – doch die meisten sind so keineswegs gut vorbereitet.

Nach wissenschaftlicher Beobachtung kommt die emotionale Entwicklung der heutigen Generationen zunehmend zu kurz. Das sind beunruhigende Ergebnisse. Reaktionen von Kindern sind auch immer häufiger – automatisch – feindselig. Die Instabilität und emotionale Entartung der Jugend zeigt sich in zunehmender Kriminalität, im häufigen Vorkommen von Depressionen, Bulimie, Magersucht, Drogen- und Alkoholproblemen und sogar Selbstmord. Diese Probleme hängen größtenteils mit mangelhafter emotionaler Stabilität in der kindlichen Lebenswelt zusammen. Viele Kinder verwahrlosen gefühlsmäßig regelrecht. Es ist auffallend, wie viele Kinder Intoleranz als Lebensstil gewählt haben. Es scheint, als müssten sie alle anderen abwerten, um sich selbst Wertigkeit zu verleihen.

Unter Kindern kann Respekt manchmal schmerzlich abwesend sein. Es ist eine Erscheinung, die allerorts um sich greift – und ist das Entgegengesetzte von liebevoller Hilfsbereitschaft und Akzeptanz.

Hochsensible Kinder gehören in der Regel nicht zu dieser Sorte Kinder. Sie gehören nicht zu den Kindern, die gravierende Probleme verursachen. Sie sind meistens weder gewalttätig noch unverschämt. Sie stehlen und lügen weniger, ärgern und schikanieren die anderen weniger. Die meisten von ihnen sind eifrig und lernen gern. Sie leiden besonders unter den Rüpeln; sie leiden unter der Aggressivität anderer. Die schulische Umgebung ist für ein hochsensibles Kind ein schwieriges Umfeld, da dort dermaßen viel Negatives abläuft. In Schulen wird gestraft und schikaniert. Der Lärmpegel ist meist hoch; Lehrer passen ihr Lautstärkeniveau vielfach an das der unruhigsten Kinder, die am wenigsten zuhören wollen, an. Hochsensible Kinder sind stressempfindliche Kinder. Sie fühlen sich schneller bedrängt, schneller überrumpelt durch andere und lassen sich eher zur Seite schieben.

Meiner Meinung nach fehlt es an intuitiver und inspirierter Betreuung an den Schulen. Wünschenswert und hilfreich wäre Förderung in Bereichen wie: soziale Fertigkeiten, psychologische Kenntnisse bezüglich des eigenen Verhaltens und des Verhaltens von anderen, Möglichkeiten der persönlichen, seelisch-geistigen Entfaltung. Den Kindern werden wenig oder gar keine Angebote gemacht, die ihnen helfen könnten, sich selbst in dem Kontext zu verstehen, in dem sie aufwachsen. In diesen Bereichen sind die Schulen entschieden ungenügend. Nicht nur die Rabauken, sondern vor allem die hochsensiblen Kinder brauchen eine mehr inspirierende, intuitive Art der Betreuung. Das entspricht dem Wesen dieser Kinder, doch in der Schule erleben sie, dass solch eine Wesensart keinen Platz hat. Dadurch fühlen sie sich schnell als Außenseiter. Vielleicht gibt es sogar genügend hochsensible Lehrkräfte, die nur allzu gerne anders unterrichten würden. Kindertherapeutin Joanne van Wijgerden sagt: „Die Schule ist ein Institut, in dem es intuitive Kinder schwer haben, denn das Schulsystem geht von Kenntnissen und

Fertigkeiten aus (Lesen und Rechnen), die nach festen Methoden und in vom System festgelegten Zeiten in ein Kind gepumpt werden. Intuitive Kinder haben durch ihre Intuition Zugang zu einem Wissen, das viel weiterreicht als die eindimensionale Sichtweise der Gesellschaft."[34]

Ein Lichtblick ist die „Herz-Hirn-Methode". Aus Amerika hat es dieses Unterrichtssystem hierher geweht. Die „Herz-Hirn-Methode" hilft Kindern durch ein ausgeklügeltes Computerprogramm, zu begreifen, wie man Lernen mit Körperbewusstsein verbinden kann. Bei diesem System gehören Bewegungsübungen und regelmäßige kurze Pausen zum Unterricht. Die Bewegungen halten die Kinder wacher, fördern die Links-Rechts-Koordination des Hirns und sorgen für eine bessere Sauerstoffaufnahme. Wichtig ist ein technischer Aspekt: Über Sensoren wird der Herzrhythmus der einzelnen Kinder auf Computer übertragen. Auf dem Bildschirm sehen die Kinder einen Ballon, der sich nach oben oder unten bewegt in Abhängigkeit von den Sensordaten. Je entspannter sie sind, desto höher steigt der Ballon auf. Und je entspannter ein Kind ist, desto weniger hat es Angst vor Fehlschlag und Stress. Die Kinder stärken sich in ihrem Selbstbewusstsein, indem sie Kontakt mit dem Gebiet des Herzens aufnehmen. So lernen sie, sich zu entspannen und aufmerksam zu sein (man vergleiche diesen Zustand mit dem Yin-Aspekt, den ich in Kapitel 2 beschrieb). Sie erlernen also eine ruhige, meditative Haltung. Das fördert neben vielen anderen Dingen auch die Aufnahme des Lehrstoffs. Es ist ein interessantes System, durch das Kinder über ihre eigene Erfahrung Einsicht in das Funktionieren des menschlichen Organismus erhalten.[35]

Manche hochsensiblen Kinder sind übrigens stark kognitiv eingestellt. Sie wollen alles mit ihrem Verstand begreifen und sind auf dieser Ebene äußerst lernbegierig. Es kann vorkommen, dass diese Kinder ihre Sensibilität nicht gut einordnen können, weil sie so verstandesmäßig und verbal orientiert sind. Was sie intuitiv erfahren, können sie nicht gut in Verbindung bringen mit ihrem rationalen Zugang. Was sie in ihrem Bauch fühlen, stimmt nicht überein mit dem, was sie im Kopf haben. Das kann für diese Kinder recht verwirrend werden. Jedes Kind reagiert natürlich anders. Manche reagieren mit unruhigem oder gar aggressivem Verhalten. Aus diesem Grund haben alle Kinder, besonders aber hochsensible Kinder, einen Nutzen von diesem integrierten Körper-Geist-Seele-Unterricht. Er verbessert nicht nur ihre Lernleistungen, sondern hilft ihnen, unterdrückte Gefühle, die sonst vielleicht unverarbeitet bleiben würden, zu erkennen, zu integrieren, loszulassen und in produktive Bahnen zu lenken. Negative Emotionen setzen sich schnell im Körper fest, lassen sich durch Entspannung und Bewegung indes gut wieder lösen.

Hiermit kommen wir zu folgendem Punkt: Wie in Kapitel 2 besprochen, ist es für hochsensible Kinder wie für hochsensible Erwachsene äußerst wichtig, einen guten Kontakt zum eigenen Körper aufzubauen. Das hilft ihnen, sich zu erden. Für Kinder bedeutet das, dass sie sich viel bewegen müssen. Kinder haben eine unerschöpfliche Energie und brauchen Bewegung und Bewegungsraum beim Lernen. Weil sensible Kinder intensiv lernen und Eindrücke in sich aufnehmen, wird dieses Bedürfnis wahrscheinlich noch verstärkt. Wir täten gut daran, das Körpererleben und das gefühlsmäßige Erleben strukturell in die Erziehung aufzunehmen. Vor allem hochsensible Kinder können davon ungeheuer profitieren. Sie sind sehr sinnlich, affektiv und leiblich orientiert. Sie genießen es, ihren Körper und ihre Emotionen zu fühlen und darüber zu sprechen.

Dass Kinder Sport in der Schule haben, ist zu begrüßen. Leider ist es ein Fach, dessen Relevanz häufig unterschätzt wird. Bewegungsforscher wissen, dass viel Bewegung für ein gesundes Wachstum und eine gesunde Entwicklung nötig ist. Die meisten Entwicklungspsychologen werden dem beipflichten, dass Seele, Körper und Geist miteinander verbunden sind und ein Organismus am bestens funktioniert und sich am besten entwickelt, wenn zwischen diesen Aspekten Synchronizität besteht. Bewegung ist kein nutzloses Herumspielen – es ist eine essentielle, integrative Notwendigkeit des heranwachsenden Organismus. Kinder mit ADHS zeigen uns, dass sie mit diesem Bedürfnis gescheitert sind. Meistens werden sie völlig falsch verstanden.

Es ist eine alarmierende Tatsache: In Untersuchungen wurde festgestellt, dass sich Kinder gegenwärtig zu wenig bewegen. Vielleicht haben wir das selbst verursacht mit unseren Autos, in denen wir sie von klein auf, festgeschnallt in Kindersitzen, herumkutschieren. Warum Fahrrad fahren, wenn man gratis auch mit dem Bus zur Schule gebracht wird? Warum draußen spielen, wenn doch drinnen Videospiele und eine Tüte Chips warten? Die Folge des wachsenden Bewegungsmangels ist, dass sich viel von der dringend notwendigen Bewegung in ruhelosem Verhalten äußert – das ist auch eine Art, um an Bewegung zu kommen. Auf dem Stuhl hin- und herwippen, den Klassenclown markieren, jemandem einen Schlag versetzen und fürchterlich stampfen, wenn man nicht bekommt, was man will. Das sind alternative Möglichkeiten, um dem wachsenden Nervensystem die nötigen senso-motorischen Impulse zu vermitteln. Kinder sind sehr erfindungsreich!

Neben Bewegung ist für hochsensible Kinder Hautkontakt wichtig. Weil sie mehr als andere Kinder ihrer Umgebung gegenüber offen sind und Schwierigkeiten mit ihren Grenzen haben, kann es ihnen helfen, wenn man ihnen eine Massage gibt oder wenn man ihnen besonders viele Liebkosungen gibt. Dadurch fördert man die Selbstintegration. Massieren kann man schon kleine Babys, damit sie besser in ihren eigenen Körper kommen. Sehr wichtig ist dabei deine eigene Haltung. Wenn du selbst angespannt und zu stark verkopft bist, dann kannst du dir vorstellen, dass das, was du geben möchtest, nicht gut ankommt. Du musst viel weniger tun als du denkst. Voraussetzung ist nur, dass du selbst entspannt und gut geerdet bist. Nichts ist so unangenehm, wie durch angespannte Hände massiert zu werden! Wenn du unsicher bist, rate ich dir, einen Massagekurs zu belegen.

5.5 Wann geht es schief?

Bis jetzt bin ich von einer mehr oder weniger gesunden häuslichen Situation ausgegangen. Wenn es aber viel Streit gibt, wenn Vater oder Mutter chronisch krank sind und unvollkommen für die Kinder sorgen können, wenn es große finanzielle Probleme gibt oder andere gravierende Missstände, dann leidet das hochsensible Kind besonders. Jedes Kind ist anders – und auch Geschwister reagieren ganz unterschiedlich auf häusliche Probleme. Doch auf jeden Fall leiden hochsensible Kinder mehr als weniger sensible Kinder. Meistens hat es das Kind mit dem sensibelsten Temperament von allen Geschwistern am schwersten, selbst wenn das nach außen hin nicht sichtbar wird.

Im Fall von häuslichem Streit hat das hochsensible Kind schwer zu tragen unter dem Bombardement von heftigen Wortwechseln, Beschimpfungen und Anklagen, die mit vielfachen Konflikten einhergehen. Doch auch wenn der Streit zwischen den Eltern unausgesprochen bleibt und unterschwellig wuchert, kann dessen negative Energie für hochsensible Kinder eine große Bedrängnis darstellen. Das Kind wird auf irgendeine Art mit Unruhe reagieren. Wenn die häusliche Situation bedrohlich erscheint, wenn Eltern süchtig oder ständig abwesend sind, die Kinder schlagen oder bedrohen, leidet ein sensibles Kind auf verschiedenste Art, abhängig von seinem Temperament. Die Reaktionsmuster der Kinder sind ganz unterschiedlich. Das Thema ist zu komplex, um es hier in all seinen Facetten zu besprechen. Ich möchte lediglich die am häufigsten vorkommenden Reaktionen kurz aufzählen. Es sind Angststörungen, Depressionen, Schuld- und Schamgefühle und Fluchtverhalten.

In Sylvias Elternhaus waren viele unausgesprochene Probleme zu spüren. Anfangs reagierte sie darauf mit Ruhelosigkeit und indem sie die Aufmerksamkeit auf sich zog. Durch ihre Hochsensibilität spürte sie genau, wie schlecht es zwischen ihren Eltern lief. Ihre Unfähigkeit, daran etwas zu ändern, führte dazu, dass sie schwer erziehbar wurde. Später drückte es sich in Drogensucht aus. „Mein

Vater war ein stiller, introvertierter Mann. Er war Berufsschullehrer und musste häufig die Schule wechseln, wodurch wir mehrmals umziehen mussten. Ob er hochsensibel war, weiß ich nicht, aber es kann gut sein. Jedenfalls fiel ich zu Hause durch meine Hochsensibilität auf, die damals natürlich noch nicht so genannt wurde.

Die schlechte Beziehung zwischen meinen Eltern wurde nie richtig angesprochen – dafür spürte ich sie umso mehr. Es brodelte überall im Haus. Weil ich das merkte, legte ich mich quer und versuchte, auf negative Art die Aufmerksamkeit auf mich zu ziehen. Ich nahm die Stelle des Blitzableiters ein.

Ich hatte einen eigenen starken Willen. Mein Bruder und meine Schwester waren viel einfacher im Umgang. Sie passten sich an.

Ich reagierte vor allem auf die Stimmungen meiner Mutter. Damals träumte ich sehr viel. Manche Träume waren hellsichtig. Ich glaubte mehr und mehr, dass ich verrückt wurde. Meine Eltern halfen mir kein bisschen dabei, meine Persönlichkeit zu akzeptieren. Sie fanden, dass ich zu nichts taugte, und sprachen das auch immer deutlicher laut aus, während ich doch eigentlich mehr Aufmerksamkeit und echten Kontakt benötigte. Meine Mutter sagte immer: ‚Bei Sylvia muss man die Worte auf die Goldwaage legen.' Im Nachhinein betrachtet, beschrieb sie damit präzise meine Hochsensibilität.

Als ich vierzehn war, fand ich ein Büchlein mit dem Titel *Überempfindliche Menschen*. Darin erkannte ich mich selbst. In meinen Tagebüchern von damals drückte ich es so aus: ‚Es scheint mir, als gehöre ich gar nicht zu unserer Familie. Ich brauche viel Aufmerksamkeit und die bekomme ich nicht. Was muss ich tun?' Ich kam in eine Phase, in der ich mich selbst abhärtete. Ich dachte, dass darin die Lösung läge. Aus diesem Grund begann ich auch, mit Drogen zu experimentieren. Anfangs waren es nur weiche Drogen. Aber ich ging schnell zu den harten Drogen über. Ab einem bestimmten Moment war mir alles egal. Ich wurde richtig süchtig. In dieser Zeit wollte ich am liebsten sterben."[36]

Wenn Liebe und Sicherheit strukturell fehlen, reagieren manche Kinder, indem sie streitlustig, trotzig und widerspenstig werden, so wie es bei Sylvia der Fall war. Als das nicht zu funktionieren schien, suchte sie ihr Heil in Drogen. Andere Kinder flüchten sich in Alkohol oder in bestimmte Cliquen oder Gruppierungen, die auf einem anderen Gebiet auffällig werden. Wieder andere hochsensible Kinder bleiben den Eltern gegenüber sehr loyal und werden übermäßig verantwortungsbewusst. Sie begreifen ihre eigene Rolle nicht. Sie sehen sich als Sündenbock und fühlen sich schuldig für Dinge, für die sie absolut nichts können. In ihrem kindlichen Verständnis verbinden sie einen Teil der eigenen Persönlichkeit, eine bestimmte Handlung oder ein Geschehnis mit den Problemen, die in der Familie vorhanden sind. Als Erwachsene haben sie häufig extreme Schuldgefühle, die sie nirgends einordnen können.

Rose war stets diejenige, die sich entschuldigte, wenn es Streit gab. Ihre Schwester blieb häufig trotzig und wütend und konnte die Stimmung in der Familie tagelang verderben. Selbst wenn für jeden klar war, dass Rose schuldlos war, nahm sie die Schuld auf sich um des lieben Friedens willen. Später wurde Schuld ein immer stärkeres Thema, und ihr wurde die Verantwortung für extreme Geschehnisse zugeschoben. Als ihr Vater einen Herzinfarkt erlitt, wurde das von allen in Verbindung gebracht mit dem Freund, den Rose den Abend davor mit nach Hause gebracht hatte. Er war ein Indonesier. Seine dunkle Hautfarbe hatte die Eltern geschockt und wurde als Ursache für die Krankheit des Vaters angesehen.

Tatsächlich entwickeln hochsensible Kinder, die aus welchem Grund auch immer unter großem Druck stehen, häufig Angststörungen und Depressionen. Fachleute sehen gegenwärtig einen klaren Zusammenhang zwischen diesen beiden Störungen. Verschleppte Angst kann sich zur Depression entwickeln, Wegen dieser „Anfälligkeit" für depressive Störungen ist es wichtig, bei Ängsten schnell und präzise zu reagieren. Ich betonte schon, dass große Veränderungen – wie eine neue Schule oder ein Umzug – bei hochsensiblen Kinder Depressionen hervorrufen können. Probleme in der Familie – wie Scheidung oder die Tatsache, dass das Kind überhaupt keine Freunde hat – können ein zusätzlicher Stressfaktor sein. (Es schient übrigens, dass ein einziger Freund oder eine einzige Freundin schon eine sehr positive Wirkung hat.) Anzeichen, die darauf hinweisen, dass ein Kind depressiv ist, sind: Schlaflosigkeit oder ständiges Schlafbedürfnis, kein Hunger, keine Energie, keine Lust, etwas zu unternehmen, sehr durcheinander und aufgeregt sein. Wenn ein Kind länger als zwei Wochen lang jeden Tag solche Symptome zeigt, dann leidet es wahrscheinlich an einer Depression.

Außer dass hochsensible Kinder rebellisch sind, sich schuldig, ängstlich oder depressiv fühlen, können sie auch unter Schamgefühlen leiden. Jemand, der sich schämt, möchte am liebsten im Boden versinken. Scham kann zu einer Lebensweise werden. Das passiert vor allem, wenn die Umgebung dem heranwachsenden Kind eingeredet oder signalisiert hat, es habe versagt und tauge zu nichts. Schamgefühl ist fatal, weil es das gesamte Selbstwertgefühl schädigt (obwohl Scham sich meistens nur auf ein Geschehen oder einen Teilaspekt der Person bezieht). Leider wird das Hervorrufen von Schamgefühlen als Erziehungsmethode immer noch gerne genutzt. Wenn man das Kind dazu kriegt, sich zu schämen, dann kriegt man es wohl klein! Es ist leider so, dass ein hochsensibles Kind auf diesem Gebiet sehr empfindlich ist und, wenn das Schamgefühl in ihm hervorgerufen wird, möglicherweise explodiert oder implodiert. Das kann sofort geschehen oder erst Jahre später, mit großen Folgen. Kinder, die verwahrlosen, die nie die Bestätigung erhalten, dass sie etwas gut gemacht haben, aber auch nicht getadelt werden, wenn sie etwas schlecht gemacht haben, scheinen nach Untersuchungen die größte Gefahr zu laufen, im späteren Leben unter starken Schamgefühlen zu leiden.

Viele hochsensible Kinder entwickeln schließlich Gefühle von Heimatlosigkeit. Auffallend viele dieser Kinder, mit denen ich sprach, fühlten sich im elterlichen Haus nicht zu Hause. Als wären sie unglücklicherweise in der verkehrten Familie geboren. Häufig war der Vater hochsensibel, hatte aber zu seinen Kindern

keine Verbindung. Er hatte sich aus dem Familienleben zurückgezogen und die nicht-hochsensible Mutter bestimmte alles. In anderen Fällen zeigte der Vater ein seine Sensibilität überkompensie-
rendes Verhalten. Dann fand er, dass die Kinder besonders hart
aufgezogen werden mussten, damit sie als Erwachsene besser (als
er) dieser harten Welt gewachsen seien. Die Mutter hatte sich dieser Haltung des Vaters angepasst. In beiden Varianten fühlten sich
die Hochsensiblen, mit denen ich sprach, als Kind nicht akzeptiert
und heimatlos.

Erinnerst du dich noch an Sophie aus Kapitel 1? Sie sagte mir:
„Ich fühlte mich schrecklich deplatziert zu Hause. Ich äußerte mich
so anders und war so viel sensibler als die anderen drei. Mein Vater
ist wahrscheinlich auch hochsensibel, aber er war der Meinung, dass
ich abgehärtet werden müsse, statt Verständnis zu bekommen.“
Sophie musste sehr viel mehr Verantwortung tragen als sie eigentlich konnte. Sie versuchte, so gut oder schlecht es nur ging, den
Erwartungen ihrer Eltern zu entsprechen.

Ein weiteres Beispiel ist Sylvia: Auch sie machte die Erfahrung
der Heimatlosigkeit, der Entfremdung ihrer eigenen Familie gegenüber. Sie schrieb als Kind in ihr Tagebuch: „Es ist, als gehörte ich
nicht in diese Familie.“ Sylvia wurde dadurch geprägt, dass sie als
schwieriges verrücktes Kind galt. Sie floh vor den Spannungen, die
zwischen ihren Eltern herrschten, indem sie sich in Drogen stürzte.

Doch in jeder Familie gibt es irgendein Problem. Streit zwischen
Eltern ist nicht ungewöhnlich. Auch Eltern, die eine Beziehung
zueinander haben, die auf Harmonie und gegenseitigem Respekt
basiert, können Meinungsverschiedenheiten haben. Diese können
sichtbar oder hinter verschlossenen Türen ausgefochten werden.
Kinder können durch solche Meinungsverschiedenheiten auch etwas lernen – beispielsweise, dass es nicht falsch ist, seine Gefühle
zu zeigen. Es kommt darauf an, wie solch ein Streit ausgefochten
wird. Und ob schließlich Friede und Respekt zurückkehren. Auch
ein hochsensibles Kind kann und muss negative Erfahrungen machen, um selbstbewusster und selbstsicherer in die Welt hinaus zu

gehen. Leidet aber eines der Elternteile oder beide wirklich unter den Familienstrukturen, dann leidet das hochsensible Kind ebenfalls.

Es ist wichtig zu verstehen, dass hochsensible Kinder das Potential haben, sich zu wunderbar starken, selbstbewussten und talentierten Erwachsenen zu entwickeln. Ihre Kreativität, Intuition und Sorgfalt werden ihnen ihr ganzes Leben lang helfen. Hochsensible Kinder begeben sich meistens nicht in dumme, gefährliche Situationen. Sie sind eifrig und kooperativ. Sie haben ein reiches Gefühlsleben und Mitgefühl für andere. Wenn wir hochsensiblen Kindern ihren Wesenskern lassen und ihnen die passende Betreuung und Erziehung angedeihen lassen, dann können sie ihre guten Eigenschaften auf eine positive Art entwickeln.

> *Weise Eltern streben nach nichts*
> *und erreichen dennoch immer ihr Ziel.*
> *Sie sind da,*
> *aber sie mischen sich nicht ein.*
> *Sie reden,*
> *aber sie predigen nicht.*
> *Sie lassen ihre Kinder los,*
> *aber sie verlieren sie nicht.*[37]

5.6 Tipps

Schaffe Ruhe in der Umgebung eines hochsensiblen Kindes. Betrachte euer Zusammensein als Meditation. Sei im Hier und Jetzt. Genieße es, und versuche weniger zu wollen und zu erwarten. Achte darauf, wann es dem Kind zu viel wird.

Respektiere das Bedürfnis an Privatsphäre eines hochsensiblen Kindes.

Wähle bewusst die Schule für dein Kind aus. Bedenke, dass hochsensible Kinder eine inspirierende und respektvolle

Erziehung benötigen. Überlege zusammen mit deinem Kind, wo es sich am wohlsten fühlen wird.

Berücksichtige die Menge dessen, was dein Kind verkraften kann. Die meisten Kinder brauchen nicht immer noch mehr. Deine Aufgabe ist es, Dinge zu mindern, zu klären und zu vereinfachen.

Sorge gut für dich selbst. Auch du brauchst klare Grenzen. Höre deinem Kind zu, aber auch deiner inneren Stimme. Sei klar und eindeutig in dem, was du ihm erlaubst und was nicht. Vergiss nicht, dass Regeln auch konsequent eingehalten werden müssen.

Sei liebevoll und aufrichtig in der Kommunikation mit deinem Kind. Heuchele nicht und lass deine Missgeschicke ebenso gut ein Vorbild sein wie dein Erfolg. Probleme, die die volle Aufmerksamkeit bekommen, sind häufig keine Probleme mehr.

Sei positiv und aufmerksam im Umfeld deines Kindes. Hochsensible Kinder sind subtil und schätzen Aufmerksamkeit. Lass diese Qualität nicht untergehen im Wirbel der täglichen Aktivitäten und Verpflichtungen. Bedenke, dass jede Handlung, jedes Wort durch ein hochsensibles Kind bemerkt wird und Folgen haben kann.

Fülle das Leben dieser Kinder nicht mit deinen Plänen, sondern ermutige sie, die Welt selbst zu entdecken. Wenn sie ängstlich sind, bringe ihnen bei, dass alles gut ist, so wie es ist. Schaue auf ihre Äußerungen von Freude und Neugierde. Kinder zeigen dir, dass das Wunder im Alltäglichen liegt.

Lehre dein Kind Entspannungsübungen und massiere es, wenn es verspannt ist. Im Kopf passiert so viel, im Rücken und im Bauch sitzt der meiste Stress, die Füße sind eine Verbindung mit der Erde. Du kannst sanfte Massagen für den Kopf geben, den Rücken und die Füße. Das ist besonders gut vor dem Zubettgehen.

Lehre dein Kind, dass Gefühle geäußert werden dürfen. Sei hierin ein Vorbild und heuchle so wenig wie möglich, was deine wirklichen Gefühle angeht. Es gibt Schmusekarten und Schmusebücher auf dem Büchermarkt, die deinem Kind helfen können zu lernen, mit Gefühlen umzugehen.

Alle Kinder müssen sich bewegen, um zu lernen und sich zu entwickeln. Ermutige dein Kind, draußen zu spielen. Hochsensible Kinder lieben die Natur. Mach eine Gewohnheit daraus, gemeinsam nach draußen zu gehen.

5.7 Hochsensible Kinder haben meistens folgende Eigenschaften:

- Sie sind intuitiv.
- Sie spüren, wenn es dir nicht gut geht.
- Für ihr Alter haben sie eine besondere geistige Reife.
- Sie denken viel und gründlich nach.
- Sie untersuchen die Welt gerne.
- Sie stellen viele Fragen nach dem Wie und Warum.
- Sie sind empathisch und sozial.
- Sie sind phantasievoll und kreativ.
- Sie können sich auch alleine sehr gut amüsieren.
- Sie sind zuvorkommend und aufmerksam.
- Sie können sehr intensiv genießen.
- Sie begeben sich nicht in dumme, gefährliche Situationen.

6 Therapien und Strategien

Hochsensibilität ist eine Charaktereigenschaft – keine Störung oder Krankheit. Das muss in den vorangegangenen Kapiteln deutlich geworden sein. Leider ist es so, dass viele hochsensible Menschen Probleme mit dieser Eigenschaft haben, solange sie sie ungenügend berücksichtigen. Ohne gute Strategien haben Hochsensible überdurchschnittlich häufig Schwierigkeiten, sich in Situationen mit vielen Reizen zu behaupten. Weil sie so viele subtile Unstimmigkeiten wahrnehmen, geraten sie schneller aus dem Gleichgewicht. Das kann kleine und große Folgen haben. Untersuchungen von Aron zeigen, dass Hochsensible aus Problemfamilien ein höheres Risiko haben, Angststörungen und Depressionen zu entwickeln, im Vergleich zu normalsensiblen Erwachsenen aus ähnlichen Problemfamilien. Beispielsweise ist die Gefahr von Selbstmord bei Hochsensiblen signifikant höher als bei Nicht-Hochsensiblen. Je früher im Leben sich Probleme zeigen und je mehr diese mit der Mutter-Kind-Beziehung zu tun haben, desto tiefer und dauerhafter werden die Traumata im späteren Lebensalter. Hochsensiblen, die im jetzigen Leben mit großen Problemen zu kämpfen haben, sei deshalb geraten, das Thema gründlich anzugehen. Um Hochsensibilität zu einer echten Gabe zu machen, kann Therapie ein wichtiges Hilfsmittel sein.

Eine der größten Schwierigkeiten, die Hochsensiblen begegnet, ist Verständnislosigkeit. Diese kommt sowohl von anderen Menschen als auch vom Hochsensiblen selbst. Unverstand und der falsche Umgang mit den eigenen Charaktereigenschaften sind wichtige Ursachen dafür, dass Hochsensible so häufig und vielfältig leiden. Darum erleben es viele Hochsensible als enorm erleichternd, wenn sie diese Charaktereigenschaft als solche erkennen. Meistens eröffnet ihnen das einen Weg zur Verbesserung ihrer Situation. Indem du verstehst, was die am häufigsten vorkommenden Aspekte von Hochsensibilität sind, lernst du dich selbst zu akzeptieren. Das gibt dir Raum für mehr Lebensfreude. Bedenke dabei, dass die Verarbeitung von Traumata viel sinnvoller und effektiver sein kann, wenn sie im Licht des Erkennens dieser Eigenschaft geschieht. Neben dem eigenen Verständnis für uns selbst und dem, welches uns die nächste Umgebung entgegenbringt, ist auch das Verständnis, das uns von medizinischer Seite begegnet, äußerst wichtig. Es ist mithin notwendig, Kenntnisse über Hochsensibilität unter Fachleuten zu verbreiten, und zwar unter Ärzten/Hausärzten, Therapeuten, Psychologen und Psychiatern.

6.1 Kurzzeit- und Langzeitüberreizung

Bei der Besprechung von Strategien und Therapien im Umgang mit dieser Eigenschaft ist es sinnvoll, Kurzzeit- von Langzeiteffekten und -problemen zu unterscheiden. Wenn du *kurzzeitig* überreizt bist, hast du eine Situation unterschätzt. Du warst zu lange bei einer für dich ungesunden Aktivität und hast die Signale, die dir dein Körper gab, nicht oder zu spät bemerkt. Bedenke, dass scheinbar harmlose Situationen bei hochsensiblen Menschen zu Überreizung und Stress führen können. Häufig sind das Situationen, in denen man Leistung erbringen muss (während andere zuschauen), und zwar unerwartet und unangekündigt (wie etwa ein Überraschungsbesuch oder ein unerwarteter öffentlicher Auftritt). Es können Situationen sein, die mit unbekannten Personen und Personengruppen zu tun haben (Feste und Geburtstage), die in einer unruhigen und hektischen Umgebung stattfinden oder die emotional belastend sind (Streitereien und Konflikte). Du musst dir darüber klar werden, dass verschiedene kurzzeitige Stresssituationen zusammen einen kumulativen Effekt haben. Wenn sich mehrere und auch unterschiedliche Reizsituationen addieren, führen sie zur Überaktivität des Wahrnehmungs- und Nervensystems und können dieselbe Wirkung haben wie lang anhaltender Stress. Dies haben jedenfalls Untersuchungen gezeigt, und es scheint biologisch begründet zu sein.

Wenn es um kurzzeitige Überreizung geht, solltest du dir dessen zutiefst bewusst sein, dass Menschen nie identisch reagieren. Bei jedem liegt die Grenze von „zu viel" anderswo. Versuche deshalb auch nicht, dich nach fremden Normen zu richten, sondern respektiere deine Eigenart.

Auch die Symptome von Überreizung äußern sich bei jedem ein bisschen anders. Meistens zeigen sich eines oder mehrere der folgenden Symptome: Unruhe, Herzklopfen, Erröten, Gefühlsschwankungen, Gedächtnis- und Konzentrationsverlust, Ermüdung, Schlaflosigkeit, Grübeln, Zittern, das Gefühl eines Knotens im Bauch, Muskelsteife, Schwitzen, Nicht-Bemerken oder Nicht-Wahrhaben-Wollen von Hungerimpulsen oder anderen Körpersignalen, unfreundliches und aggressives Verhalten, Rückzug aus der sozialen Situation, Schüchternheit, Angst.

Kurzzeitige Überreizung ist sehr hinderlich und kann, wenn sie über eine längere Periode auftritt, zu einem kumulativen Problem werden. Ich habe im Buch schon viele Tipps und Strategien aufgezeigt, die dir helfen, solche Situationen zu vermeiden. Dieses Kapitel stellt nützliche Informationen noch einmal zusammen dar.

Lang anhaltende Überreizung kommt anders zustande und hat einschneidende Folgen. Lang anhaltende Überreizung findet statt, wenn mehrere Überreizungsfaktoren längere Zeit andauern. Dann kann man von einem kumulativen Prozess ausgehen und es gibt eine chemische Anpassung im Körper in Form hormoneller Veränderungen. Wenn du lange Zeit überreizt bist, verändert sich dein Verhalten tiefgreifend und manchmal auch deine Persönlichkeit. Jeder, ob hochsensibel oder nicht, entwickelt in schwierigen Situationen Schutzmechanismen. Häufig sind das Mechanismen, die uns auf Dauer nicht gut tun. Wir unterdrücken beispielsweise unsere Gefühle, wir versuchen durch ungewöhnliches Verhalten aufzufallen, wir entwickeln Süchte, wir ziehen uns immer weiter aus dem sozialen Leben zurück, wir wagen nicht, gesunde Beziehungen einzugehen, wir entwickeln Angstneurosen, wir spalten unsere Persönlichkeit in mehrere Teilpersönlichkeiten, wir verdrängen oder wir werden extrem emotional und impulsiv. Kurz, die Folgen von lang andauernder und nicht erkannter Überreizung können alle möglichen Verformungen sein. Die meisten dieser Folgen mindern tendenziell die Lebensqualität. Sie stellen sich zwischen uns und unsere Lieben, sind unkontrollierbar und machen uns extrem und unberechenbar in unserem Verhalten.

In der Praxis zeigt sich, dass lang andauernde Überreizung in vielen Fällen schon in den ersten Lebensjahren von Hochsensiblen stattfindet. Ein Beispiel stellen Kinder dar, die in Problemfamilien aufwachsen. Wenn die Ursprungsumgebung einem Kind weder Sicherheit einflößt noch liebevoll ist, hat das für ein hochsensibles Kind viel stärkere Folgen als für ein weniger sensibles Kind. Weitere Beispiele für Probleme, die zu lang andauernder Überreizung führen, sind:

- als Kind ungewünscht zu sein
- gezwungen werden, Dinge zu tun, vor denen man Angst hat
- sexuelle, körperliche oder geistige Misshandlung
- ein Elternteil mit Alkoholproblem, körperlicher oder geistiger Krankheit
- große eingreifende Veränderungen wie Tod, Umzug oder Ehescheidung
- Aufgaben bekommen, die nicht dem Lebensalter oder der Entwicklung entsprechen.

Auch diejenigen, die auf andere Art als Kind verletzt werden, tragen die Spuren ihr Leben lang.

Wir müssen hier berücksichtigen, dass jedes Kind seine Erziehung auf einzigartige Weise erlebt. Forschungen zum Einfluss der Familienumstände auf die kindliche Entwicklung haben gezeigt, dass keine Übereinstimmung zwischen den Geschwistern einer bestimmten Familie besteht; jedes Kind durchläuft auf einzigartige Art seine Kinderzeit und Jugend. Hochsensible werden allerdings durch die Umstände stärker geprägt. Häufig ist es so, dass derjenige der Familie, der am sensibelsten ist, unbewusst die meiste Aufmerksamkeit auf sich zieht. Das kann sowohl negative als auch positive Folgen haben. In einer Problemfamilie wird solch ein Kind häufig zum Blitzableiter. Manchmal versucht dieses Kind auch, mit aller Macht den lieben Frieden zu bewahren, macht sich selbst dadurch zur Zielscheibe und wird unschuldiges Opfer, oder manchmal entwickelt es sich zu einem widerspenstigen und streitlustigen Familienmitglied. In jedem Fall beeinflusst die Hochsensibilität die Art und Weise, in der das Kind die Familienproblematik erlebt. Und zumeist vermitteln diese Problemkinder – fälschlicherweise – den Eindruck, sie würden sich besonders anstellen, auch weil ihre Geschwister anscheinend weniger leiden.

Langzeitüberreizung kann schließlich auch in späteren Lebensphasen vorkommen. Man denke zum Beispiel an Kriegserfahrungen oder das Ergebnis einer lang dauernden ungesunden intimen Beziehung.

Therapie ist für Hochsensible, die Wunden der Vergangenheit tragen, ein wichtiger Weg zur Heilung. Und selbstverständlich erreicht eine Therapie, die die Hochsensibilität speziell berücksichtigt, mehr als eine Therapie, die diesen Faktor nicht bedenkt. Therapeuten, die nicht erkennen, dass ihr Patient hochsensibel ist, können geneigt sein, die Kennzeichen von Hochsensibilität als Störungssymptome zu diagnostizieren. Sie halten eine hochsensible Person möglicherweise für überempfindlich; Ängste werden als Neurosen klassifiziert, Probleme in Beziehungen oder im Arbeitsleben als Einbildung, Übertreibung oder als Zimperlichkeit angesehen und intensives Verhalten als exzessiv. Wenn ein hochsensibler Mensch einmal in der Psychiatrie landet, erhält er schnell eine falsche Diagnose. Auch Medikamente werden dann schnell verschrieben. Kenntnis und Verständnis für das Phänomen Hochsensibilität hilft sowohl Therapeuten als auch Patienten, besser zu verstehen, wie es in Hochsensiblen aussieht und welche Auswirkungen Traumata auf deren Leben haben können.

6.2 Körperliche oder psychische Probleme

Wir können grundsätzlich zwischen hauptsächlich körperlichen Problemen und hauptsächlich psychischen Problemen unterscheiden. Eine häufig gehörte Klage unter Hochsensiblen ist extreme Müdigkeit: lang dauernde und ungewöhnliche Müdigkeit. Eine solche körperliche Reaktion ist häufig die Folge des falschen Umgangs mit der Hochsensibilität. Hochsensibilität an sich ist nicht das Problem. Die Umstände aber haben manche Hochsensiblen unter zu großen äußeren oder inneren Druck gesetzt. Ernstlich ermüdete Hochsensible, bei denen keine körperliche Ursache nachweisbar ist, haben sich meistens gezwungen gesehen, sich einem Lebensstil anzupassen, der ihnen nicht entspricht. Manchmal entwickeln sie die Neigung, ihr Leben zunehmend stärker disziplinieren und kontrollieren zu wollen. In ernsten Fällen ist die Ermüdung so chronisch geworden – manchmal von Schmerzproblemen begleitet –, dass man von einem chronischen Erschöpfungssyndrom spricht.

Während eines Treffens hochsensibler Menschen in Amsterdam wurde das noch einmal deutlich. Viele der Anwesenden berichteten, dass sie an starker Ermüdung leiden. Ein verzweifelter Hilferuf einer der Anwesenden – eine junge Frau, der auf den ersten Blick nichts zu fehlen schien – rief eine Welle von Reaktionen hervor. Wer konnte ihr nur helfen? Sie wusste sich keinen Rat mehr. Sie suchte nur nach einem Ort, an dem sie sich einfach einmal ausruhen konnte. Sie war so müde, dass sie sich manchmal nicht mehr auf den Beinen halten konnte. Weder Arbeit noch Entspannung gelang ihr. Sie sah ihr Leben gänzlich schwarz und hoffte nur noch, irgendwo einmal zu sich kommen zu können, irgendwo anders als da, wo sie nun war. Um mich herum gab es sehr viel zustimmendes Gemurmel. Viele Menschen erkannten in dieser Geschichte ihr eigenes

Problem. Auch in der Pause hörte ich ständig das Wort „müde". Es fiel immer wieder. Diese Ermüdung müssen wir ernst nehmen. Es kann das Leben zur Qual machen, wenn wir nicht genügend darauf achten. Dieses Buch gibt dir hoffentlich einige Tipps, um Übermüdung zu vermeiden. Um ein Syndrom zu heilen, ist allerdings mehr nötig. Hochsensible mit Erschöpfungssyndrom oder Ähnlichem tun gut daran, Kontakt mit einer Gruppe aufzunehmen, die eingerichtet wurde, um Lösungen dieser Probleme zu finden.

Eines der oft angesprochenen psychischen Probleme, mit denen Hochsensible verhältnismäßig häufig zu kämpfen haben, sind Stimmungsschwankungen. In ernsten Fällen kann man von Störungen sprechen. In weniger ernsten Fällen bleiben die Stimmungen durch die Person handhabbar, stören aber das innere Gleichgewicht erheblich. Viele Hochsensible berichten, dass sie intensiv Gefühle erleben – positive wie negative. Sie erleben emotionale Höhen und tiefe emotionale Täler. Hochsensible, die unter starken Stimmungsschwankungen leiden, können Schwierigkeiten haben, ihr Leben oder Teilgebiete davon auf befriedigende Erfahrungen auszurichten. Sie sind manchmal kürzere oder längere Zeit nicht fähig, sozialen Verpflichtungen nachzukommen, haben Probleme in der Schule, bei der Arbeit oder im Studium. Manchmal neigen sie zu Extremen, geben beispielsweise vielleicht außerordentlich viel Geld aus oder erleben intime Beziehungen so heftig, dass es immer wieder auf Streit oder Scheidung hinausläuft.

Erik schickte mir drei E-Mails an einem Tag. Auf meine Antwort-E-Mail kam dann von ihm zwei Wochen lang nichts mehr. Plötzlich erhielt ich eine Entschuldigung und eine lange Erklärung, warum er noch nicht geantwortet habe. So ging es einige Monate. Zwischen intensiven Kontakten lagen immer einige Wochen Stille. Im Laufe der Zeit konnte ich mir eine Vorstellung von Erik machen. Er studierte Jura, seine Leidenschaften waren Musik und abendliches Ausgehen und er hatte eine Freundin, die er selten sah, weil sie im Ausland arbeitete. Erik wusste seit einem Jahr, dass er hochsensibel war, und das hatte ihm viel Klarheit gegeben. Er litt vor allem darunter, dass er gefühlsmäßig so unbeständig war. Er beschrieb sich als ein von Launen abhängiger Mensch. Die Launen waren vergleichbar mit dem Wechsel von Regen, Sturm und klarem blauem Himmel. Diese Launen wechselten manchmal an einem Tag mehrmals. Seine Freunde mochten ihn besonders wegen seines aufgeweckten Charakters, aber verstanden nicht so gut, warum er – in seinen düsteren Tagen – unerreichbar blieb. Seine Freundin kannte seine Gefühlsschwankungen besser, hatte aber von Zeit zu Zeit große Schwierigkeiten damit.

Erik schrieb mir, dass er sich selbst eigentlich unmöglich fand. Er manövrierte sich häufig in schwierige Situationen. Weil er so wechselhaft war, hatte er in der Vergangenheit viel Geld verschwendet, wie er selbst zugab. Er kämpfte mit chronischem Geldmangel und seine Schulden wuchsen stetig weiter. Er hatte mehrere Male spontan ein Flugticket gekauft und war für unbestimmte Zeit ins Ausland verzogen. Dadurch war sein Studium ziemlich durcheinander geraten. Auf seinen Reisen hatte er zwar viel erlebt, aber er hatte Schwierigkeiten, diese Eindrücke zu verarbeiten. Er glaubte, dass dies auch eine Folge seiner Hochsensibilität war. Er war in gefährlichen Gegenden gewesen und hatte viel Elend gesehen. Er fand das alles seinerzeit sehr eindrucksvoll und beeindruckte auch seine Freunde stark mit seinen Berichten. Andererseits ließen ihn die Eindrücke nicht mehr los. Er fühlte, dass er dem eigentlich nicht gewachsen war, und er konnte das nur schwer mit seinen Freunden und seiner Freundin besprechen. Weil er viel damit beschäftigt war, wurde seine Stimmung häufig sehr negativ.

Wenn er sich in solch einer negativen Stimmung befand, reizte ihn alles und jeder. Er reagierte diese Gereiztheit durch nächtelanges Ausgehen ab. Das ermüdete ihn allerdings chronisch und er sackte noch tiefer in eine depressive Stimmung. Zu der Zeit, in der er mir schrieb, litt er deutlich unter Depressionen und überlegte, in Therapie zu gehen. Seine Geschichte war voll von herabsetzenden Bemerkungen über sich selbst, ausgedrückt in Worten wie: energielos, schwach, zimperlich, Versager, unmöglicher Mensch.

Wankelmut in Denken und Fühlen kann sehr unangenehm sein. Bestimmte Geschehnisse und Gedanken, auch starke körperliche Reize wie große Schmerzen, übermäßiger Alkohol-, Drogen- und Arzneimittelgebrauch, können solche Emotionen weiter verstärken. Unangemessenes Denken, Fühlen und Handeln ist ein weiterer verschlimmernder Faktor. Manchmal wissen Hochsensible nicht mehr, welche Emotionen zu welchen körperlichen Empfindungen gehören. Es kann sogar vorkommen, dass ein Hochsensibler immer wieder Situationen aufsucht, in denen er überreizt wird. Manche Hochsensible erkennen solche Situationen ungenügend oder reagieren nicht passend darauf, selbst wenn sie merken, dass ihnen die Situation nicht gut tun. Manchmal äußern emotional instabile Menschen ihre Gefühle auch auf extreme Art. Das kann die Situationen nur noch verschlimmern, weil es auch bei anderen extreme Reaktionen hervorruft.

6.3 Kurzzeitige Überreizung und Gleichgewicht

Die Zauberformel, wenn es um das Vermeiden kurzzeitiger Überreizung geht, ist: „Gleichgewicht durch Mäßigung". Jeder natürliche und gesunde Prozess strebt automatisch ein Gleichgewicht an. Auch die Prozesse, die sich im menschlichen Körper abspielen, suchen ein natürliches Gleichgewicht. Das Bild des Pendels zeigt es noch am besten: Einem Ausschlag nach links folgt ein Ausschlag nach rechts. Je größer der Ausschlag zur einen Seite, desto größer auch der Ausschlag zur anderen. Ein gewisses Hin und Her ist nötig und Grundbedingung für das Leben – ist sozusagen der Puls des Lebens. Extreme Schwankungen aber stören und hemmen den ganzen Mechanismus. Das Streben nach Mäßigung ist sinnvoll und wohltuend. Mäßigung hat nichts mit Eintönigkeit zu tun. Auch darf man Mäßigung nicht mit Leugnung verwechseln.

Für Hochsensible ist das Aufrechterhalten des Gleichgewichts von größter Notwendigkeit – und es ist auch die größte Herausforderung.

Hochsensible werden einfach vermehrt mit belastenden Erfahrungen konfrontiert, ob sie wollen oder nicht. Wenn diese belastenden Erfahrungen verkannt werden, können sie sich häufen, sich (eventuell unerkannt) festsetzen und schließlich zu körperlichen oder psychischen Problemen führen. Wenn belastende Erfahrungen so schnell wie möglich erkannt und angegangen werden, können Hochsensible vorankommen wie Segelboote auf dem Meer bei günstigen Wetterumständen. Wie Segelboote bei zu starkem Wind kentern oder ins offene Meer abgetrieben werden, so verlieren Hochsensible bei intensiver Überreizung die Spur. Doch wenn kein Wind weht, liegt das Boot still, kommt nicht voran und schaukelt auf nutzlosen Wellen. Wenn sich Hochsensible zu sehr dem Leben entzogen haben, besteht die Gefahr, dass sie ziellos herumdümpeln und nie einen Hafen erreichen. Doch bei Sturm auszufahren, nimmt ihnen die Aussicht auf Erfolg. Kurz: Hochsensible brauchen Wellen und Wind, aber im richtigen Maß. So wie ein Segelboot bei günstigem Wind hin und her kreuzt, so geht es einem hochsensiblen Menschen gut, wenn er in vergleichbarem Maß die Aktivitäten wechselt und mal dies und mal das macht. Das ist eine ausgezeichnete Art, voranzukommen.

Du bist in einem Moment fröhlich und aufgeweckt, im folgenden Moment traurig und ergriffen. Dies sind natürliche Schwankungen in einem Menschenleben und sicherlich im Leben eines Hochsensiblen. Sie gehören zu dir wie Tag und Nacht, wie Sommer und Winter, wie Sonne und Mond. Für dich ist entscheidend, die Segel im Wind zu halten und das Ruder (deine Intuition) fest in deiner Hand. Dann fährst du leicht zu jedem Hafen, der dich lockt. Ich rate dir, einmal tief über dich selbst als Boot nachzudenken. Welche Wellen erlebst du im Leben, welche Küste versuchst du zu erreichen? Kreuzt du häufig genug im Wind oder versuchst du dickköpfig dem Wind zu trotzen, den du besser nutzen könntest, um vorwärts zu kommen? Fährst du vielleicht Tag und Nacht, ohne dir eine Pause zu gönnen? Lege dich einmal in den Wind und werde still. Im Bild des Segelschiffs findest du Antworten, die dir helfen, besser ins Gleichgewicht zu gelangen.

Mache dir vor allem klar, dass auf jede aufregende Situation ein Rückschlag folgt – auch wenn es sich um ein schönes oder freudiges Ereignis handelt, etwa eine Heirat oder eine Geburt. Bedenke, dass Hochsensible wie Segelboote sind, die zwischen Rücken- und Gegenwind kreuzen. Der Körper findet sein Gleichgewicht erst, nachdem er zur anderen Seite zurückgependelt ist. Erst danach findet er seine Ruhe in der Mitte (bis er durch die nächste Erfahrung wieder in Bewegung gebracht wird). Denke beispielsweise an die bekannten Wochenbett-Tränen nach einer Geburt oder im Extremfall die postnatale Depression. Ein guter Anhaltspunkt in diesen Fällen ist: Je größer der Ausschlag zur einen Seite, desto größer der Ausschlag zur anderen. Berücksichtige also, dass jede stressreiche Situation eine leichte Depression zur Folge haben kann. Wenn du das als natürlichen Vorgang akzeptierst, wird es leichter sein, Depressionen durchzustehen. Weil Hochsensible in reizreichen Situationen schnell Stress und Aufregung erleben, haben sie schnell und oft mit Rückschlägen zu tun. Wenn du das berücksichtigst und dich daran erinnerst, dass es ein natürlicher Vorgang ist, kannst du es leichter akzeptieren. Durch Verständnis und Akzeptanz wird die Depression schneller verebben.

Die wichtigste Art, sich selbst zu lehren, Körper und Geist im Gleichgewicht zu halten, ist das Erden. Weil die meisten Hochsensiblen schon so stark vergeistigt sind – teils aus Anlage und teils durch Erziehung und Gesellschaft (man denke an die hauptsächlich mentale Schulung, die wir ab dem sechsten Lebensjahr erhalten) –, wird man das Gleichgewicht logischerweise häufig über das Gegengewicht suchen müssen. Dieses Gegengewicht finden wir in der körperlichen Energie oder der Energie der Erdung. Davon haben wir schon vielfach gesprochen. Für viele Hochsensible ist Erden ein wichtiger erster Schritt zu besserer Gesundheit und einem Gefühl von Ausgeglichenheit.

Noch einmal, Erden ist:

- sich seines Körpers und seiner Grenzen bewusst zu sein
- sich bewusst zu sein, dass man im Hier und Jetzt lebt

- sich bewusst zu sein, dass man eine individuelle unabhängige Person ist
- sich selbst als eine Ganzheit zu erleben
- sich bewusst zu sein, dass man aus der Energie genährt wird, die aus der Erde kommt
- die Energie, die nach unten, zu den Füßen hin, zum Boden gerichtet ist (bei welcher Aktivität auch immer).

Diese Energie fühlst du vor allem, wenn du im Kontakt mit dem Boden bist (d.h. du fühlst sie durch deine Füße), durch Kontakt mit irdenen Gegenständen und erdigen Materialien, wie Steine, Ton, Muttererde/Pflanzerde, Erdboden, und durch Kontakt mit der Natur generell.

Wer geerdet ist, ist verankert und doch offen, ist empfänglich wie die Erde, ist still und aufmerksam. Wer geerdet ist, ist andächtig und damit in optimaler, intuitiver Verbindung mit sich selbst. Ein Baum ist das vollendete Bild eines gut geerdeten, lebenden Organismus. Denn was fest im Boden steht, ist nicht zu entwurzeln. Ein gut verwurzelter Baum kann einen Windstoß vertragen. Mir persönlich hilft das Bild von Yin und Yang sehr. Die Energie der Erde ist erst vollständig mit der Energie des Kosmos – und andersherum. Beide Energien vollenden einander, fließen ineinander und sind auf diese Art unlöslich miteinander verbunden. Wenn ich mir des notwendigen Gleichgewichts bewusst bleibe und sowohl meine geistigen Bedürfnisse zum Zuge kommen lasse (durch meine Arbeit als Journalistin und Schriftstellerin) als auch meine Bedürfnisse, mich zu erden, erfülle (indem ich entsprechende Übungen mache, indem ich rechtzeitig und gesund esse, indem ich Shiatsu-Massagen gebe), dann komme ich wie von selbst besser ins Gleichgewicht.

Natürlich gibt es auch bei mir manchmal Fehlschläge. An manchen Tagen vergesse ich, rechtzeitig Pausen zu machen, und verbringe zu viel Zeit mit dem Schreiben. Für mich ist es immer wieder eine Herausforderung, genügend freie Zeit zu schaffen für Qi-Gong, Wandern und gesundes Essen. Aber auch, plötzlich mit ganz unfreundlichen Menschen zu tun zu haben, oder auch eine große Veranstaltung kostet mich meine ganze Energie. Ich fühle mich schnell aus mich selbst herausgezogen (die Energie geht durch die Spannung nach oben). Ich werde betrübt, etwas deprimiert oder sehr unruhig. Wenn ich merke, dass meine Nerven überlastet sind, suche ich so schnell wie möglich eine ruhige Umgebung auf. Ich ziehe mich beispielsweise in unser Schlafzimmer zurück, mache die Gardinen zu und stecke Hörschutz in meine Ohren. Manchmal gebrauche ich bestimmte angenehme Düfte, die eine gute Auswirkung auf meine Nerven haben, wie Orangenblüten oder Lindenblüten. Beruhigende Musik hilft mir auch. Inzwischen akzeptiere ich diese notwendigen Rückzugsphasen. Ich nenne sie meine „Nervenentspannung" und sogar mein Mann findet das glücklicherweise ganz normal. Er versteht auch, dass seine Anwesenheit dann zu viel ist. Er weiß aus Erfahrung, dass ich schneller wieder „die alte" bin, wenn er mir Raum und Zeit gibt, mich von der Überreizung zu erholen.

Gleichgewicht zu finden ist außerdem eine Frage des Wissens darum, was einen aus dem Gleichgewicht bringt. Das ist für jeden anders. Ich kann dazu keine allgemeingültigen Angaben machen. Bist du jemand, der durch seine Schüchternheit gestresst wird? Oder erschöpft dich vor allem Hektik (um einmal ein paar Beispiele zu nennen)? In den verschiedenen Kapiteln wurden sicherlich einige Themen angesprochen, die dein persönliches Problemgebiet betrafen. Lese diese Passagen noch einmal und lese die dazugehörenden Übungen. Außerdem ist es praktisch, wenn du weißt, welche Dinge dich wieder zur Ruhe bringen. Wenn du eine entsprechende Liste mit einfachen Dingen vorbereitest, kann dir das helfen, wenn du einmal überreizt bist. Notiere dort etwa Folgendes. Wenn ich überreizt bin, dann muss ich:

- ein Stündchen schlafen
- mit meiner besten Freundin, meinem besten Freund telefonieren, damit ich einmal Dampf ablassen kann
- etwas weinen
- etwas essen

- ein Trostbuch lesen
- an die frische Luft gehen
- eine Dusche nehmen und frische Kleidung anziehen

und so weiter.

6.4 Strategien, um kurzzeitiger Überreizung zuvor zu kommen

6.4.1 *Mache inneres Gleichgewicht zu einer Priorität in deinem Leben*

Was kannst du nun tun, um besser ins Gleichgewicht zu kommen? Erkenne zuerst, dass du hochsensibel bist (wenn du es tatsächlich bist). Finde deine Bedürfnisse heraus und entdecke, welche Dinge und Situationen dir Schwierigkeiten bereiten. Suche nach den Symptomen, die ich genannt habe. Symptome von Überreizung zeigen sich auf körperlichem, geistigem, emotionalem und spirituellem Gebiet.

Halte dir das Bild eine Segelboots vor Augen. Mit welchem Wind kommst du am besten voran? Wie merkst du, dass es Gegenwind gibt? Achte nicht auf die anderen oder darauf, was andere über dich oder sich selbst sagen. Bedenke: Jeder Mensch ist einzigartig. Von außen sehen wir alle anders aus, und von innen sind wir ebenso unterschiedlich. Respektiere deine Grenzen.

6.4.2 *Akzeptiere, dass du überreizt bist*

Was kannst du tun, wenn du bereits überreizt bist? Zunächst einmal: Akzeptiere die Überreizung – statt sie zu leugnen. Gerate nicht in Panik, sondern bedenke, dass sich hier ein natürlicher Prozess vollzieht. Denke an eine Wippe oder Waage, die ein wenig hin und her pendelt. Letztendlich kommst du von selbst wieder zur Ruhe. Wenn nicht, musst du aktiv werden. Versuche entweder so schnell wie möglich die Situation zu verlassen oder ein gewisses Maß an Kontrolle über die Situation zu erlangen. Das kann manchmal dadurch geschehen, dass du dein Unbehagen ansprichst oder indem du jemanden auf ein Verhalten hinweist, dass du nicht erträgst. Achte dabei auf die Art, in der du das formulierst. Du kannst dazu auch einen anderen Ort oder eine andere Person auswählen, bei der du dich sicherer fühlst. Oder du kannst dich kurz nach innen richten und deinen Körper und den Kontakt mit dem Boden spüren. Du hilfst dir auch, indem du weniger von dir verlangst, geringere Ansprüche an dich selbst stellst, etwa an deine äußere Erscheinung, und indem du über die Situation lachst.

6.4.3 *Ändere deine Denkweise*

Manchmal ist es nötig, dass du deine Denkweise änderst. Vielleicht glaubst du, extreme Reaktionen seien normal. Oder dass die Umstände, in denen du lebst, obwohl unbefriedigend, unabänderlich seien. Vielleicht bist du deinen Lebensumständen und deiner Art, die Dinge zu tun, zu verhaftet. Vielleicht bist du davon überzeugt, es sei dein Schicksal, so heftig und intensiv zu sein. Es gibt alle möglichen Denkweisen, an denen man zwanghaft festhalten kann. Sie können dir selbstverständlich erscheinen und darum begreifst du nicht, dass sie dich stets erneut aus dem Gleichgewicht bringen, zu deiner Überreizung beitragen. In diesen Fällen ist gründliche Selbsterforschung angebracht. Es hilft dir, wenn du dir unbewusste Gedankenmuster bewusst machst. Wenn es dir alleine nicht gelingt, kannst du mit einem Freund darüber reden oder Hilfe bei einem Therapeuten suchen.

6.4.4 *Speziell für Sensation-Seekers*

Sensation-Seekers, die wir in Kapitel 1 vorgestellt haben, laufen größere Gefahr, regelmäßig überreizt zu werden, als Nicht-Sensation-Seekers. Erik schrieb mir, dass er ständig das Gefühl habe, eine Party zu verpassen. Als würde sich das Leben stets woanders abspielen als dort, wo er gerade war. Das machte ihn sehr ruhelos. Er konnte nicht nein sagen, sogar wenn er sich eigentlich erschöpft und irritiert (d.h. überreizt) fühlte. Wenn er mit seinen Freunden ausging, fühlte er den Drang, die anderen zu amüsieren. Häufig machte er darum unerwartete und merkwürdige Dinge. Manchmal gab er der ganzen Gaststätte einen aus oder geriet durch eigenes Zutun in eine Schlägerei. Seltsamerweise fand Erik, dass diese Dinge eigentlich gar nicht zu ihm passten. Er sah sich selbst eher als ruhigen Menschen, der sich lieber zurückzog. Doch er verhielt sich größtenteils anders. Er war unentwegt damit beschäftigt zu feiern, zu reisen und Menschen zu treffen. Seine Freundin nannte ihn verantwortungslos, was ihm sehr weh tat. Am liebsten wäre er verantwortungsvoll und zielgerichtet (mit seinem Studium) beschäftigt. Doch es lief immer wieder darauf hinaus, dass er sich auf Partys gehen ließ, dass er Herausforderungen suchte und sich dadurch in schwierige Situationen brachte. Dabei führte dieses unruhige Leben, so begriff er inzwischen, zu extremen, depressiven Stimmungen. Vor allem litt sein Studium darunter. Am meisten störte ihn das Gefühl, sich selbst nicht im Griff zu haben.

Aufgrund ihrer Charaktereigenschaft haben *Sensation-Seekers* das stete Bedürfnis nach neuen und größeren Herausforderungen. Sie laufen besonders oft Gefahr, zu viel zu wollen und zu hohe Forderungen an sich selbst zu stellen. Vor allem für *Sensation-Seekers* kommt es darauf an, das Gleichgewicht zu suchen. Je besser ein *Sensation-Seeker* körperliche Signale bemerkt, desto schneller kann er reagieren und damit den Schaden begrenzen. Ein *Sensation-Seeker* wird berücksichtigen müssen, dass ihm dennoch alles so dann und wann zu viel wird. Je besser der Stress kanalisiert wird, desto weniger schlägt sich die Überreizung auf das allgemeine Wohlbefinden nieder.

6.4.5 *Nimm an einem Yoga-, Tai-Chi oder Qi-Gong Kurs teil*

In Asien weiß man schon lange von den Möglichkeiten und der Kunst, sich über seinen Körper und sanfte Übungen zu heilen. Wenn du dich entscheidest, das mit Yoga, Qi-Gong oder Tai-Chi anzugehen, dann entscheidest du dich vor allem für eine präventive Gesundheitsvorsorge. Qi-Gong ist eine meditative Bewegungsform, die durch sehr ruhige und beherrschte Bewegungsmuster gekennzeichnet ist. Manchmal ist Stillstehen (das bekannte „Stehen wie ein Baum") die einzige Aktivität. Qi-Gong-Übende versuchen, durch den Atem und die Aufmerksamkeit Energie zu fühlen und diese in alle Körperteile strömen zu lassen. Das fördert die Gesundheit. Tai-Chi ist eine Variante von Qi-Gong, in der man sich mehr bewegt. Yoga, Qi-Gong und Tai-Chi sind Strategien, die dir helfen, Gleichgewicht in dir selbst und in deinem Leben zu finden. Du selbst bist verantwortlich für das Maß, in dem du zu bestimmten Bewusstseinsniveaus vordringst. Diese asiatischen Körpertechniken sind in Wirklichkeit Bewegungsmeditationen.

6.4.6 *Erlerne Meditationstechniken*

Meditationstechniken gibt es in unzähligen Varianten. Ich gab oben bereits einige Tipps, wie sich Meditation zu einem Teil des täglichen Lebens machen lässt. Bei Meditation geht es vor allem darum, zu lernen, die Aufmerksamkeit auszurichten. Das hilft dir, deinen Geist zu beruhigen. Meditation lehrt dich, im Hier und Jetzt zu leben, statt ständig bei Dingen zu sein, die du für die Zukunft geplant hast, oder bei Dingen, die du in der Vergangenheit falsch gemacht hast. Für jeden und sicherlich für Hochsensible ist irgendeine Form von Meditation ein fast unverzichtbarer Baustein des Lebens. Wer regelmäßig meditiert, erlebt fast immer eine Verbesserung seiner Lebensqualität. Weil mit Hochsensibilität eine erhöhte Aktivität von Nerven und Sinnesorganen einhergeht, stellt Meditation hier ein gesundes Gegengewicht zu den Geräuschen, der Hektik und der Geschwindigkeit des Alltags dar. Meditation ist keine Therapie, sondern eine Lebensstrategie, die Hochsensiblen besonders zugute kommt. Du solltest Meditation schleunigst zu einem integralen Teil deines Lebens machen. Es gibt keine Vorschriften, wie lange oder wie häufig man meditieren sollte. Ab und an fünf Minuten sind schon ganz schön. Wenn du unsicher bist, wie du meditieren solltest, rate ich dir, ein Buch zu kaufen oder einen Kurs zu belegen.

6.4.7 *Achte auf deine Nahrung*

Nahrung ist ein wichtiger Aspekt unseres Lebens. Ohne Nahrung können wir nicht bestehen. Gesunde Nahrung gehört zu den Basisrechten eines jeden Menschen. Nicht umsonst wird darüber so viel gesprochen und geschrieben. Doch die meisten Ernährungsratschläge haben einen einseitigen Blick auf die menschliche Gesundheit – beziehen sich auf Aspekte wie Gewichtsabnahme, Diät, Enthaltsamkeit und Ähnliches, als werde ein Mensch dadurch glücklicher. Meiner Erfahrung nach ist Nahrung ein wichtiger Aspekt gerade im Leben Hochsensibler – insbesondere, weil manche damit schlechte Erfahrungen gemacht haben. Viele Hochsensible reagieren gegenüber bestimmten Nahrungsmitteln empfindlich oder allergisch. Manche wurden als Kind gezwungen, Dinge zu essen, die ihr Magen nicht vertrug. In Gesprächen zeigte sich, dass die meisten Hochsensiblen deutlich darauf achten müssen, was sie essen und wann sie essen (denke an Marianne, die im Urlaub Streit bekam, wenn ihr Körper auf Essen eingestellt war). Bei vielen sensiblen Menschen ist das Verdauungssystem empfindlich. Sie brauchen zu regelmäßigen Zeiten gesunde Nahrung, sonst rutscht der Blutzuckerspiegel nach unten und der Hormonhaushalt reagiert heftig. Nahrung ist ein Produkt der Erde par excellence. Essen richtet deine Energie nach unten aus. Nach dem Essen wird man nicht umsonst träge und ruhig.

Nach asiatischer Auffassung sind Milz- und Magenmeridian verantwortlich für die Aufnahme und Assimilation von Nahrung. Diese Meridiane werden zum Erdelement gerechnet und verbinden einen Organismus mit seiner irdischen Herkunft. Regelmäßig gesund zu essen, ist also für jeden Hochsensiblen ein Muss. Wenn ich indes gefragt werde, welche Nahrungsmittel für sensible Menschen am besten sind, bin ich ziemlich zurückhaltend. Bis heute hörte ich noch von keinem spezifischen Lebensmittel oder speziellen Nährstoff, der nachweisbar unentbehrlich wäre für Hochsensible. Darum bin ich zurückhaltend beim Empfehlen bestimmter Produkte oder Mittel. Es gibt auch keine klaren Hinweise, dass bestimmte Nährstoffe den meisten Hochsensiblen schaden würden. Auch häufig verdächtigte Stoffe – wie Koffein, Alkohol und Zucker, die natürlich in großen Mengen schädlich sind – können nicht per definitionem als für Hochsensible schädlicher angesehen werden.

Wie es generell große Unterschiede zwischen Menschen gibt, so gibt es auch Unterschiede in den Ernährungsvorlieben. Je mehr man mit sich selbst im Gleichgewicht lebt, desto besser spürt man meiner Erfahrung nach, welche Lebensmittel und Nährstoffe man zu den bestimmten Tageszeiten braucht und welche einem nicht bekommen. Statt sich eine strenge Diät aufzuerlegen, plädiere ich dafür, eine persönliche Menükarte auf Basis eigener Erfahrungen zusammenzustellen. Wenn wir verstehen, dass Süchte häufig ein Ausweg aus Mangelerscheinungen auf einem anderen Gebiet sind, und wenn wir zutiefst davon überzeugt sind, dass gesunde Nahrung unserer körperlichen, geistigen, emotionalen und spirituellen Gesundheit dient, können wir lernen – mit Aufmerksamkeit und Geduld –, zu spüren, was uns persönlich optimal ernährt. Dann rennen wir keinen Dogmen hinterher, sondern ernähren uns auf Basis der eigenen, gesunden Einsichten.

6.5 Langzeiteffekte von Überreizung

Manchmal bist du vielleicht so aus dem Gleichgewicht geraten, dass besondere Anstrengungen nötig sind, um mit dir selbst wieder in Einklang zu kommen. Du hast dann derartigen physischen, geistigen oder emotionalen Stress erlebt, dass eine einfache Ausgleichsübung als Gegenmittel nicht mehr ausreicht. Du hast den Kontakt zu dir selbst verloren. Beim Lesen der letzten Abschnitte dachtest du vielleicht: „Das ist alles leichter gesagt als getan", oder: „Das steht für mich noch gar nicht an. Ich muss erstmal sehen, wie ich überhaupt überlebe, bevor ich weiß, wie ich dabei glücklich sein kann." Wenn das so ist, wäre Hilfe von außen für dich wünschenswert. Wenn es so mit dir steht, leidest du vielleicht am chronischen Erschöpfungssyndrom, an Burn-out, Überspannung, Angstproblemen,

Depressionen. Vielleicht kämpfst du mit Alkohol-, Drogen- oder Esssüchten. Vielleicht hast du ein körperliches (undiagnostizierbares) Leiden oder du leidest aus anderem Grund unerträglich. Professionelle Hilfe ist dann angemessen.

Wie viel Prozent der Hochsensiblen unter ernsthaften, chronischen Beschwerden leiden, ist unbekannt. Doch wir wissen, dass viele Hochsensible gravierende Probleme haben. Wir sollten jedoch nicht die Tatsache aus den Augen verlieren, dass die meisten Menschen, hochsensibel oder nicht, in ihrem Leben zumindest eine Periode erleben, in der ernste psychische Probleme in den Vordergrund treten. Man spricht von einer Krise, wenn solch eine Periode voller Sorgen und Angst durchlebt wird. Eine Krise durchzustehen, gehört zum Leben jedes Menschen. Eine Krise ist eine Entwicklungsphase, deren Verlauf, Richtung und Wirkung noch unklar ist – ist eine Zeit der Fragen, der Unsicherheit und Zweifel. Krisen gehören zum Leben.

Am Anfang einer Krise ist es noch nicht klar, ob dich die Krise weiterbringt oder nicht. Lernst du dabei, neue Einsichten zu gewinnen in unbewusste Muster, die du lebst? Gelingt es dir, wenn diese Muster nicht hilfreich sind, sie loszulassen? Die Muster können im Denken bestehen oder im affektiven Bereich oder im sozialen, zwischenmenschlichen Bereich, im Verhalten zu anderen Menschen – oder sie können sich auf innere Konflikte beziehen, die deine Lebensqualität mindern und in Beziehungen als Störquelle auftreten. Manchmal kommt es vor, dass es einem aus dem einen oder anderen Grund nicht gelingt, mit der Krise fertig zu werden. Man strandet dann, es zieht einen herunter oder es zerbricht einen. In diesem Fall wird man stärker von der Hilfe anderer abhängig.

Krisen haben mentale, emotionale oder spirituelle Grundursachen. Die Psychologie unterscheidet drei Formen. Die profane, die existenzielle und die religiös-spirituelle Krise. Bei der profanen Krise geht es um ernste Probleme in der Beziehung zu anderen Menschen. Es geht um Selbstständigkeit und Selbstwertgefühl. Es geht darum, wie ich mich in einer Gruppe verhalte, wie ich meine Ängste bewältige, wie ich starke Konflikte im Beruf löse und so weiter. Bei der existenziellen Krise hingegen dreht es sich um allgemeine Lebensfragen. Zum Beispiel: Was ist meine Berufung? Was ist der Sinn meines Lebens? Solche Themen beschäftigen einen dann sehr stark. Schließlich kann eine Krise auch ein religiöses oder spirituelles Thema haben. Dann geht es um Glaubensfragen, oder auch um Bewusstseinsentwicklungen, die das Alltagsbewusstsein übersteigen, die etwas Mystisches oder Außerirdisches beinhalten. Natürlich ist das Nachdenken über diese Themen nicht gleich ein Beweis für eine Krise. In Krisen geht es immer um übermäßige Betroffenheit, um Fixiertheit, um Zweifel und um deutlich sichtbare Störungen im Lebensablauf.

Bedenke stets: Deine Selbstwahrnehmung hat ihre Grenzen. Nicht immer ist dir unmittelbar klar, dass dich bestimmte Gefühle und Gedanken ununterbrochen beschäftigen. Solche Gedanken und Gefühle entwickeln sich nach und nach oder waren vielleicht immer schon da. Da Hochsensibilität als Charaktereigenschaft bis vor kurzem unerkannt blieb, gibt es viele Hochsensible, die sich Lebens- und Verhaltensmuster angewöhnt haben, die ihnen nicht gut tun – Zeit und Energie verschwenden und unbefriedigend sind. Auch Zweifel, Ängste und Depressionen kann man dazu zählen. Erst wenn diese Menschen Techniken lernen, die dazu führen, dass sie sich besser erden und sich besser auf ihre eigenen Bedürfnisse einstellen, kommen ihre enormen Fähigkeiten zur Geltung – mit denen sie dann auch Probleme zu lösen vermögen.

Ich möchte auch auf Hochsensibilität in Bezug auf Psychiatrie zu sprechen kommen. Wie viele Hochsensible aufgrund gravierender Probleme in der Psychiatrie landen, ist nicht bekannt. Auch die Anzahl der Hochsensiblen, denen Medikamente verschrieben werden, lässt sich höchstens erahnen. Dass es da Zusammenhänge gibt, zeigt sich jedoch immer deutlicher. Störungen wie manische Depressivität, Borderline und schwere Suchtprobleme habe ich schon angesprochen. Rose berichtete mir beispielsweise, dass sie es nur durch ihre starke Willenskraft geschafft habe, nicht mehr als Borderline-Persönlichkeit diagnostiziert zu werden. (Was nicht etwa bedeutet, dass Menschen mit wenig Willenskraft für Borderline besonders anfällig seien.) Ihre starken Depressionen und Stimmungsschwankungen konnte sie durch intensive therapeutische Arbeit unter Kontrolle bringen. Marian van den Beuken sagt zu diesem Thema: „Regelmäßig erhalte ich Anfragen von Hochsensiblen über die Beziehung zwischen Hochsensibilität und psychiatrischen Krankheitsbildern. Was ich interessant finde, ist die Tatsache, dass sich so viele Menschen, die doch so verschieden voneinander sind, in der Beschreibung der Hochsensibilität wiedererkennen. Während sie sich meistens nicht in den Kategorien wiedererkennen, in die sie durch Psychiater eingeordnet werden (Manisch-Depressiv, Schizophren, Borderline, Derealisationserleben, Depersonalisation, Dissoziation). Dem Phänomen Hochsensibilität sind die psychiatrischen Kategorien offenbar gleichgültig und es durchkreuzt diese Kategorien.

In der Psychiatrie ist man es gewohnt, Diagnosen innerhalb eines begrifflichen Rahmens zu stellen, der Verhaltensabweichungen beschreibt. Das psychiatrische Klassifikationssystem heißt *Diagnostic and Statistical Manual of Mental Disorders*. Man kann sich natürlich fragen, was eigentlich normal und was abweichend ist. Eine Diagnose zu stellen und jemandem ein Etikett zu verpassen auf der Basis eines Katalogs von Verhaltensabweichungen, stigmatisiert den Menschen. Menschen halten schnell das Etikett für das Wesentliche, und dadurch wächst die Gefahr, dass ihre Beschwerden ihr Leben stärker beherrschen als nötig. Hier wirkt das kosmische Gesetz, dass alles, worauf man seine Aufmerksamkeit richtet, wächst. Richtet man ständig seine Aufmerksamkeit auf seine Beschwerden, dann nehmen diese Beschwerden zu. Ich kenne das nur zu gut aus meiner eigenen Erfahrung. Beschwerden sind häufig die Schattenseite guter Eigenschaften. Es hat keinen Sinn, Beschwerden zu betrachten, ohne die dazugehörenden guten Eigenschaften mit einzubeziehen. Aus dieser Perspektive könnte man eine Diagnose genauso gut innerhalb eines begrifflichen Rahmens stellen, der positive Eigenschaften beschreibt. Dieser Gedanke findet glücklicherweise immer mehr Anklang, sogar in der regulären Gesundheitsversorgung."[38]

Apropos positive Eigenschaft: Die gute Seite einer Krise ist, dass sie die Möglichkeit zur Selbstveränderung in sich trägt. Eine Krise kann dich zum Positiven verändern, indem sie dich beispielsweise lehrt, Mut und Kraft zu sammeln, dein Ich zu relativieren, deine Ängste, Schuld- und Schamgefühle loszulassen, die Aufmerksamkeit und Sorgfalt für dich selbst zu erhöhen, die Last des falschen Selbst zu mindern, deine Selbstständigkeit zu erhöhen und Überblick und Einsicht zu gewinnen. Und schließlich gibt es noch einen weiteren positiven Aspekt. Aron und ich gehen zwar davon aus, dass Hochsensible ein höheres Risiko haben, in Krisen zu geraten – durch ihre Sensibilität erleben sie bestimmte Ereignisse leicht als traumatisch. Doch Aron sagt zu Recht: „Als Erwachsene haben Hochsensible genau die richtigen Eigenschaften für *innere Arbeit und Heilfähigkeit*." In der Regel haben Hochsensible eine entsprechend gute Intuition, die ihnen hilft, die tieferen Ursachen ihrer Probleme zu entdecken. Hochsensible haben einen guten Zugang zum eigenen Bewusstsein und auch zu dem ihrer Mitmenschen; sie nehmen die dort ablaufenden Prozesse wahr. Hochsensible haben gute Fähigkeiten, wenn es darum geht, zu erkennen, wann sie sich in einer Situation durchsetzen sollten und wann sie sich zurückziehen sollten. Sie sind neugierig auf innere Prozesse. Aber vor allem sind sie integer und können gut mit den eigenen Gefühlen und mit denen von anderen umgehen. Hochsensible bleiben ihr Leben lang damit beschäftigt, ihre eigene Persönlichkeit weiterzuentwickeln, gleichgültig, wie problematisch manche Erinnerungen und Erfahrungen auch sind.[39]

6.6 Was tun bei lang andauernder Überreizung?

Als ich selbst eine Therapie machte, war ich mit verschiedenen Lebensbereichen unzufrieden. Ich konnte zwar noch den Alltag bewältigen, doch ein grundsätzliches Gefühl von Unzufriedenheit nagte an mir. Ich probierte verschiedene Therapieformen aus, las viel darüber und fand schließlich einen Therapeuten, dem ich

Vertrauen schenken konnte. Meine Shiatsu-Ausbildung verhalf mir zusätzlich zu guten Einsichten und größerer Stabilität, lehrte mich, mich zu erden und meine Grenzen zu spüren. Das Kennenlernen der Erdqualität, der Yin-Energie, bedeutete eine Umkehr in meinem Leben. Mir persönlich halfen diese Therapien, diese Ausbildung und diese Erfahrungen. Dir helfen vielleicht ganz andere Menschen und Erfahrungen. Du musst selbst auf die Suche gehen – auf deine ganz eigene Suche. Manchmal wirst du Mut aufbringen müssen, um dich zu trauen, dich selbst zu beobachten. Vielleicht musst du verschiedene Therapieformen ausprobieren, bis du auf etwas stößt, was zu dir passt.

Was kannst du konkret tun? Suche zunächst fachkundige, psychologische Hilfe. Möglicherweise gelangst du dadurch in alternative Kreise, einfach weil Hochsensibilität dort schneller anerkannt wird. Grundsätzlich möchte ich dir für diese Suche einige Warnungen mit auf den Weg geben. Die beste Chance, einen guten Therapeuten zu finden, hast du, wenn du auf Erfahrungen von Bekannten, Familie oder Freunden aufbaust, denen du vertraust. Eine Adresse, die du auf diesem Weg erhältst, ist meistens vertrauenswürdiger als ein willkürlicher Name aus den Gelben Seiten des Telefonbuchs. Manche suchen auch auf Gesundheitsmessen oder Messen zu paranormalen Themen, doch diese Veranstaltungen ziehen häufig auch Menschen an, die vor allem Reklame für sich machen wollen. Dabei gibt es viel Unseriöses. Auch Therapeuten haben manchmal ein dickes Ego. Du willst sicher nicht von jemandem behandelt werden, der vor allem die Bestätigung seines eigenen Könnens sucht, der die Grenzen zwischen Vertrauen und Intimität überschreitet oder der zu wenig ausgebildet ist und nicht fachkundig vorgeht. Ein guter Therapeut, der dein Vertrauen hat, ist eine Grundvoraussetzung. Mit solch einer Unterstützung löst man seine Probleme häufig schneller und effektiver als alleine. Wie schnell und wie effektiv, hängt vor allem von dir selbst ab -– beispielsweise von deinen Charaktereigenschaften und der Art und dem Schweregrad deiner Probleme. Und der eine lernt nun einmal schneller als der andere.

Du kannst dich auch für Kurse zur Bewusstwerdung und Aufmerksamkeitsverbesserung entscheiden. Es gibt Heiler-Ausbildungen, Kunsttherapien und spannende Ausbildungen auf dem Gebiet der Persönlichkeitsentwicklung.

Hochsensibilität ist eine neue Entdeckung. Die meisten Therapeuten fangen – wenn überhaupt – gerade erst an, Hilfe für Hochsensible anzubieten. Die Kenntnisse dieser Therapeuten basieren oft auf eigenen Erfahrungen. Um auf dem Laufenden zu den Entwicklungen auf diesem Gebiet zu bleiben, rate ich dir, entsprechende Internetseiten regelmäßig zu besuchen (siehe die Informationen am Ende des Buches). Manche Internetseiten versenden auch regelmäßig Newsletter mit neuesten Informationen zur Hochsensibilität.

Vielleicht hast du vor allem im Berufsleben Schwierigkeiten. Es gibt zwar therapeutische Einrichtungen, die Hilfe im Beruf anbieten, doch erwarte nicht, dass man dort schon von Hochsensibilität gehört hat. Wenn du diese Dienste aufsuchst, solltest du ihnen diese Eigenschaft genau erklären, indem du beispielsweise dieses Buch mitnimmst. Wichtig ist, dich daran zu erinnern, dass du selbst entscheiden musst, was du brauchst. Die Ratschläge dieser Dienste sind nur Ratschläge. Vielleicht schlagen sie dir eine Therapieform vor, von der du weißt, dass sie dir nicht wirklich nützen wird. Und vielleicht hast du das Gefühl, dass das Problem tiefer sitzt und eine tiefer gehende Behandlungsweise benötigt. Da du dich inzwischen mit Hochsensibilität vermutlich schon gut auskennst, wirst du wahrscheinlich recht genau beschreiben können, was du brauchst.

6.7 Therapiemethoden

Ich möchte im Folgenden eine kleine Übersicht von Behandlungsmöglichkeiten geben, die häufig zur Auswahl stehen. Manche Behandlungsmethoden übernimmt die Krankenkasse, die meisten allerdings leider nicht. Die Kostenübernahme hängt ferner davon ab, ob eine Behandlungsnotwendigkeit attestiert wird oder nicht. Noch einmal: Jeder muss für sich selbst herausfinden, ob eine Behandlung zu ihm passt oder nicht. Es gibt inzwischen ausreichend Möglichkeiten und Angebote, um etwas halbwegs Passendes zu finden. Die folgende Darstellung verschiedener Methoden erhebt keinen Anspruch auf Vollständigkeit und ist auch nicht nach Gütekriterien aufgebaut.

6.7.1 *Diverse Formen der Psychotherapie*

Bekannte Therapieformen sind die Psychoanalyse nach Freud, die analytische Psychotherapie nach Jung, die Gestalttherapie und die Psychosynthese. Für Hochsensible sind das generell gute Therapieformen, weil Intuition und Unterbewusstsein angesprochen werden. Einige dieser Methoden verbinden westliche mit östlichen Erkenntnissen, ohne allerdings zu viel Nachdruck darauf zu legen. Jung erkannte den Wert des Unbewussten und das Phänomen der Synchronizität von Ereignissen und stellte damit die Psychologie in den Zusammenhang eines größeren Ganzen. Diese Einstellung spricht viele ganzheitlich denkende Hochsensible an. Bei der Gestalttherapie liegt der Nachdruck auf dem Spüren von Prozessabläufen. Statt darüber zu reden, werden Themenbereiche in Übungen erlebt. Gestalttherapie ist eine besonders nützliche Methode für Hochsensible, die schlecht in Kontakt zu ihren Gefühlsanteilen kommen. Psychosynthese ist wiederum eine andere Methode für zwischenmenschliche Therapie. Psychosynthese wurde durch Dr. Assagioli entwickelt, einem der Inspiratoren der humanistischen und transpersonalen Psychologie. Sowohl östliches als auch westliches Gedankengut kommt in seinem psychodynamischen Menschenbild zur Geltung.

In vielerlei Lebensbereichen können diese Therapiemethoden äußerst hilfreich sein. Rechne damit, dass solch eine Therapie ein langwieriger Prozess wird, der einiges von dir verlangt. Wenn du solch einen Prozess angehst, können schmerzhafte Gefühle und schwierige Lebensaspekte zum Vorschein kommen, die Zeit benötigen, um verarbeitet zu werden. Möglicherweise wird die Therapie sogar ein dermaßen wichtiger Teil deines Lebens, dass du nicht mehr ohne auskommen willst.

6.7.2 Haptonomie oder Haptotherapie

Haptonomie ist eine Form von Berührung, die darauf ausgerichtet ist, Traumata und Blockaden im Körper aufzuspüren. Es ist eine therapeutische Methode, die in den Niederlanden entwickelt wurde. Haptonomie möchte dem Patienten eine solche Einsicht in den eigenen Körper geben, so dass er seine Probleme selbst lösen kann. Im Mittelpunkt steht dabei, zu lernen, seinen Körper ganz bewusst zu spüren und das physische Bewusstsein selbstständig zu steuern. Durch Übungen, die das Erspüren von Grenzen trainieren, das Erden und das angenehme Erleben bestimmter Körperteile – wie Rücken, Beine oder Hände –, lernt man, in Kontakt mit dem Wesentlichen seines Selbst zu treten. Durch verschiedene Kontaktimprovisationen, durch Spielen mit der Schwerkraft, mit Reflexen, mit Fallübungen, Rollübungen und Bewegungsübungen, erlebt man aufs Neue, wie man als Kind die Welt entdeckte. Haptonomie ist hilfreich, wenn man sich beispielsweise im zwischenmenschlichen Kontakt blockiert fühlt. Weil wir alle als Kinder zu hören bekommen haben, dass wir still sitzen müssen, und darum verlernt haben, unbekümmert zu spielen, haben wir in uns sowohl den Entdeckungsdrang als auch das Nähebedürfnis unterdrückt. Haptotherapie setzt an diesen Punkten an.

6.7.3 Kreativ- oder Kunsttherapie

Hochsensible sind bisweilen in ihrem Wesen so sehr verletzt, dass der heilende, kreative Strom in ihnen versiegt ist. Schöpferische Tätigkeit ist eine Möglichkeit, um Ganzheit – im Kontakt mit sich selbst und der Welt – wieder zu erfahren. Im künstlerischen Prozess lernt man, sein schöpferisches Wesen aufs Neue zu entdecken. Dadurch wird man außerdem angeregt, im Alltag gesündere Lebensbedingungen zu schaffen. Durch kreative Beschäftigung in Verbindung mit dem eigenen fühlenden Kern gibt man seinen Gedanken und Gefühlen eine Form und macht sie dadurch handhabbar. Es kann auch heilend wirken, wenn man auf symbolische Art alte Wunden behandelt. Rituale gehören dazu: Beispielsweise kann das rituelle

Verbrennen oder Fortwerfen alter Gegenstände dabei helfen, den Weg zu einem neuen Leben freizumachen.

Weil Hochsensible der Kreativität und künstlerischen Ausdrucksformen generell häufig viel Wert beimessen, kann eine derartige therapeutische Herangehensweise sehr wirksam sein. Es ist eine Methode, um Kontakt zum inneren Kind herzustellen und tiefe Wunden zu heilen. Kunsttherapie ist eine Methode, die relativ wenig Bedrohung in sich birgt und viel Freude machen kann. Sie bietet Menschen, die nicht mehr weiter wissen oder ihre Gefühle schlecht verbal äußern können und auch Kindern eine Möglichkeit, Verbindungen zu ihren verschiedenen Wesensanteilen aufzubauen.

6.7.4 Bachblütentherapie

Bachblütentherapie ist eine gute Behandlungsmethode für Probleme hochsensibler Erwachsener und Kinder. Die Methode ist sogar für Säuglinge geeignet. Es handelt sich um eine sehr einfach anzuwendende natürliche Behandlungsmethode. Die Methode wurde nach ihrem Entdecker, Dr. Edward Bach, benannt. In der Bachblütentherapie nutzt man 39 verschiedene Essenzen. Die Essenzen stammen von Blumen, Sträuchern und Bäumen. Sie können bei Gefühlen wie Angst, Unsicherheit, Überempfindlichkeit, Einsamkeit, Nervosität, Gereiztheit und Wut helfen. Für jede negative Stimmung oder jeden negativen Gemütszustand fand Dr. Bach eine Pflanze – eine Blume, einen Strauch oder Baum –, in der er, aufgrund seiner gut entwickelten Intuition, die entsprechende heilende Kraft spüren konnte. Die Essenzen wirken auf die Seele; Bach war hellsehend – er konnte die Seelenkraft von Blumen, Sträuchern und Bäumen sehen.

Für hochsensible Erwachsene und Kinder, die ab und zu mit negativen Emotionen zu kämpfen haben, ist diese Therapie einen Versuch wert. Die Essenzen haben keine Nebenwirkungen und können jederzeit genutzt werden, auch in Kombination mit anderen Medikamenten. Bei der Therapie wirst du meistens gebeten, nach Gefühl ein paar Fläschchen auszusuchen, und danach wird zur Kontrolle noch einmal gemessen, welche Essenzen für dich die richtigen sind.

Eine Essenz, die bei Hochsensiblen häufig genutzt wird, ist „Rescue Remedy". Das ist eine Erste-Hilfe-Essenz, die bei Streit, Trauer, bei schlechten Nachrichten, bei einem Schock, nach einem Unglück, bei Fieber und selbst nach einem Wespenstich brauchbar ist; sie hilft, Spannungen oder starke Emotionen zu besänftigen.

6.7.5 Klassische kognitive Verhaltenstherapie

In dieser Therapieform werden Beschwerden durch praktische Verhaltensübung und Vermittlung eines besseren Verständnisses des Sachverhaltes angegangen. Hat man beispielsweise eine Angststörung, erhält man Verständnishilfen, um damit umzugehen, und wird in der Therapie schrittweise trainiert, sich tatsächlich der Angst zu stellen. Die Methode nützt Hochsensiblen vor allem, wenn sie große Schwierigkeiten haben, ihr Leben (auf einem bestimmten Gebiet) in den Griff zu bekommen. Besonders bei Angststörungen und Zwangsverhalten wird diese Behandlung eingesetzt. Die Anweisungen sind praxisgerecht und geben einem Klarheit darüber, wie man in einer bestimmten Situation am besten handeln kann.

Die RET, die Rational-Emotive-Therapie, ist eine Variante dieser Therapieform. Sie geht davon aus, dass eine Veränderung im kognitiven Beurteilungsprozess eine Veränderung in den Gefühlen nach sich zieht. Wenn jemand beispielsweise von klein auf zu hören bekam, dass Begegnungen mit Fremden grundsätzlich gefährlich seien, besteht eine hohe Wahrscheinlichkeit, dass er diese Indoktrination verinnerlicht. Daraus kann sich – über permanente Selbstbestätigung und -vergewisserung – eine Sozialphobie entwickeln; aus irrationalen Auffassungen erwachsen so irrationale Verhaltensweisen.

Jeder Mensch schaut durch eine gefärbte Brille (nimmt Dinge interpretativ wahr). Die Brille des einen ist allerdings dunkler als die des anderen. Durch manche Brillen wirkt das Leben recht abweisend und feindselig. Denke beispielsweise an Auffassungen wie: „Meine Vergangenheit bestimmt ganz und gar, wer ich heute bin", „Ich bin verpflichtet, mich um das Wohl und Weh anderer zu kümmern",

„Für jedes Problem gibt es eine perfekte Lösung. Es ist eine Katastrophe, wenn ich diese Lösung nicht finde", oder „Ich muss in allen Hinsichten kompetent, adäquat und erfolgreich sein, um ein wertvoller Mensch zu sein." Von solchen Gedanken kann man sich mit Hilfe der RET-Therapie lösen, so dass man das Leben und sich selbst besser genießen kann.

6.7.6 *Spirituelle Therapieformen*

Spirituelle Therapie ist ein Sammelbegriff für verschiedene Therapieformen, die von dem Gedanken ausgehen, dass es mehr zwischen Himmel und Erde gibt als die physikalisch erfassbare Welt. Bei spirituellen Therapien stehen an zentraler Stelle: Liebe, Energie, Transzendenz und die natürlichen spirituellen Prozesse im Menschen. Diese Therapieformen sprechen Hochsensible an, weil viele von ihnen spirituell begabt sind. Zur spirituellen Therapie gehören Chakra-Therapie, Geistheilung, Aromatherapie, Reiki, Reinkarnationstherapie, Tarot, intuitive Entwicklungstherapie und weitere Methoden. Hochsensible können viel Nutzen daraus ziehen. Zunehmend mehr Therapeuten kombinieren auch verschiedene Techniken. Vor Beginn einer Therapie ist es sinnvoll, genau herauszufinden, welche Methoden der Therapeut plant anzuwenden.

Ich habe diese Therapieformen hier unter einem gemeinsamen Oberbegriff aufgeführt, um eine wichtige Anmerkung zu machen: Achte darauf, dass der Fokus immer ausreichend auf der Fähigkeit zur Selbsthilfe und auf praktischer Hilfe liegt. Nahezu alle Hochsensiblen haben Schwierigkeiten, in der alltäglichen Realität wirklich gut klarzukommen. Soziale, moralische und emotionale Herausforderungen, die das Leben in dieser Welt so mit sich bringt, sind die hauptsächlichen Stolpersteine für Hochsensible. Die Therapie sollte also zumindest Hilfe in den Bereichen bieten, in denen du die meisten Schwierigkeiten hast. Sei dir dessen auf jeden Fall bewusst, wenn du eine solche Ausbildung oder Therapieform auswählst.

6.7.7 *Geistheilen*

Beim Geistheilen werden vor allem die intuitiven Fähigkeiten des Heilers genutzt. Du selbst brauchst nur wenig oder gar nichts zu tun, einfach nur ruhig dazuliegen oder zu sitzen. Der Heiler kanalisiert Heilenergie und sendet diese zu dir. Manchmal geschieht das über die Hände, manchmal rein geistig. Eine Geistheilung kann sowohl körperliche als auch emotionale Beschwerden lindern und heilen, doch sie arbeitet auf spirituellem Niveau. Geistheilung kann einmalig oder als Behandlungsserie durchgeführt werden. Manche Heiler arbeiten über die Chakras, andere richten sich auf die Organe. Manche nutzen Klänge, Farben, Edelsteine oder Tarot-Karten. Viele Heiler können auch in der Aura lesen, was häufig „Reading" genannt wird. Für ein Reading kann man eine einmalige Sitzung buchen, es ist eigentlich nichts anderes als das Stellen einer Diagnose. Die Worte des Heilers werden häufig aufgezeichnet, damit man sie sich später noch einmal anhören kann. Für manche ist solch eine Heilsitzung oder ein Reading eine sehr intensive Erfahrung, andere hingegen beeindruckt das kaum. Wichtig ist dein Vertrauen zu der Person, die die Heilung oder das Reading gibt. Ich rate dir, genauso wie bei allen anderen Therapieformen, jemanden aufgrund von Empfehlungen auszuwählen, damit du sicher weißt, dass du es mit einer fachkundigen Person zu tun hast.

6.7.8 *Craniosakrale Therapie*

Diese Therapie arbeitet mit den Knochen des Schädels. Sie wurde in Amerika entwickelt und hat sich in den 1990er Jahren auch in Europa verbreitet. Ihr Ausgangspunkt war die Entdeckung eines Anästhesisten, dass das Gehirn eine Art Herzschlag besitzt, den man mit sanfter Berührung beeinflussen kann. Zum craniosakralen System im Menschen gehört die Flüssigkeit, die zwischen den Schutzmembranen des Gehirns und des Rückenmarks zirkuliert. Bei dieser Methode geht es darum, in einem Gebiet, das eng mit Nerven und Sehnen verbunden ist, Entspannung zu bewirken. Die auf das Rückenmark ausgerichtete manuelle Behandlungsweise ist für Hochsensible

sehr geeignet, weil sie eine äußerst sanfte und subtile Behandlungsform ist. Der Zugang ist körperlich, auf Gesprächen liegt weniger
Nachdruck. Diese Therapieform ist also nicht zu vergleichen mit
beispielsweise Psychosynthese. Sie ist eine Methode, um das zen-
trale Nervensystem von seiner Überlastung zu befreien und damit
den natürlichen Genesungsprozess des Körpers zu unterstützen. Sie
hilft also eher, Spannungen und Stress abzubauen, als dass sie hilft,
Beziehungsprobleme zu klären.

6.7.9 Shiatsu-Massage

Es gibt viele verschiedene Massageformen, Shiatsu ist eine davon.
Manche Massagen arbeiten mit Öl, wie Ayurveda-Massagen und klassische westliche Massagen. Andere arbeiten mit Druckpunkten.
Shiatsu ist eine Druckpunktmassage. Mit dem Daumen oder der Hand
werden bestimmte Körperpunkte (Tsubos) oder Körperbereiche tief
und intensiv gedrückt, wodurch neue Möglichkeiten angeregt werden, um blockierte Energie wieder zum Fließen zu bringen. Die Behandlung kann man auch durch die Kleidung hindurch geben. Shiatsu
basiert auf der klassischen östlichen Meridiantheorie, genauso wie
Akupunktur. Eine Shiatsu-Massage ist zuerst einmal eine körper-
orientierte Therapie, die hilft, sowohl konkrete als auch vage körperliche Beschwerden zu lokalisieren und aufzulösen. Da die
Shiatsu-Massage von einem holistischen Menschenbild ausgeht,
werden auch emotionale und geistige Ebenen berührt. Gespräche
sollen dabei im Prinzip eher weniger geführt werden. Im Kontakt
zwischen Masseur und Massiertem entwickelt sich der Heilprozess
und die Wirkung der Energie. In einer Massage lernt man vor allem,
in Kontakt zum eigenen Körper zu kommen und zu bisher unbekannten Gefühlen, die mit verschiedenen Körpergebieten verbunden sind.

Durch Massagen kann man die natürlichen Grenzen des eigenen
Körpers besser spüren lernen. Weil du als Hochsensibler empfin-
dungsmäßig schnell außerhalb deines Körpers bist, da deine Sinnesorgane auf die Welt um dich herum gerichtet sind, kannst du mittels

Massage lernen, die Grenze besser zu respektieren, die deine Haut formt – übrigens das größte Organ, das wir Menschen haben. Shiatsu-Massage ist vor allem eine sehr angenehme, tief wirkende und doch freundliche Behandlungsform. Manche Hochsensible werden allerdings eine stärker auf die geistige Ebene ausgerichtete Beratung benötigen.

6.8 Kontakt zu deinem Hausarzt

Leider ist es so, dass die meisten Hausärzte – wie ein großer Teil des Gesundheitswesens (Krankenhausärzte, Psychologen und Psychiater) – noch nichts von dem Phänomen Hochsensibilität gehört haben. Und selbst wenn sie davon gehört haben, werden die meisten es nicht gleich anerkennen. Hausärzte haben zumeist noch kein Bezugssystem – beispielsweise noch kein begriffliches Instrumentarium –, um diese Persönlichkeitseigenschaft zu diagnostizieren, und werden deshalb äußerst zurückhaltend dabei sein. Es wird noch einige Zeit vergehen, bevor Hochsensibilität als Begriff etabliert ist.

Es ist jedoch eine Tatsache, dass deine Erkenntnis der eigenen Hochsensibilität einen großen Teil dazu beitragen wird, dass du dich als Person besser fühlst. In der Erkenntnis, Akzeptanz und Wertschätzung steckt das Geheimnis der Heilung. Es kann nun durchaus sein, dass du mit diesem Buch in der Hand zu deinem Hausarzt gehst, um an den Problemen deiner Vergangenheit im Lichte deiner Hochsensibilität zu arbeiten – dass aber dein Arzt das alles für Unsinn hält. Das ist frustrierend. Eine hochsensible Belgierin, Mutter von zwei Kindern, schrieb mir: „Hier in Belgien steckt das Thema Hochsensibilität noch völlig in den Kinderschuhen. Es ist faktisch unbekannt, so dass ich es kaum ertrage, hier zu leben. Ich habe meinem Hausarzt ein Buch dazu geschickt, aber eine Reaktion auf meine Vorschläge, diese Eigenschaft zu berücksichtigen, blieb aus. Statt Verständnis zu zeigen, verschrieb er mir Medikamente."

Auch in anderen Ländern stoßen Hochsensible auf dieses Problem. Hochsensible haben ohnehin häufig Schwierigkeiten mit

Autoritätsbeziehungen, was es in diesem Fall nicht leichter macht. Manche werden die Tendenz verspüren, die Flinte ins Korn zu werfen: „Ich werde schon selbst herausbekommen, wie ich mir helfen kann." Und in der Tat haben sich Hochsensible aufgrund bitterer Erfahrung häufig umfassende Kenntnisse angeeignet. Trotzdem geht es in manchen Fällen nicht ohne die fachliche Hilfe von Ärzten, beispielsweise Hausärzten. Außerdem braucht man sie für Überweisungen. Statt sich darüber aufzuregen, sollte man besser Erfindungsreichtum an den Tag legen und versuchen – ohne sich selbst zu verleugnen –, das Verständnis zwischen sich selbst und dem Arzt aufrechtzuerhalten. In diesem Fall musst du selbst wissen und selbst angeben, wo du deine Grenzen ziehst. Dafür kannst du folgende Sachverhalte im Hinterkopf behalten:

- Aufgrund deiner Hochsensibilität wirst du Körpersignale wahrscheinlich besonders früh wahrnehmen.
- Du wirst eher stressbezogene und psychosomatische Beschwerden entwickeln, je weniger du auf deine Sensibilität Rücksicht nimmst.
- Du reagierst sensibler auf Medikamente. Die Dosis, die dir dein Arzt empfiehlt, ist vielleicht zu hoch für dich. Dies ist ein allgemein bekanntes Problem bei Hochsensiblen und kann unangenehme Konsequenzen haben. Du reagierst wahrscheinlich auch stärker auf die Nebenwirkungen.
- Du bist gewöhnlich empfindlicher gegenüber Schmerzen.
- Du wirst in Krankenhäusern und Kliniken eher überreizt und bist dir häufig der Schattenseite der Dinge stark bewusst: Krankheit und Tod – die natürlich gerade in Krankenhäusern gegenwärtig sind.

Vertraust du der Diagnose deines Hausarztes nicht ganz, dann ist es wichtig, dass du deine eigene Intuition nicht verleugnest und dass du bei einem anderen Arzt nach einer zweiten Meinung fragst. Wenn es wirklich gar nicht klappt mit deinem Hausarzt, solltest du ihn wechseln. Ein anthroposophischer Arzt ist eine überlegenswerte Alternative. Anthroposophische Ärzte haben dieselbe Grundausbildung wie normale Hausärzte, aber außerdem eine Zusatzausbildung in Anthroposophie. Die Anthroposophie betrachtet den Menschen holistisch und ist offener gegenüber dem Konzept der Hochsensibilität. Auf jeden Fall ist ein verständnisvoller Arzt Voraussetzung für ein gutes Verhältnis zueinander.

Studien zeigen übrigens, dass sich hochsensible Kinder und Erwachsene, wenn sie in Berücksichtigung ihrer Hochsensibilität aufwachsen und dementsprechend leben, häufig einer außergewöhnlich guten Gesundheit erfreuen. Krankheit ist keineswegs eine selbstverständliche Konsequenz dieser Eigenschaft. Es ist eher umgekehrt: Weil Hochsensible aufmerksamer sind, bemerken sie früher, wenn irgendetwas nicht stimmt. Sie sind eher alarmiert, bemerken Veränderungen in ihrem Körper rechtzeitig und können also im Idealfall schneller handeln und ihren körperlichen und geistigen Bedürfnissen entgegenkommen.

6.9 Sind Arzneimittel hilfreich?

Dennoch kämpfen Hochsensible gelegentlich mit ernsten Beschwerden, die eine direkte oder indirekte Folge dieser Eigenschaft sind. Das kann auch für dich gelten; du kannst auf sozialer, körperlicher oder psychischer Ebene gravierende Probleme haben. Ich haben schon darauf hingewiesen: Vielfach hängt dies mit der Tatsache zusammen, dass du dir bislang ungenügend deiner eigenen Persönlichkeit und der damit verbundenen Nöte bewusst warst. Wenn du deine Hochsensibilität beim Arzt zum Thema machst, kann es sein, dass er dir Medikamente verschreibt, wie beispielsweise Antidepressiva (die meisten Ärzte haben nun einmal die Neigung, grundsätzlich zunächst an Pharmazeutika zu denken). So etwas kann in einer Krisensituation nützlich sein – doch es ist natürlich die Frage, ob du deine Hochsensibilität überhaupt als eine Behandlung erfordernde Krankheit betrachtest. Wahrscheinlich wohl eher nicht. Es ist nützlich, ein wenig Bescheid zu wissen über die verschiedenen Medikamente, die einem eventuell verschrieben werden. Es kann sein, dass es sich zeitweilig um Angst dämpfende Mittel, sogenannte Beruhigungsmittel handelt, wie Librium, Valium oder Tafil (Wirkstoff Alprazolam). Diese Medikamente wirken im Handumdrehen. Sei dir aber dessen bewusst, dass sie auf Dauer süchtig machen. Obwohl sie tatsächlich beruhigend wirken, stellt sich die Frage, ob nicht ein Spaziergang an der frischen Luft, ein warmes Bad, eine Massage oder etwas Ähnliches genauso gut wirkt. Es gibt zudem gute natürliche Beruhigungsmittel wie Kamille, Lavendel und Passionsfrucht.

Eine andere Gruppe von Medikamenten, die manchmal bei mit Hochsensibilität verbundenen Beschwerden verschrieben werden, sind Antidepressiva. Auch diese können in einer Krisensituation eine Lösung bieten und Leben retten. Eine Depression ist, technisch ausgedrückt, ein Mangel bestimmter Neurotransmitter im Gehirn. Möglicherweise haben Hochsensible besonders viele Neurotransmitter-Rezeptoren, wodurch häufiger ein derartiger Mangel auftritt. Antidepressiva stellen das Gleichgewicht zwischen Neurotransmittern und Rezeptoren wieder her. Wie das genau funktioniert, weiß man allerdings nicht. Bei diesen Medikamenten dauert es etwa zwei Wochen, bevor sich ein Effekt zeigt. Ob du sie nach einer Krise weiter nutzt, hängt von deinen persönlichen Wünschen und deiner Situation ab. Gute Therapie und Anpassung deiner Lebensumstände werden wahrscheinlich ausreichend Hilfe bieten, solange du nur deiner Hochsensibilität einen Platz in deinem Leben gibst.

6.9.1 *Serotonin*

Man hört inzwischen viel über Serotonin. Serotonin ist ein spezieller Neurotransmitter, der beispielsweise im Medikament Fluctin (Wirkstoff Fluoxetin, Handelsname in den USA: Prozac) enthalten ist. Wie dieses Medikament genau wirkt, ist noch immer unbekannt. Aron vermutet, dass viele Patienten in den Vereinigten Staaten, denen Prozac verschrieben wird, eigentlich nur Hochsensible sind, die aufgrund starker Überreizung einen Mangel an Serotonin haben. In Europa wird es wahrscheinlich genauso sein. Prozac/Fluctin hat auch Wirkungen auf andere Persönlichkeitseigenschaften, zum Beispiel auf Zwangsverhalten, auf einen Mangel an Selbstvertrauen und auf Empfänglichkeit für (Selbst-)Kritik. Berechtigterweise fragt sich Aron, was wohl die Ursache solcher Probleme sei: Wird jemand depressiv durch chronische Überreizung, entstanden durch ein gefühlloses Umfeld, durch Stress oder Traumata in der Jugend? Oder wird Hochsensibilität selbst als Krankheit angesehen und durch Medikamente unterdrückt?

Inzwischen gibt es in Europa Stimmen, die dafür plädieren, Serotonin einzusetzen, um Symptome, die durch Hochsensibilität entstehen, zu bekämpfen. Das gibt einem zu denken. Ist es sinnvoll, einer ganzen Gruppe von Menschen, die in einer stresserzeugenden Gesellschaft nicht mithalten können, durch Medikamente zu helfen? Ja und nein. Es gibt natürlich viele Gründe, skeptisch gegenüber den Entwicklungen der Pharmaindustrie zu sein. Weil die eigentliche Ursache und die Bedeutung von Hochsensibilität (noch) nicht bekannt ist – wir wissen nur, dass irgendwo im biochemischen Prozess zwischen Sinnesorganen und Bewusstwerdung etwas anders verläuft – ist es schwierig, zu entscheiden, ob Hochsensibilität an sich behandelt werden sollte. Dennoch werden die meisten Hochsensiblen auf Dauer die positiven Aspekte ihrer Eigenschaft höher schätzen als die negativen.

Deine Hochsensibilität mag dir gegenwärtig noch vorkommen wie eine äußerst schwierige Aufgabe. Doch in Zukunft wird sie zu deiner Gabe.

6.10 Zusammenfassung und Tipps

Suche Ausgleich in deinem Alltagsleben. Zum Beispiel: indem du zusätzliche Ruhepausen nimmst, wenn du eine Zeit lang sehr aktiv gewesen bist; indem du allein bist, wenn du eine Zeit lang mit vielen anderen zusammen gewesen bist; indem du mit anderen zusammenkommst, wenn du zu viel allein gewesen bist. Bewege dich, wenn du eine Zeit lang still gesessen hast. Beschäftige dich künstlerisch kreativ, wenn du eine Zeit lang nur alltagspraktisch tätig warst.

Finde Methoden, um besser geerdet zu werden: Arbeite im Garten; mache Bodenübungen; stelle dir etwas vor wie zum Beispiel eine Schnur, die dich mit der Erde verbindet. Ernähre dich gut. Lese die Tipps in den anderen Kapiteln.

Erlerne Strategien, um dich besser abzugrenzen; sei dir deiner Haut als Grenze bewusst. Dusche bewusst und nutzte eine pflegende Bodylotion; lasse dich ab und zu massieren; nimm an geleiteten Meditationen teil, die dir deinen Energiekörper bewusst machen; lerne zu fühlen, welche Emotionen von dir selbst und welche von anderen stammen.

Nicht immer kannst du unangenehmen Sinnesreizen aus dem Weg gehen, wie Geräuschbelästigungen, unschönen Gerüchen, unwillkommenen Energien. Suche als Gegengewicht so viele positive Erfahrungen wie möglich: Gehe bewusst regelmäßig in die Stille; höre beruhigende Musik; lasse angenehm duftendes Räucherwerk brennen; nimm Duftbäder; sei dir in den Zeiten, in denen du allein bist, deiner eigenen Energie bewusst.

Manchmal wirst du trotz alledem ruhelos, angespannt oder gefühlsmäßig aufgewühlt sein. Mache dir klar, dass es Signale sind. Was will dir diese Anspannung oder diese Emotion sagen? Kannst du diese Empfindung einfach bestehen lassen, ohne dich selbst in ihr zu verlieren?

Teile anderen mit, dass du die Eigenschaft der Hochsensibilität hast. Sei dir bewusst, dass du manchmal anders wirkst, als du es beabsichtigst. Es ist schade, wenn du missverstanden wirst.

Passen deine Freundschaften zu deinen Bedürfnissen? Gibt es vielleicht Menschen in deiner Umgebung, die dich aussaugen, indem sie negative Energie ausstrahlen? Versuche, diese Energie von der deinigen so gut wie möglich zu trennen. Errichte in deiner Vorstellung Barrieren zwischen dir und diesem Menschen. Im äußersten Fall solltest du diese Person meiden.

Ist deine Partnerschaft ausreichend auf deine Hochsensibilität abgestimmt? Suche nach Harmonie fördernden Handlungsmöglichkeiten, um euer gemeinsames Leben besser an deine Bedürfnisse anzupassen. Bedenke dabei, dass dein Partner sicher nicht schuld ist an deiner eventuellen Unzufriedenheit. Verantwortung für dich selbst trägst du allein.

Fühlst du dich in Gesellschaft gehemmt oder schüchtern? Arbeite an deinen Schwierigkeiten, indem du deine Denkweisen änderst. Lerne, dich selbst zu akzeptieren und selbstbewusster zu reagieren. Lese in Kapitel 3, wie du vorgehen kannst.

Überdenke, inwieweit deine berufliche Situation dem Rahmen entspricht, in dem du am liebsten arbeitest. Sind die Gegebenheiten optimal – oder kannst du noch etwas verbessern? Diese Frage gilt auch für deine Wohnsituation. Hast du dir ausreichend Raum und Ruhe in deinem Leben geschaffen?

Suche nach Mitteln, die dein Bedürfnis nach innerer Einkehr und geistiger Befriedigung stillen. Lebe intensiv und
positiv. Vergiss nicht die Kraft, die du in kreativen Aktivitäten findest. Auch ein Spaziergang in der Natur kann Wunder wirken. Du kannst dich mit Kleinigkeiten glücklich
machen.

Überdenke deine Vergangenheit im Licht deiner Hochsensibilität. Du kannst es allein oder zusammen mit einem
Therapeuten machen. Achte jedenfalls darauf, ein Ventil zu
haben. Wenn nicht unmittelbar ein Mensch da ist, mit dem
du diese Intimität teilen kannst, kannst du beispielsweise
Dinge aufschreiben.

Wenn du große Probleme im Leben hast, suche Hilfe bei
einem Therapeuten.

6.11 Menschen, die hochsensibel sind:

- bemerken viele subtile Unterschiede und Details
- werden durch Störungen beeinträchtigt, die andere kaum
  wahrnehmen
- können durch starke Sinnesreize, beispielsweise laute
  Musik, den Kontakt zu sich selbst verlieren
- spüren Stimmungen anderer recht deutlich
- können durch Kontakt zu bestimmten Menschen das Gefühl
  haben, leergesaugt zu werden oder leer zu laufen
- schätzen zumeist keine Hektik, kein Menschengedränge,
  keine Einkaufszentren
- leiden unter unausgesprochenen negativen Gefühlen
  anderer
- haben eine reiche innere Erlebniswelt
- träumen und phantasieren viel und denken viel nach

- finden es angenehm, Zeit allein zu verbringen
- erfahren, denken und fühlen tief und intensiv
- sind intuitiv und kreativ
- sind häufig spirituell begabt und interessiert
- tun Dinge bewusst und sorgfältig
- leben gern nach ihrem eigenen Tempo
- werden durch Natur, Schönheit und Kunst tief berührt
- haben bei Stress vielfach Beschwerden wie Magendrücken, Verdauungsbeschwerden, Kopfschmerzen, Nervosität und / oder andere Missempfindungen
- leiden schnell unter starken Emotionen und Stimmungsschwankungen
- tragen ein höheres Risiko für körperliche und psychische Erkrankungen wie chronische Ermüdung, Unsicherheit, Ängste, Depression, Süchte.

Anmerkungen

1 Elaine N. Aron, *The Highly Sensitive Person,* Seite 7

2 Untersuchung von Mary Jane Johnson, *ADHD en hypersensitiviteit*, in: www.hersenstorm.nl, Jan. 2003

3 Elaine N. Aron, *The Highly Sensitive Person,* Seite x (Vorwort)

4 Untersuchung von Xinyin Chen und Kenneth Rubin der University of Waterloo, Ontario, Kanada und Yueroong Sund der Shanghai Teachers University. Sie verglichen 480 Kinder in Shanghai mit 296 Kindern in Kanada.

5 S. Hart, *Hooggevoelig in een ongevoelige wereld*, in: Jonas Magazine, Nov. 2000

6 In: J. Kagan, *Galen's Prophecy*, Basic Books, New York 1994

7 Sprichwort aus dem Sanskrit

8 Aus: www.dianakoornstsra.nl/artikelen

9 Aus: *HSP-Nieuwsbrief,* Marian van den Beuken

10 A. Judith, *Handboek Chakra Psychologie,* Erstes Chakra

11 Idem

12 Winnicotts Theorie des „wahren und falschen Selbst", die ich in Kapitel 1 beschrieb, wird oft im Zusammenhang gesehen mit der Beschreibung der schizoiden Persönlichkeit, die ursprünglich vom Psychiater W.R.D. Fairbairn stammt. Zur Erinnerung: Winnicott ging es um den Prozess der Selbstbildformung. Er gebrauchte die Begriffe: „das echte oder wahre Selbst" (*genuine self*) und „das unechte Selbst" (*false self*). Das wahre Selbst ist jene Persönlichkeit, die idealerweise aus dem gerade geborenem Kind entsteht: also der authentische Charakter, der sich gesund entfalten konnte und ein normales Gefühl des eigenen Werts hat. Wenn sich eine Person nicht frei entwickeln kann, entsteht eine unechte Persönlichkeit, die die Neigung hat, Meinungen und Bedürfnissen anderer als die eigenen anzusehen.

13 Wenn man von weiblichen und männlichen Energien hört, könnte man denken, dass hier die Rede ist von einer weiteren feministische Welle radikaler Frauen, die ihre Rechte einfordern. Nichts stimmt weniger. Sowohl Männer als auch Frauen besitzen idealerweise Yin- und Yang-Fähigkeiten. Der entscheidende Punkt ist das entsprechende Gleichgewicht.

14 Herausgegeben von Ankh-Hermes

15   Aus: *HSP-Nieuwsbrief,* Marian van den Beuken

16   M. Vasalis, *Vergezichten en Gezichten,* erster Druck 1954

17   Elaine N. Aron, *The Highly Sensitive Person in Love,* Seite 30

18   D. Dutton und A. Aron, *Some Evidence for Heightened Sexual Attraction Under Conditions of Hight Anxiety,* in: Journal of Personality an Social Psychology, 30 (1974), Seite 52

19   Elaine N. Aron, *The Highly Sensitive Person in Love,* Seite 52

20   Hermann Hesse: Narziß und Goldmund. Suhrkamp-Verlag, Frankfurt am Main, 2003, Seite 49

21   Elaine N. Aron, *The Highly Sensitive Person,* Seite 209-210

22   Elaine N. Aron, *The Highly Sensitive Person in Love,* Seite 226

23   Marian van den Beuken, *Hooggevoeligheid als uitdaging,* Seite 52

24   Eva Mees-Christeller, *Kunstzinnige therapieën in de praktijk,* Seite 8

25   Anodea Judith, *Handboek Chakra Psychologie,* Seite 438

26   Marian van den Beuken, *Hooggevoeligheid als uitdaging,* Seite 46

27   Newsletter des *HSP-Netwerk,* Jahrgang 2, Ausgabe 10, Dez. 2001

28   D. Zohar und Dr. Ian Marschall, *Spirituele intelligentie, de kwaliteit die grenzen verlegt,* Seite 33

29   Elaine N. Aron, *The Highly Sensitive Child,* Seite 29

30   William Martin, *Das Tao te king für Eltern,* Aurum in J. Kamphausen, Bielefeld 2008

31   Elaine N. Aron, *The Highly Sensitive Child,* Seite 60

32   Diana Koornstra, *Emotionele verbondenheid,* in: www.dianakoornstra.nl

33   Mutter Lotte in: Margot Klompmaker, *Niewetijdskinderen houden hun ouders een spiegel voor,* Geassocieerde Pers Diensten (Niederländischer Regionaler Pressedienst), Feb. 2000

34   Joanne van Wijgerden, *Het zelfgenezend vermogen van kinderen,* www.educare.nl

35   Aus: Kees Blase *Nederlands basisscholen ontdekken het belang van hetr hart,* www. educare.nl
     In einer Versuchsschule zeigte sich, dass Lesefähigkeits-rückstände durch zwei Monate der Anwendung der Methode aufgeholt wurden. Der in den Niederlanden gebrauchte Lesefähigkeitsindex AVI (*Analyse van Individualiseringsvormen*) stieg von durchschnittlich

0,8 auf 2,4. Normalerweise benötigen Kinder dafür ein halbes Jahr intensiver Nachhilfe und Betreuung.
(Es handelt sich bei diesem System wahrscheinlich um das sogenannte *HeartMath*-System, siehe www.heartmathbenelux.com, *Anm. d. Üb.*)

36   Nach Sylvias Meinung sind 90 Prozent der drogenabhängigen Jugendlichen hochsensibel. Sie sind geflohen vor dem äußeren Druck. Im Konflikt mit einer Umgebung, die sie nicht versteht oder nicht abgehärtet genug findet, haben sie keinen Platz gefunden, an dem sie sich selbst sein können. Die Drogen stumpfen ihre Sensibilität ab.

37   William Martin, *Das Tao Te King für Eltern,* Seite 103

38   Marian van den Beuken, in: *HSP-mededelingen,* Dez. 2002

39   Elaine N. Aron, *The Highly Sensitive Person,* Seite 173

Literatur und Internetseiten

Literatur

Ackermann, Diane, *A Natural History of the Sense,* Orion Books Ltd, London, 1990

Aron, Elaine, H. Ph. D., *The Highly Sensitive Person; how to thrive when the world overwhelms you,* Broadway Books, New York 1996 [auf Deutsch erschienen als *Sind Sie hochsensibel? Wie Sie Ihre Empfindsamkeit erkennen, verstehen und nutzen,* Moderne Verlagsges. 2007]

– *The Highly Sensitive Person in Love; understanding and managing relationships when the world overwhelms you,* Broadway Books, New York 2000 [auf Deutsch erschienen als *Hochsensibilität in der Liebe: Wie Ihre Empfindsamkeit die Partnerschaft bereichern kann,* Moderne Verlagsges. 2006]

– *The Highly Sensitive Child; helping our children thrive when the world overwhelms them,* Broadway Books, New York 2002 [auf Deutsch erschienen als *Das hochsensible Kind: Wie Sie auf die besonderen Schwächen und Bedürfnisse Ihres Kindes eingehen,* Moderne Verlagsges. 2008]

Beuken, Marian van den, *Hooggevoeligheid als uitdaging,* Ankh-Hermes, Deventer 2002

– *HSP-Nieuwsbrieven,* monatlich erschienen zwischen 2000 und 2002, näheres unter ani.ma@worldonline.nl

– *Hooggevoeligheid als levenkunst,* Ankh-Hermes, 2003

Bom, Pauline und Huber, Machteld, *Groeiwijzer, van nul tot één jaar,* Christofoor/Dunamis, Zeist 1994

Cohen, Kenneth S., *Handboek Qigong,* Kosmos Z&K, Utrecht 1998 [auf Deutsch erschienen als *Qigong, Grundlagen, Methoden, Anwendung,* Scherz, 2008]

Cooper, J.C., *Licht op Taoisme,* Servire, Utrecht 1997

Dove, Pragito, *Verlichting tussen de bedrijven door, eenvoudige meditaties voor thuis en op het werk,* Altamira-Becht, Haarlem 2002 [auf deutsch erschienen unter dem Titel *Erleuchtung in der Mittagspause,* Ullstein Taschenbuch, 2007]

Dyer, Wayne W., *Niet morgen maar nu,* Koninklijke Wöhrmann, Zutphen 1985 [Originaltitel *Your Erronous Zones,* deutsche Ausgabe *Der wunde Punkt,* Rororo Taschenbuch, 2008]

Epstein, Mark, *De stroom van zijn, meditaties, boeddhisme en psychotherapie,* Kosmos Z&K, Utrecht 2002

Hart, Susan, *Hooggevoelig in een ongevoelige wereld,* in: Jonas Magazine, Nov 2000

Hofmann, Antje Gertrud, *Hochsensible Kinder; die liebevollen Boten des Universums,* Bielefeld 2001

Goeleman, Daniël, *Emotionele Genezing,* Elmar, Rijswijk 1998

– *Emotionele Intelligentie,* Pandora, Amsterdam 2002

Hall, Judy, *Gevoeligheid en zelfbescherming; leer je afsluiten voor negative invloeden,* Ankh-Hermes, Deventer 1999

Huibers, Jaap, *Onze adrenaline-samenleving; gevaarsituaties, stress en geweld,* Ankh-Hermes, Deventer 1999

Hubbel-Maiden, A., *De Tibetaanse kunst van het ouderschap*

Judith, Anodea, *Handboek chakrapsychologie; zelfverwerklijking in zeven stappen,* J.H. Gottmer/H.J.W. Brecht, Bloemendaal 1997 [Originaltitel *Eastern Body, Western Mind: Psychology and the Chakra System as a Path to the Self,* Celestial Arts, 1996, auf deutsch erschienen als *Lebensräder: Das große Chakren-Lehr- und Übungsbuch,* Goldmann Taschenbuch, 2004]

Kaptchuk, Ted J., *Handboek Chinese geneeswijzen,* Kosmos Z&K, Utrecht 1998

Kirchmann, L.-I., *Anatomie en fysiologie van de mens,* Elsevier/De tijdstroom, Maarssen, Erstausgabe 1956, 14. Ausgabe 1999

Keenan, Kate, *Assertiviteit,* Krikke, Leiden 1998

Klompmaker, Margot, *Nieuwetijdskinderen houden hun ouders een spiegel voor,* Feb. 2000

Koornstra, Diana, diverse Artikel auf www.dianakoornstra.nl

Langedijk, Pieter, *Gevoeligheid, hoe ga je er me om,* Ankh-Hermes, Devener 1993

Leadloff, Jean, *Op zoek naar het verloren geluk,* Servire, Utrecht, 1996

Magill, M.K., und Suruda, A., *Multiple chemical sensitivity syndrom,* University of Utah, Salt Lake City

Martin, William, *De Tao Te King voor oueders,* J.H. Gottmer/ H.J.W. Brecht, Bloemendaal 2000 [auf deutsch erschienen als *Das Tao te king für Eltern,* Aurum in J. Kamphausen, Bielefeld 2008]

Mees-Christeller, Eva, *Kunstzinnige Therapieën in de praktijk,* Zevenster, Terschuur 2002

Menherre-Komen, Jenny, *Het vrouwelijke principe in genezing,* c.mmenheere@freeler.nl, März 2000

Muijsert-van Blitterswijk, Carla, *Nieuwetijdskinderen, het intuitive kind in gezin, onderwijs en hulpverlening,* Ankn-Hermes, Deventer 2000

Ni, Maoshing, *The Yellow Emperor's classic of medicine, the essential text of Chinese health and healing,* Shambala Publications Inc., Boston (Mss) 1995, www.shambala.com

Possemeyer, Ines, *Einsamkeit, ein Gefühl der Verlassenheit,* in: Geo, Okt. 2002

Smit, Susan, *Gevoelig zijn – kracht of zwakte, de ontdekking van de hsp,* in: Avantgarde, Juli 2002

Scharfetter, Christian, *Allgemeine Psychopathologie: eine Einführung,* Georg Thieme, Stuttgart 1996

Tulku, Tarthang, *Kennis van vrijheid; tijd om te veranderen,* Dharma, Amsterdam, 1992 [Originaltitel *Hidden Mind of Freedom,* Dharma Publishing Berkeley 1981]

Winnicott, D.W., *Playing and reality,* Reprint Routledge, Philadelphia 2001

–   *Birth memories, birth traumas and anxiety,* in: Through Pediatrics, Bruner/Mazel 1992

Wijgerden, Joanne van, *Het zelfgenezend vermogen van kinderen,* www.educare.nl

Zohar, D. und Dr. Marshall, Ian, *Spirituele intelligentie, de kwaliteit die grenzen verlegt,* Kosmos, Utrecht, 2000

Internetseiten

www.susanmarlettahart.com
www.empfindsam.de
www.aurum-cordis.de
www.hochsensibilitaet.ch
www.hochsensible.ch
www.hsperson.com (Internetauftritt von Elaine Aron, englisch)
www.sensitiveperson.com (englisch)
www.zartbesaitet.net

Hochsensibel den Alltag meistern

Hochsensible leiden oft besonders an der Reizüberflutung in unserem hek-tischen Alltag. Stress wird intensiver, unmittelbarer wahrge-nommen. Daher sind insbesondere bei hochsensiblen Menschen die Auswirkungen von Stress weit-reichender als bei anderen.

Susan Marletta Hart zeigt in ihrem Buch die Zusammenhänge zwischen chronischem Stress und Störungen wie Fibromyalgie, chronischer Müdigkeit und Diabetes auf.

Mit vielen Praxisbeispielen und konkreten Tipps.

Susan Marletta Hart
Hochsensibilität und Stress
Gelassen – jeden Tag
240 Seiten, Broschur
ISBN 978-3-95883-218-3